THERESA LEISGANG
RAPHAEL THELEN

ZWEI AM PULS DER ERDE

Eine Reise zu den Schauplätzen der Klimakrise –
und warum es trotz allem Hoffnung gibt

GOLDMANN

Sollte diese Publikation Links auf Webseiten Dritter enthalten,
so übernehmen wir für deren Inhalte keine Haftung,
da wir uns diese nicht zu eigen machen, sondern lediglich auf
deren Stand zum Zeitpunkt der Erstveröffentlichung hinweisen.

Dieses Buch ist auch als E-Book erhältlich.

Penguin Random House Verlagsgruppe FSC® N001967

1. Auflage
Originalausgabe Mai 2021
Copyright © 2021 by Wilhelm Goldmann Verlag, München,
in der Penguin Random House Verlagsgruppe GmbH,
Neumarkter Str. 28, 81673 München
Covergestaltung: UNO Werbeagentur GmbH
unter Verwendung eines Covermotivs von:
Getty Images/E+/billnoll; FinePic®, München
Redaktion: René Stein
DF | Herstellung: kw
Satz: Uhl + Massopust, Aalen
Druck und Bindung: CPI books GmbH, Leck
Printed in Germany
ISBN 978-3-442-31596-3
www.goldmann-verlag.de

Besuchen Sie den Goldmann Verlag im Netz

INHALT

Aufbruch 9

Day Zero 19

Idai 49

Kipppunkt 75

Kollaps 95

Kompost 117

Zukunftsmodell 159

Rebellion 189

Bewusstseinswandel 223

Einskommafünf 269

Weckruf 281

Heimkehr 301

Wir danken 309

Literatur 313

Allen, die uns Wurzeln geben.

AUFBRUCH

Wir stehen mit klopfendem Herzen an einer Straßenecke am Brandenburger Tor, und der Tag hält alles bereit, um bald als historisch zu gelten. Seit Stunden schon zieht die Demonstration von Fridays for Future durch Berlin: Schülerinnen, die selbstgemalte Schilder in die Höhe recken und immer wieder skandieren: »We are unstoppable – another world is possible!« Wir sind unaufhaltsam – eine andere Welt ist möglich. Es ist nicht ihre erste Demo, seit Monaten geht das so. Auf unseren Handys taucht die Nachricht auf, dass fast anderthalb Millionen Menschen deutschlandweit protestieren, weltweit gehen noch viele mehr auf die Straßen. Wir beide stehen mittendrin, doppelt so alt wie viele der Demonstrantinnen, und trotzdem ist es überwältigend schön: Endlich passiert etwas. Zeitgleich sitzen im Kanzleramt die Spitzen der Koalitionsparteien zusammen, um über neue Maßnahmen für den Klimaschutz zu beraten, so nah, dass sie die Rufe der Schülerinnen hören müssten – ausreichend Motivation, um die vielen Versprechen der vergangenen Monate einzulösen, die notwendige Politik zu machen, Geschichte zu schreiben: Kohleausstieg, CO_2-Steuer, dreckige Subventionen abbauen, regenerative Energien ausbauen, und zwar in Deutschland, Verkehrswende, Tempolimit auf Autobahnen, fahrradfreundliche Städte, Förderung regenerativer Landwirtschaft, Auflagen für den Bausektor, mehr

Mittel für Anpassungsmaßnahmen im Globalen Süden. Dann kommt die nächste Nachricht aufs Handy. Das sogenannte Klima-Paket sei verabschiedet, die Maßnahmen lesen sich wie ein schlechter Witz, völlig unzureichend, um das Leben auf unserem Planeten zu schützen. Es fühlt sich an, als täte sich in der Realität ein Riss auf, ein Abgrund zwischen all den idealistischen Demonstrantinnen vor uns und der Meldung auf dem Smartphone, und als stürzten wir kopfüber in diesen Abgrund hinein: Vielleicht war es naiv, immer noch daran zu glauben, aber war das nicht mal das große demokratische Versprechen unserer Gesellschaft? Wenn Bürgerinnen für ein wichtiges Anliegen in großer Zahl und friedlich auf die Straße gehen, dann wird die Regierung das irgendwie berücksichtigen. Zumal bei einem Thema wie der Klimakrise. Vor unseren Augen ziehen jene vorbei, denen die Zukunft gehört, und sie fordern nichts, als dass sie einen lebensfähigen Planeten erben werden. Hätten die Tagesthemen am Abend also neue, wirksame Maßnahmen verkündet, untermalt mit den Bildern der demonstrierenden Menschen – wer hätte sich dem ernsthaft entgegenstellen wollen? Doch die Chance ist vertan. Wir fühlen uns niedergeschlagen und fragen uns, wie es jetzt weitergehen soll, und auch, ob wir selbst genug unternommen haben.

Wir beschäftigen uns schon länger mit der Klimakrise, Raphael als Reporter, Theresa an der Universität Heidelberg in einer Forschungsgruppe. Später hat sie während ihrer Arbeit bei Sea-Watch auf dem Mittelmeer erlebt, wie grausam es für Menschen ist, wenn sie ihre Heimat verlassen müssen und in billigen Schlauchbooten ihr Leben riskieren. Raphael hat die Folgen der Klimakrise erlebt, als er aus dem Irak, Marokko und der Arktis für den SPIEGEL darüber berichtet hat, wie den Menschen das Wasser ausgeht, ihre Ernten verdorren, ihre Nachbarinnen lebendig unter Lawinen begraben werden. Kleine Einblicke in eine Zukunft, die uns Angst einjagt, dabei fühlte sich schon das abgelaufene Jahr 2019 wie ein nicht endender Albtraum an. Erst donnerte Zyklon Idai im Frühjahr über Mosambik hinweg und tötete über tausend Menschen, machte Hunderttausende obdachlos, vernichtete lebenswichtige Ernten – kaum ein Sturm auf der Südhalbkugel wütete seit Beginn der Wetteraufzeichnungen so zerstörerisch. Im Sommer dann rollte eine Hitzewelle über Europa, brach unzählige Hitzerekorde – über 40 Grad an mehr als zwanzig Orten in Deutschland, über 41 Grad in Duisburg-Baerl und Tönisvorst. In Brandenburg verdorrten die Ernten, Vieh wurde wegen fehlendem Futtermittel geschlachtet, Kelkheim im Taunus rief einen Trinkwassernotstand aus. Im Jahr zuvor tötete die ebenfalls ungewöhnliche Hitze in Deutschland über 20.000 Menschen, das Robert Koch-Institut vermeldete vor allem bei älteren Menschen eine hohe Übersterblichkeit, und wir lernten ein neues Wort kennen: Exzess-Mortalität. Und dazu all die Brände. Wochenlang wüteten sie in den Regenwäldern Südamerikas. Dorfbewohnerinnen sahen die Flammen von mehreren Seiten heranrasen, bevor ihre Häuser verbrannten, viele Menschen starben in dem Inferno. Die riesigen Rauchwolken verdunkelten den Himmel, man konnte sie sogar vom All aus erkennen. Ein Zehntel aller Spezies der Welt lebt im Amazonas, unzählige konnten vor der Feuerwand nicht fliehen: Schildkröten, Faultiere, Springaffen. Auch in Kalifornien loderten Brände. Und in Australien. Und in Sibirien. Entwurzelte Menschen. Zerstörte Orte. Uralte Bäume, die wie Streichhölzer zu Asche zerfielen. Keine dieser Katastrophen geht allein auf die globale Erwärmung zurück, doch keine wäre so destruktiv gewesen ohne sie. Und dabei ist das erst der Anfang. In der gesamten Erdgeschichte stiegen die Temperaturen selten so schnell wie heute, und noch nie in der Geschichte der Menschheit war die CO_2-Konzentration in der Atmosphäre so hoch. Durchschnittliche globale Temperaturanstiege werden meist in Relation zu jenen Werten angegeben, die vor der Industrialisierung herrschten. Pumpen die Industrien weiter so viele klimaaktive Gase in die Luft wie bisher, steigt die weltweite Temperatur bis 2050 um zwei Grad, prognostiziert der Weltklimarat IPCC. Schätzungsweise 200 Millionen Menschen leiden dann unter schweren Dürren, Großstädte entlang des Äquators werden unbewohnbar, bis zu einer Milliarde Menschen müssen aus ihrer Heimat fliehen.

Führende Klimawissenschaftler wie Richard A. Betts gehen noch weiter. Sie behaupten, dass unter bestimmten Umständen in den kommenden vierzig Jahren eine Steigerung von vier Grad erreicht wird. Wir beide sind dann in unseren Siebzigern – nicht mehr knackfrisch also, aber auch kein schlechtes Alter. Doch vier Grad mehr heißt Eskalation: Dürren suchen fast die Hälfte der Welt heim, der Mittelmeerraum könnte zur Wüste werden, jeder zweite Mensch hungern. Stefan Rahmstorf vom Potsdam-Institut für Klimafolgenforschung hält den Zusammenbruch der menschlichen Zivilisation in Zukunft für möglich. Ein Bericht im Auftrag der Europäischen Union spricht vom Ende der Menschheit. Und all das passiert nicht über Nacht – auf dem Weg dahin ist vieles realistisch: Verängstigte Gesellschaften suchen Halt bei rechtsnationalen Führern, Minderheiten werden verfolgt und ermordet, bewaffnete Konflikte werden wahrscheinlicher. Die Bundeswehr diskutiert bereits die Möglichkeit einer steigenden Anzahl von Kriegen in Europas Nachbarschaft. Die Klimakrise ist also kein Ökothema, sie berührt jeden Bereich unseres Lebens, und die Wurzeln dieser Krise liegen in Industrienationen wie Deutschland, in deren jahrhundertelanger Ausbeutung von Ressourcen, Böden, Menschen, hierzulande und im Globalen Süden. Spätestens seit den 1980er-Jahren sind die Konsequenzen hinreichend bekannt. Mitarbeiter von Exxon Mobile, einem der größten Erdölkonzerne der Welt, warnten schon 1981 in einem internen Dokument: Die globale Erwärmung »wird später zu katastrophalen Konsequenzen führen«, und fügten zynisch hinzu: »zumindest für einen Großteil der Erdbevölkerung«. Sie wussten es also damals schon, genau wie die Verantwortlichen aus der Politik es wissen konnten, und trotzdem haben sie nicht gehandelt, nahmen das Leid also bewusst in Kauf, setzten keine Priorität darauf, das menschliche Leben auf diesem Planeten zu erhalten. Auch heute nicht, die Emissionen steigen weiter – ohne Pause.

Es ist kein Feel-good-Thema, aber es wegzuschieben funktioniert nicht, immer wieder holt es uns ein. Im Spätsommer 2019 fuhren wir mit dem Rad nach Brandenburg raus und kamen durch eine Allee, die von hohen Eichen gesäumt war. Die Baumkronen spendeten uns Schatten, doch die Blätter raschelten merkwürdig laut, und uns fiel auf: Sie waren teils vertrocknet. Eichen, deren Wurzeln tief, tief in die Erde reichen, fanden nicht genug Wasser. Wir hielten an, und ein mulmiges Gefühl machte sich breit: Wie konnte das sein? Und wie sollten dann andere Pflanzen noch eine Chance haben? Wir standen da und wussten wieder mal nichts zu tun, mit unserer Hilflosigkeit, unserer Wut und Angst. In uns reifte die Erkenntnis, dass es etwas anderes braucht als noch einen Tweet, noch eine Kampagne, noch eine Reportage, dass auch wir uns vielleicht zu sehr auf das bestehende System verlassen haben, dass es Zeit ist, anderswo nach Antworten zu suchen.

Wir fingen an zu recherchieren, riefen im Ausland lebende Bekannte an, beratschlagten uns mit Freundinnen und Kolleginnen, die schon lange zur Klimakrise arbeiten. Radikaler Wandel, das wurde uns klar, entspringt meist an den Rändern. Es sind vor allem vom System ausgegrenzte und bedrohte Personen, die neue Ideen entwickeln und einen Weg nach vorn aufzeigen, nicht Politiker, nicht Konzernchefs, nicht Talkshowgäste. Vor allem im Globalen Süden kämpfen die Menschen seit vielen Jahren mit den Folgen der Klimakrise und haben Strategien entwickelt, das Problem anzugehen, wissen, was zu tun ist. Sie wollen wir treffen, der Plan: von Südafrika nach Norden 20.000 Kilometer über Land bis in die Arktis reisen, einmal quer durch alle Klimazonen – eine Reise um die Welt und zu uns selbst.

Wir hängen eine Weltkarte an die Wand, wägen verschiedene Routen ab und markieren dann eine mit leuchtend pinkem Klebeband: In Südafrika wollen wir erfahren, wie die Menschen sich organisierten, als Kapstadt als erster Großstadt der Welt der Day Zero drohte, der Tag, an dem kein Wasser mehr aus den Leitungen kommen würde. In Mosambik hoffen wir die Frauen zu treffen, die ein feministisches Netzwerk gründeten, das dabei hilft, die Folgen von Zyklon Idai zu bewältigen. Im Nordosten Ugandas führt die Dürre zu bewaffneten Konflikten, in denen Mitglieder der Community tapfer vermitteln, um weitere Opfer zu verhindern. In Kenia kämpfen Indigene für ihre Rechte: Seit die Regierung die Wälder eines Hochlands unter »Naturschutz« gestellt hat, werden die Gemeinschaften von Land vertrieben, auf dem sie seit Ewigkeiten leben. Ein Arzt im Sudan will uns mitnehmen auf Malaria-Visite, die Mücken breiten sich wegen der steigenden Temperaturen immer weiter aus. In Alexandria wird man bald die Klimafolgen deutlich sehen: Prognosen gehen davon aus, dass ein Teil der Stadt im Mittelmeer versinken wird. Von dort wollen wir nach Italien übersetzen, dem europäischen Labor für Anpassungsmaßnahmen in der Landwirtschaft, doch neben Forscherinnen treffen wir dort auch Menschen, die aus ihren Ländern geflohen sind, nur um in Europa auf Obst- und Gemüseplantagen ausgebeutet zu werden. Von da aus geht es über die Alpen weiter durch Deutschland, und schließlich überqueren wir den Polarkreis, reisen in die Arktis – kein Ort auf der Welt erwärmt sich schneller, das ewige Eis, es schmilzt und zwingt die Bewohnerinnen dazu, neue Wege zu gehen. Es soll eine Reise werden auf der Suche nach Antworten: Wie verursachen auch wir die Klimakrise mit? Was können wir dagegen tun? Und wie kommen wir raus aus diesem bohrenden Gefühl der Hilflosigkeit und Angst?

Je tiefer wir in die Planung einsteigen, desto mehr haben wir das Gefühl, dass die Idee gut ist, doch es plagen uns auch Zweifel. Wir waren beide in den vergangenen Jahren viel unterwegs, sind erst vor Kurzem nach Berlin gezogen, ein neuer Freundeskreis findet sich gerade, und wir haben Lust, Wurzeln zu schlagen. Jetzt wieder aufbrechen, zu einer so großen und langen Reise, der größten unseres Lebens, gegen die auch ganz praktisch vieles spricht, macht uns an manchen Tagen Angst. Keine Zeitungsredaktion, mit der wir gesprochen haben, wollte das Projekt als Ganzes veröffentlichen, entweder aufgrund inhaltlicher Differenzen oder wegen seiner schieren Größe. Als Exposé liegt es bei einigen Buchverlagen, aber ob das klappt, ist unsicher, genau wie unsere beantragten Stipendien: Einige Stiftungen haben zugesagt, aber unterzeichnet ist kaum eine Förderung. Insgesamt haben wir erst ein Drittel der benötigten Reisekosten zusammen, unsere Ersparnisse mit eingerechnet. Und dann die Sicherheitsfrage. Wir lassen uns gegen Tollwut, Gelbfieber und Cholera impfen, die Malaria-Prophylaxe kommt in die Reiseapotheke, aber dass wir gesund bleiben, ist trotzdem alles andere als sicher. Einige der Städte auf der Route gehören zu den gefährlichsten der Welt, im Norden Mosambiks verübt eine Terrorgruppe tödliche Anschläge auf Reisebusse, in Uganda und Äthiopien kommt es immer wieder zu spontanen Ausschreitungen mit Todesopfern. Statistisch gesehen sterben die meisten Krisenreporterinnen[1] jedoch nicht durch Gewalt, sondern bei Autounfällen. Unzählige Kilometer wollen wir über Land reisen, einige davon mit dem Zug, aber dazwischen liegen Straßen, die die Bezeichnung kaum verdienen. Die Risiken sind erheblich. Sind sie es wert? Gleichzeitig wollen wir nicht mehr mit dieser Angst leben, die über unseren Leben hängt wie die verdorrten Äste der Eichen, wollen uns von ihr nicht mehr eingeschränkt fühlen, stattdessen raustreten aus dem Schatten, das Gefühl abschütteln, Teil des Problems zu sein. Wir wollen stattdessen zur Lösung

---

[1] Aus Gründen der Lesbarkeit verwenden wir in diesem Buch das generische Femininum und hoffen, dass sich alle Menschen ungeachtet ihrer geschlechtlichen Identität darin wiederfinden können. Wenn wir an manchen Stellen Bezeichnungen wie »Konzernchef«, »Politiker«, »Kämpfer« in der maskulinen Form verwenden, sind Bezüge zu den patriarchalen Machtausübungen in diesem Kontext konkret beabsichtigt.

beitragen, wollen wieder aus dem Vollen schöpfen, das Leben genießen, wollen einfach Ja sagen können, wenn wir darüber nachdenken, ob man in diesen Zeiten noch Kinder bekommen kann, ja, wir wollen Antworten finden auf die Frage: Was können wir tun in dieser krisenhaften Zeit? Und wer müssen wir sein auf dem Weg in eine klimagerechte Welt?

DAY ZERO

In der Ferne sehen wir die Buschbrände lodern. Wir sind in Kapstadt angekommen und stehen auf dem Balkon unserer Unterkunft. Die Stadt ist von einer hohen Bergkette umgeben, Du Toitskloof, Franschhoek, all die sonst grünen Hänge, sie stehen jetzt in Flammen. Orangerot brennen die Feuer im schwindenden Licht der hereinbrechenden Nacht, ich kann nicht ausmachen, wo die Rauchschwaden aufhören und wo die Wolken anfangen. Ein mulmiges Gefühl packt mich, ich gucke zu Theresa rüber, es scheint ihr ähnlich zu gehen. Wir wollten dahin, wo es brennt, wo die Klimakrise heute schon spürbar ist und kein Phänomen der Zukunft. Dass es so schnell gehen würde, dass die Welt rund um Kapstadt gerade buchstäblich in Flammen steht, hatte ich nicht erwartet. Es geht los.

Wir sind hergekommen, weil die Bewohnerinnen der Stadt in den vergangenen Jahren etwas erlebt haben, das vielen Orten weltweit noch bevorsteht: Day Zero, der Tag, ab dem die Wasserleitungen trocken bleiben. Barcelona war zuvor fast an diesen Punkt gekommen, ebenso wie São Paulo und Beijing, die sich mit demselben Problem konfrontiert sahen. Doch nirgends war die Situation derart eskaliert wie in Kapstadt. Die Pegelstände der umliegenden Stauseen fielen wegen einer anhaltenden Dürre erst auf die Hälfte der normalen Füllhöhe, dann auf ein Drittel. Als es immer noch nicht regnete, verkündete die Stadtregierung 2018: Bald drehen wir den Haushalten die Wasserhähne ab. Der Notfallplan: zweihundert Wasserstellen einrichten, an denen jede Bürgerin pro Tag einen Kanister holen könne, bewacht von Soldaten, die aufpassen, dass niemand zu viel von dem nimmt, was eigentlich frei verfügbar und selbstverständlich sein sollte: Wasser.

Die damalige Premierministerin des Westkaps Hellen Zille sagte, keine Großstadt habe seit dem Zweiten Weltkrieg oder den Terroranschlägen von New York mit einer vergleichbaren Bedrohung auskommen müssen: Krankheiten, Konflikte und Gewalt. »Die Frage, die meine wachen Stunden dominiert, ist: Wenn Day Zero kommt, wie machen wir Wasser zugänglich und wie verhindern wir Anarchie?« Doch es zeigte sich in den folgenden Monaten: Ihre Angst war unbegründet.

*

Ayakha Melithafa ist siebzehn und das Gesicht der südafrikanischen Klimabewegung. Raphael und ich treffen sie und ihre Freundin Lisa Mathiso in der Nähe ihrer Schule im Stadtteil Khayelitsha. Am Rande einer Straßenkreuzung stehen ein paar Wochenmarktstände, Braai-Grills, Gemüseverkäuferinnen, etwas abseits eine Pizza-Bude, wir stellen uns in die Schlange. Aus einem umfunktionierten Wohnwagen heraus nimmt eine Frau die Bestellungen an: Tropical Pizza, Khalitsha Pizza, Chicken Mayo Pizza, Rasta Pizza. Ich frage Ayakha und Lisa, was sie essen wollen. Eine mittlere Pizza kostet 95 Rand, etwas mehr als fünf Euro, nichts, was sich die Mädels sonst leisten würden. Wir bestellen zwei Mal Minced Meat und eine Greek Pizza. Ayakha sagt, sie hat kein Problem damit, Fleisch zu essen. »Die Klimakrise ist eine Systemkrise. Es nervt, wenn alle immer auf individuellem Konsum rumhacken«, sagt sie. »Der Wandel muss viel größer sein als das.«

Während wir warten, gucke ich sie an und denke, mit ihrer gebügelten Bluse und der perfekt sitzenden Jeans könnte sie eine angehende Unternehmerin sein. Gleichzeitig wirken sie und Lisa auch noch so jung: Die beiden stecken die Köpfe zusammen und kichern, klatschen sich dann gegenseitig in die Hände und sagen einen Spruch auf, den ich nicht verstehe, weil er in ihrer Muttersprache Xhosa ist. Am Ende drehen sie sich um und geben sich einen Klaps auf den Po, bevor sie in schallendes Gelächter ausbrechen. Als unsere Pizzabestellungen fertig sind, finden wir einen schattigen Platz auf einer Bank auf der anderen Straßenseite. Wir setzen uns hin und essen, die beiden erzählen von den letzten Jahren. Als Teil einer Delegation besuchte Ayakha vergangenes Jahr das Weltwirtschaftsforum in Davos, wo sie Greta Thunberg kennenlernte. Gemeinsam mit ihr und vierzehn anderen Jugendlichen reichte sie beim UN-Kinderrechtskomitee eine Beschwerde gegen Industrienationen wie Deutschland ein, weil sie mit ihren Emissionen die Klimakrise befeuern und die Zukunft junger Menschen bedrohen. Aufgewachsen ist sie am Rande von Khayelitsha, einem Township und damit einem jener Viertel der Stadt, in denen das ehemalige Apartheid-Regime nicht-*weiße*[2] Menschen ge-

---

2 Wir haben uns dafür entschieden, »weiß« kursiv zu setzen, weil damit nicht die Hautfarbe einer Person gemeint ist, sondern eine gesellschaftlich dominante Machtposition, die mit Privilegien verbunden ist. Auch »schwarz« weist in diesem Zusammenhang nicht auf den Hautton hin, sondern wird als selbstgewählter politischer Begriff von der Schwarzen Community groß geschrieben, um Widerstand gegen rassistische Strukturen auszudrücken.

zwungen hatte, fernab der Innenstadt unter widrigen Umständen zu leben. Ayakha ist lange nach dem Ende der Apartheid geboren. Aber bis heute fehlt es in den »Cape Flats«, in der Ebene vor dem wohlhabenden Tafelberg mit seinen schicken Villen und grünen Vorgärten, an grundlegender Infrastruktur wie Wasserleitungen, Stromversorgung, öffentlichem Nahverkehr und Krankenhäusern. Nach Davos schaffen es sowieso schon nur wenige. Mit Startvoraussetzungen wie denen von Ayakha, denke ich – das machen nicht viele.

*

Theresa schmeißt die leeren Pizza-Kartons in den Müll. Gemeinsam mit Ayakha und Lisa entscheiden wir, zu den Bränden rauszufahren, um uns selbst ein Bild davon zu machen. Wir steigen ins Auto, der Weg führt durch Wellblechhütten-Viertel. In der ganzen Gegend gebe es nur zentrale Wasserstellen, erzählt Lisa, wenn die ausfielen, müssten die Menschen mit Kanistern in benachbarte Viertel laufen und da für Wasser anstehen. Das Gefühl von Wasserknappheit kennen die Bewohnerinnen nicht erst seit den vergangenen Jahren. »Wie war es für dich in der Wasserkrise?«, frage ich Lisa, und sie fängt an zu erzählen.

»Irgendwann kam einfach kein Wasser mehr aus dem Hahn. Wir haben am nächsten Tag einen großen Eimer drunter gestellt und laufen lassen, und als der voll war, stoppte es. Da wussten wir: zwanzig Liter, so viel kriegen wir pro Tag.« Ihre Großmutter begann, das kostbare Gut streng zu rationieren. Jede erhielt zwei abgefüllte Flaschen, das musste reichen, um sich zu waschen und zu trinken, fünf Liter behielt sie für den Haushalt zurück – vorausgesetzt, es kam überhaupt Wasser aus der Leitung. An manchen Tagen blieben die Hähne trocken. »Früher war ich fast immer zu Hause, aber das war jetzt kein gesunder Ort mehr. Ich hab dann angefangen, mehr auf der Straße rumzuhängen«, sagt Lisa. Schließlich bekam sie einen juckenden Ausschlag am ganzen Körper, bis hoch ins Gesicht, kleine Bläschen, aus denen eine Flüssigkeit trat, wenn sie sie aufkratzte. »Daher habe ich noch diese Narben«, sagt sie und zeigt auf die kleinen runden Punkte auf ihren Wangen. In den Tagen vorher sei sie am Strand gewesen und vermutete, das Wasser dort sei der Grund dafür. Der Arzt, der sie untersuchte, erklärte ihr, es komme von Bakterien im Meerwasser. »Und dann hat er noch dumme Witze gemacht: ›Vielleicht mag der Strand dich auch einfach nicht, vielleicht solltest du einfach nicht mehr schwimmen gehen.‹ Ich habe also erst mal gedacht, es läge an mir«, sagt Lisa. Doch bald darauf bekam ihre Cousine die gleichen Pusteln, und dann wurden immer mehr Menschen um sie herum krank, ohne am Strand gewesen zu sein. Sie begriffen, dass es am Leitungswasser lag. Es war verunreinigt. Sie kochten es ab, manche mischten sogar chlorhaltige Bleiche unter, um die Keime abzutöten, aber es half nicht immer. Ayakha hat jüngere Geschwister, denen sie einschärften, das Wasser nicht einfach zu trinken. Ihr kleiner Bruder verstand nicht, was das sollte, wenn er doch Durst hatte. Einmal nahm er unbemerkt ein Glas und bekam daraufhin schlimmen Durchfall. Ayakha erinnert sich, wie er von Tag zu Tag schwächer wurde und seine Augen begannen einzusinken. Ein Arzt konnte ihn gerade noch retten. Lisa sagt: »Ich habe mir angewöhnt, so wenig zu trinken wie möglich, habe immer eine leere Flasche mit in die Schule genommen, weil es dort auf der Toilette meist noch fließendes Wasser gab.« Ihre Großmutter, die aus gesundheitlichen Gründen eigentlich sehr viel trinken muss, nahm nur noch hier und da einen Schluck, um ihre Tabletten runter zu bekommen. Lisa und ihre Schwester fetzten sich immer wieder wegen der angespannten Lage.

»Wie lang ging das so?«, frage ich.

»Über zwei Jahre«, sagt Lisa.

*

Es fällt mir schwer, mir so eine Situation vorzustellen. Was habe ich an meinen freien Nachmittagen gemacht, als ich fünfzehn war? Wie muss sich wohl Lisas Großmutter gefühlt haben unter dem Stress, für die ganze Familie das Wasser noch viel drastischer zu rationieren als ohnehin schon? Wie viele Liter könnte ich jeden Tag sparen? Während Raphael heute Morgen Frühstück gemacht hat, habe ich mir noch die Website der Stadtverwaltung von Kapstadt angeschaut; auf www.coct.co/thinkwater kann man ausrechnen, wie viel Wasser man durchschnittlich verbraucht. Unter der Dusche heute Morgen habe ich mindestens fünf Minuten das Wasser laufen lassen, das macht fünfzig Liter, dann Zähneputzen, Händewaschen, neun Liter pro Klospülung, da komme ich schon auf knapp achtzig Liter, von denen ich keinen einzigen getrunken habe.

Ich frage Ayakha, wie sie die Zeit erlebt hat. »Es war ziemlich hart«, sagt sie. Sie wuchs in Kapstadt auf, die Schulferien verbrachte sie aber auf der Farm, die ihre Mutter etwa 200 Kilometer von Kapstadt entfernt betreibt, seit sie in Rente gegangen ist. Neben Hühnern, mit denen Ayakha, wenn sie dort ist, am liebsten ihre Zeit verbringt, besitzt die Familie vierzig Tiere: Schweine, Kühe, Ziegen. Anders als auf den großen umliegenden Betrieben, die konventionell Mais oder Zuckerrohr anbauen, gibt es auf der kleinen Farm keine Bewässerung. »Wir sind immer komplett auf den Regen angewiesen«, sagt Ayakha, und der blieb von 2015 bis 2018 aus: Die Niederschläge waren in den Jahren der Dürre so niedrig wie seit dreihundert Jahren nicht. Wenn es nicht regnet, gibt es kein Futter für die Tiere, weil das Gras vertrocknet, und kein Wasser, um das Gemüse zu gießen, ein Großteil des Ertrags geht verloren. »Zuerst sind die Schweine gestorben, eins nach dem anderen«, sagt Ayakha. Schlimmer sei es aber bei den Kühen gewesen. »Die sind total abgemagert«, erinnert sie sich. Sie holten Wasser vom nächsten Fluss in den Stall, kauften zusätzliches Futter. Es half oft nichts. »Als eine trächtige Kuh gestorben ist, hat mein Vater geweint.«

Ein Rind ist im ländlichen Südafrika bis zu 16.000 Rand wert, umgerechnet knapp neunhundert Euro – ein Fünftel der Haushalte im Eastern Cape verdienen so viel Geld im ganzen Jahr – wenn es hoch kommt. Was Ayakha ärgert: Während der drohende Day Zero in Kapstadt weltweit Schlagzeilen machte, wurde selbst in Südafrika kaum darüber gesprochen, welche Folgen die Dürre für die ländliche Bevölkerung hatte. Nicht über Ernteausfälle. Nicht über das Recht auf Nahrung und das Recht auf sauberes Wasser. Nicht über psychischen Druck. Nicht über Gewalt an Frauen, die zunahm, wenn Familienväter ihre Aggression über ausbleibende Ernten zu Hause rausließen. Nicht über Kindesmissbrauch. »Den *Weißen* ist überhaupt nicht klar, was die Wasserkrise für uns bedeutet hat«, sagt Ayakha. »Die Welt macht sich mehr Sorgen um die Koalas, die in australischen Waldbränden sterben, als um die Tiere, die wir hier im Globalen Süden in der Landwirtschaft verlieren.« Was die beiden erzählen, erinnert mich an eine Stelle aus Kübra Gümüşays Buch *Sprache und Sein*. Sie schreibt: Wenn es schon keine Solidarität mit weniger privilegierten Menschen gebe, »so lohnt sich zumindest ein Blick auf ihr Erleben, um darin Vorzeichen für die eigene Zukunft zu entdecken. Die Armen der Welt, die Ausgegrenzten der Welt, sie kennen die hässlichsten Fratzen der Klimakrise, des Kapitalismus, des Konsumwahns, der sozialen Medien. Es ist manchmal tragikomisch, den Privilegierten dabei zuzuschauen, wie sie über die Herausforderungen der Zukunft grübeln und zugleich all jene ignorieren, die diese Herausforderungen längst erleben, die längst darüber reden und schreiben.«

*

Seit wir darüber geredet haben, wie es den beiden in der Wasserkrise ging, haben sie aufgehört rumzualbern und gucken aus dem Fenster auf die Stadt, die sich in Richtung der Berge langsam in den Feldern verliert. Ich sehe Theresa im Rückspiegel hinten neben Lisa sitzen, auch sie wirkt bedrückt. »Als ich begriffen habe, wie das alles mit der Klimakrise zusammenhängt«, greift Ayakha den Faden wieder auf, »war ich super überwältigt, habe Angst bekommen. Ich bin teilweise morgens aufgewacht, und es hat sich angefühlt, als würde die ganze Welt über mir zusammenbrechen.« Sie hatte verstehen wollen, woher die Wasserkrise kommt, und angefangen, online die Ursachen zu recherchieren, dann immer tiefer gegraben und gesehen, was noch alles kommen wird: Hitzewellen, Überschwemmungen, Waldbrände, Heuschrecken-Plagen, immer wieder Ernteausfälle, wie sie es schon heute auf der Farm ihrer

Mutter miterlebt. Unaufhaltsam stiegen Fragen in ihr hoch: Wenn all das gerade passiert, warum überhaupt noch zur Schule gehen? Warum überhaupt noch morgens aufstehen? Warum überhaupt noch irgendetwas tun?

Vor uns sehe ich die Gipfel der Berge aufragen und dann auf einmal die Rauchwolken der Buschbrände. Dicke graue Säulen, die von den Hängen in den Himmel steigen. Ayakha holt ihr Handy raus, filmt mit der einen Hand, mit der anderen nestelt sie nervös an ihrer Halskette rum. Je näher wir kommen, desto dicker wird der Rauch und zieht in Schwaden über die Straße. Das Sonnenlicht verfärbt sich rot. »Sieht aus wie der Tag des Jüngsten Gerichts«, sagt Theresa. Der Brandgeruch dringt ins Auto. Ich versuche, vom Highway abzufahren, wir wollen näher ran oder zumindest aussteigen, um besser sehen zu können, aber vor der Bergkette kommt keine Ausfahrt mehr. Ein langer, enger Tunnel verschluckt uns. Die Fahrt durch die Dunkelheit fühlt sich ewig an.

*

Wir wenden, nehmen auf der anderen Seite des Tunnels die erste Abfahrt und gelangen auf eine kleine Landstraße mitten im Nirgendwo, umgeben von Feldern. Die Sonne neigt sich dem Horizont zu, die Dunkelheit kommt jetzt schnell, und wir sehen die Brände überall lodern. Ein großes Areal steht ein paar Kilometer Luftlinie vor uns in Flammen, entlang der Bergkette entdecken wir in beide Richtungen weitere Brandherde. Buschbrände sind normal in dieser Jahreszeit, aber durch die anhaltende Dürre geraten sie schneller außer Kontrolle. Südafrika zählt mit durchschnittlich 450 Millimetern Regen pro Jahr ohnehin zu den trockensten Ländern der Erde. Die klimatischen Veränderungen machen Extremwetterereignisse immer unberechenbarer. Woher in einer Dürre Löschwasser für die Brände nehmen? »Nirgends Feuerwehrleute zu sehen«, sagt Raphael. Stumm stehen wir da, hilflos, wie so oft angesichts der Klimakrise. Der Himmel färbt sich dunkelviolett, Ayakha postet Fotos von den Feuern auf Social Media, dann steigen wir wieder ins Auto – ihre Eltern warten –, und sie erzählt uns von dem Moment, als ihre Hilflosigkeit einer Wut wich, die ihr Kraft gab. »Lisa und ich sind dann von Klasse zu Klasse gegangen, haben angeklopft und gefragt, ob wir kurz fünf Minuten haben könnten, um etwas über die Klimakrise zu erzählen.« Die ganze zehnte Klasse über seien die beiden nur als die ›Climate Change Girls‹ bekannt gewesen. Doch ihre Mitschülerinnen hätten wenig Interesse gehabt. »Die machen sich Sorgen um Arbeitslosigkeit, HIV, Stromausfälle. Klima war einfach kein großes Thema für die.« Sie fanden kaum Mitstreiterinnen auf dem Schulhof, dafür aber im Internet. Ayakha trat der African Climate Alliance bei und fühlte sich zum ersten Mal verstanden. »Das hat mir wirklich geholfen, wieder klarzukommen, weil ich mich als Teil dieser Familie fühlte, die ein gemeinsames Ziel hatte: gegen die Klimakrise kämpfen.« Die African Climate Alliance schlug Ayakha als Repräsentantin vor, die in Davos mehr Klimaschutz fordern sollte, es war ihre erste große Reise. Sie lernte Mitstreiterinnen aus Uganda und der Schweiz kennen, gab Interviews – und ihr wurde nochmal bewusst, wie komplex das Thema ist. »Wenn man Aktivistin wird, dann kommen plötzlich alle und wollen dich testen. Also musste ich super viele Dinge lernen, über die Wirtschaft, über Ökosysteme, Statistiken zur Klimakrise«, sagt sie. »Aber das fiel mir irgendwie leicht.«

Nach Davos konnte die südafrikanische Politik Ayakhas Forderungen nicht mehr ignorieren, Präsident Cyril Ramaphosa lud sie ins Parlament ein. Aufgeregt sei sie nicht gewesen, sagt sie, inzwischen hatte sie schon viele Leute getroffen, die Macht und Ansehen genossen. »Ich hab nicht mal gedacht: ›Oh, Sie sind der Präsident!‹« Dass er sie in seiner Rede vor dem Parlament namentlich erwähnte, machte sie wiederum doch stolz und ermutigte sie nach den schwierigen Zeiten, die hinter ihr lagen. »Das war schon ein krasser Moment, zu realisieren: Es ist nicht alles umsonst, was wir hier machen.« Gemeinsam mit Lisa und unzähligen anderen hatte Ayakha es geschafft, dass nicht nur über die Wasserkrise, sondern auch über deren Ursache gesprochen wurde, dass dem Klima mehr Platz in Zeitungen und Magazinen eingeräumt wurde. Für sie ein Funken Hoffnung, ein Weg raus aus der Klimaangst.

*

Am nächsten Tag klingeln Theresa und ich bei Riyaz Rawoot. Er öffnet und führt uns in den lichtdurchfluteten Behandlungsraum seiner Physiotherapiepraxis, fragt uns, ob wir einen Kaffee wollen, und guckt uns erwartungsvoll an, dabei haben wir die großen Erwartungen an diesen Tag: Riyaz baute während der Dürrezeit eine Quelle, die Zehntausenden nicht nur Zugang zu Wasser gab, sondern auch neue Hoffnung schenkte – bis die Stadtregierung einschritt und die selbstgebaute Quelle zubetonieren ließ. Wenn jemand in Kapstadt weiß, wie wir Krisen gemeinsam begegnen können und ob es Grund für Zuversicht in diesen Krisenzeiten gibt, dann ist es Riyaz. Er schlägt vor, dass wir zum Ort der alten Quelle fahren: »Wie viel Zeit habt ihr? Ich habe heute keine Termine mehr und würde euch gerne auf dem Weg noch ein paar Sachen zeigen«, sagt er und trinkt seinen Kaffee aus. Wir fahren auf die geschäftige Hauptstraße vor seiner Praxis, passieren eine methodistische Kirche, die Windsor Preparatory School und die Al-Furqan-Moschee, rechts Danilos Pasta, auf der anderen Straßenseite der Sajid Barbershop. Die Nachbarschaft zeigt die Vielfalt der Stadt. Nur fünfzehn Prozent der Stadtbevölkerung sind *weiß*, in Wirtschaft und Politik sind sie aber stärker vertreten als der Großteil der knapp vier Millionen Bewohnerinnen, von denen sich zwei Fünftel als Schwarz bezeichnen und zwei Fünftel als »Coloreds« gelten, so werden in Südafrika Kinder Schwarzer und *Weißer* genannt. Auch über 40.000 indischstämmige Menschen leben in Kapstadt. Wegen der Vielfalt trägt Südafrika den Spitznamen »Rainbow Nation«. Riyaz macht uns auf ein Straßenschild aufmerksam, Imam Haron-Road, benannt nach dem gleichnamigen Anti-Apartheid-Aktivisten. Haron, erzählt Riyaz, war wegen seiner politischen Arbeit 1969 verhaftet worden und nach einhundertdreiundzwanzig Tagen in Isolationshaft gestorben, laut Polizeibericht mit zwei gebrochenen Rippen und inneren Verletzungen, weil er von einer Treppe gestürzt sei. »Niemand bekommt solche inneren Verletzungen, weil er von einer Treppe fällt«, sagt Riyaz. »Er wurde gefoltert und ermordet.« Damit beginnt Riyaz einen Crashkurs in Apartheidsgeschichte. Die Rassentrennung begann eigentlich in dem Moment, als niederländische Kolonialisten 1652 mit ihren Schiffen anlegten. Traditionell habe es hier kein Konzept wie Landbesitz gegeben, sagt Riyaz, alle haben das Land gemeinsam genutzt. »Aber das europäische Verständnis war: Ich habe es für ein paar Perlen abgekauft, also ist es jetzt meines.«

Riyaz' Vorfahren stammen aus Irland und Indien, einige Ahnen sind im englischen Landadel zu finden. Als das Apartheidsregime im 20. Jahrhundert Gesetze erließ, nach denen die innerstädtischen, lebenswerteren Wohngebiete den Buren und Engländern vorbehalten werden sollten, marschierten Soldaten in viele Viertel ein, um alle nicht-*weißen* Familien aus ihren Häusern zu vertreiben. »Meine Eltern wurden mit vorgehaltener Waffe rausgeworfen«, erzählt er. Es blieb kaum Zeit, die Koffer zu packen, ihr neues Haus lag außerhalb der Stadt in der staubigen Ebene. Bis zu den 1980er-Jahren wurden durch diese »Homeland Politik« etwa dreieinhalb Millionen Menschen vertrieben. Um die Townships von den nun rein *weißen* Vierteln zu trennen, nutzten Apartheid-Stadtplaner Hügel, Müllhalden oder Straßen. »Links von dieser Straße hätten zum Beispiel nur *Weiße* gewohnt, rechts nur Schwarze«, sagt Riyaz und zeigt aus dem Fenster. »Du wurdest quasi in ein Gefängnis aus Zugstrecken, Autobahnen und Sicherheitszäunen gesperrt.« Wir erzählen ihm, dass viele Südafrika-Reisende uns davor gewarnt haben, überhaupt in die Townships zu fahren, die Gefahren seien für *Weiße* unkalkulierbar. Riyaz lacht. »Natürlich sagen die so was, weil die meisten nur ihre Vorurteile haben und selbst noch nie das Leben in unseren Vierteln gesehen haben.« Klar leben die Bewohnerinnen auch ganz normale Leben, denke ich, gehen einkaufen, gehen zum Arzt, warten auf die Pizza, warten auf den Bus, nur können sie eben nicht auf dieselbe Infrastruktur zählen wie Leute in den *weißen* Vierteln. Dieser Teil der Stadt war nie dafür ausgelegt, den Menschen Zugang zu Wasser, Strom, Gesundheitsversorgung zu garantieren.

Schon in den 1960er-Jahren begann die internationale Ächtung des Regimes, und doch erhielt die Apartheid von so mancher Seite Unterstützung. CSU-nahe Einrichtungen, der deutsche Verfassungsschutz und die Bundesregierung halfen den südafrikanischen Rassisten mit Informationen, Freundschaftsbesuchen sowie Waffenlieferungen aus. Doch im Land selbst wuchs der Widerstand. Imam Haron war nicht der Einzige, der gegen die rassistische Unterdrückung rebellierte. Zu seiner Beerdigung 1969 kamen 40.000 Menschen, rund 250.000 waren bei den Studierendenprotesten von 1976 auf den Straßen, als Afrikaans als einzige Unterrichtssprache eingeführt werden sollte. Der Widerstand hörte nicht mehr auf, Nelson Mandela wurde zum Hoffnungsträger einer ganzen Generation und 1994 zum ersten Schwarzen Präsidenten des Landes. Seine Vision war gigantisch, doch viele der alten Strukturen haben bis heute überdauert. Wir überqueren eine Bahnlinie, dahinter erstrecken sich wieder Siedlungen aus Wellblechhütten.

*

Schon lange, bevor die Stadtregierung vor dem Day Zero warnte, war er für die Menschen in diesem Teil der Stadt Realität, erklärt Riyaz. 150.000 Haushalte haben bis heute keinen Zugang zu fließendem Wasser, das sind rund eine halbe Million Menschen, die jeden Tag an öffentlichen Brunnen Schlange stehen müssen. Ihr Wasserverbrauch macht nur fünf Prozent der ganzen Stadt aus – wer einen schweren Kanister nach Hause schleppen muss, überlegt sich wahrscheinlich gut, wofür das Wasser gebraucht wird. »Die natürliche Dürre ist vielleicht weniger akut, seit es wieder geregnet hat«, sagt Riyaz. »Aber die politische Dürre nicht.« Ich verstehe, was er meint: Wasserknappheit ist nicht nur ein naturgegebenes

Phänomen. In Kapstadt sieht man jeden Tag, dass Schwarze Nachbarschaften auch deshalb am schlimmsten betroffen sind, weil bis heute keine Politik gemacht wird, um die historischen Ungerechtigkeiten zu überwinden. Raphael und ich haben gesehen, wie viele Bewohnerinnen der reichen Viertel großzügig ihre Rasen sprengen, Autos waschen und die privaten Swimmingpools füllen. Unter großem Wasserverbrauch wird auch der berühmte südafrikanische Wein hier am Kap produziert. »Die Menschen aus der Region wollen Wasser, nicht Wein«, sagt Riyaz. Sie bekommen ihn ja auch nicht, denke ich, er wird größtenteils exportiert. Südafrikanisches Wasser in deutschen Weinregalen.

Während Riyaz spricht, kommt mir Kapstadt auf einmal vor wie die Miniaturversion unserer Welt, schließlich hat nicht nur in dieser Stadt die Apartheid überlebt. Große Teile der Welt funktionieren nach ihrem Prinzip: Die Elite trinkt gekühlten Weißwein, während mehr und mehr Menschen Wasser fehlt. Wegen des imperialen Lebensstils einiger Privilegierter gerät das Klima aus dem Gleichgewicht. Und gleichzeitig macht in Talkshows noch zu oft die Erzählung die Runde, eine wachsende Weltbevölkerung sei das größte Problem. Es ist ein Argument, das Menschen im Globalen Süden die Schuld dafür geben will, dass die Erde an ihre Belastungsgrenzen kommt. Doch nicht ›overpopulation‹ ist Treiber der globalen Umweltkrisen, sondern ›overconsumption‹. Das gilt für Wasser genauso wie für die globale Erwärmung: Der Konsum der reichsten zehn Prozent verursachte seit 1990 weltweit die Hälfte aller CO_2-Emissionen. Ein Mitglied des obersten ein Prozent produziert hundertmal mehr Emissionen als jemand aus den ärmsten fünfzig Prozent der Weltbevölkerung. Doch der Globale Norden ist nicht nur verantwortlich für das Problem, er verschleppt auch notwendige Maßnahmen, prägt ein rassistisches Narrativ, zieht Mauern an seinen Außengrenzen hoch, um sich abzuschotten gegen eine Realität, die er mitverursacht. Menschen wie Ayakha, Lisa und Riyaz haben wenig zur Klimakrise beigetragen, aber leiden schon heute unter den Folgen. Sie können nicht auf Unterstützung durch die Politik zählen, um die Folgen zu bewältigen. Doch sie suchen sich Wege, mit der Krise umzugehen.

*

Wir erreichen Newlands, das Viertel, aus dem Riyaz' Familie einst vertrieben wurde. Auf der Straße sehe ich kaum Schwarze Menschen, dafür sind viele Häuser mit protzigen Säulen verziert und von spitzen Zäunen und hohen Mauern umgeben, von denen manche elektrisch geladene Drähte zieren. Straff gespannt wie Instrumentensaiten, singen sie das stumme Lied der Angst der *weißen* Bewohnerinnen vor ihren Schwarzen Mitbürgerinnen. »Das Haus da auf der Ecke«, sagt Riyaz zu Theresa und mir, als wir in eine schmale Sackgasse einbiegen, »kostet eine halbe Millionen Rand, das an der Seite, das ist ein Altenheim, und da vorne am Ende der Straße, das war die Quelle.« Wir parken und laufen auf einen Zaun zu, die einstige Quelle der Hoffnung lag davor: nach ihrem Weg durch den Untergrund der Stadt sprudelte sie in ein rechteckiges Becken, eingelassen in den Bürgersteig, zwei Schritte lang, einen breit, eingefasst in Ziegelsteine – heute ausgefüllt mit stumpfem Beton.

Anfangs, also einige Jahre bevor die Wasserkrise 2017 eskalierte, sei Riyaz nur mal aus Neugier vorbeigekommen. Er hatte schon von seinen Großeltern von diesem Ort gehört, wollte ihn sich selbst mal anschauen und war begeistert. Ruhig ist es, ausladende Bäume spenden Schatten, Eichhörnchen, Hasen, Enten und Perlhühner habe er schon beobachten können, sagt Riyaz. Vor allem aber hatte es ihm die Gesellschaft angetan. Leute aus ganz Kapstadt seien gekommen, um sich das klare Wasser abzufüllen, ein paar Neuigkeiten auszutauschen, ein bisschen zu scherzen. Auch Riyaz ging immer häufiger hin. »Um die Gemeinschaft und die Umgebung zu genießen«, sagt er, während wir da stehen, wo früher die Quelle sprudelte.

Um Wasser zu zapfen, musste man mit einem Fuß in das Loch steigen, auf einem wackeligen Stein balancieren und gleichzeitig die Flasche oder den Kanister vor das Rohr halten, das da rauslugte. Immer wieder rutschten Menschen aus und stürzten. »Als Orthopäde habe ich mir die Ergonomie des Ganzen angeguckt und gedacht: Warum nicht etwas tun? Und mich aber auch gefragt: Warum tut da sonst keiner was?« Er legte ein paar mehr Steine in das Loch, was es sichtlich einfacher machte, und sein Erfindergeist war geweckt. Es folgten mehr Steine, dann ein Schlauch, den man anheben konnte, um das Wasser leichter abzufüllen. Aus dem Schlauch wurde eine selbst gebastelte Standrohrleitung mit zwei Auslässen, damit jeweils zwei Leute gleichzeitig Wasser zapfen konnten. Und schließlich, während die Pegelstände in den Staudämmen rund um die Stadt sanken, das Wasser aus den Leitungen in den Häusern knapper wurde und die Zahl der Menschen an der Quelle anwuchs, wuchs Riyaz' Konstruktion mit: vier Auslässe, dann fünf, dann zehn, dreizehn und schließlich eine zehn Meter lange Konstruktion aus dicken PVC-Rohren und Holz, an der sechsundzwanzig Menschen gleichzeitig Wasser holen konnten. Riyaz holt sein Handy aus der Tasche und zeigt uns

Fotos. Hunderte Menschen stehen da in drei Reihen in der baumbestandenen Straße: Basecaps, Kopftücher, Haarreifen. Braune Haare, krause Locken, blonde Haare. Ein Skateboarder mit Hawaiihemd schiebt seinen Kanister an einem Jungen in Schuluniform und einer älteren Dame vorbei. Manche sehen müde aus, die Schlange ist sehr lang. Aber ansonsten strahlen die Gesichter eine Gelassenheit aus, die mich überrascht. Es scheint, als würden sie nicht an ihrem Schicksal und der Krise verzweifeln, sondern als seien sie einverstanden mit diesem Moment der Gemeinsamkeit. Aus der kleinen Sackgasse in einem Viertel, das sich *Weiße* vor achtzig Jahren gewaltsam genommen hatten, wurde ein Treffpunkt für ganz Kapstadt. Riyaz hängte ein laminiertes Schild auf: *25 liters for you. 25 liters for me*, und die Leute verstanden die Botschaft, es ist genug für alle da. Sie unterstützten sich beim Abfüllen der Kanister und beim Tragen, manche kamen sogar nur deshalb: Sie genossen es einfach, die Stimmung aufzusaugen, in der niemand das Sagen hatte und alle sich gegenseitig halfen – egal wer sie waren und woher sie kamen. Riyaz sagt: »Es war eine wundervolle Zeit.«

Einmal habe er neben der einzigen noch freien Zapfstelle gestanden, als eine Frau aus dem Altenheim rüberkam.

»Kann ich da mal ran?«, fragte sie.

»Nein«, antwortete er schelmisch.

»Wirklich?«

Mit gespieltem Ernst sagte er: »Ja.«

Die Frau habe sich abgewandt, doch Riyaz löste es auf, entschuldigte sich und schob hinterher: »Wenn Sie zum Meer gehen, und da stehen andere Leute am Strand, fragen Sie sie um Erlaubnis, ins Wasser zu gehen?« Die Frau lachte, und die beiden freundeten sich an.

Während wir da stehen, wo all das stattgefunden hat, folgt Riyaz auf einmal einer Eingebung, kniet sich mit seiner beigen Hose auf dem dreckigen Asphalt und kratzt altes Laub weg, steckt seine Hand in ein Loch, das seitlich im Bordstein klafft, und zieht seinen Arm wieder raus, in der hohlen Hand schimmert etwas Wasser. Er hebt sie zum Mund, trinkt, und sein Gesicht strahlt. »Das ist das erste Mal, dass ich es seit damals trinke.«

Theresa kniet sich als Nächste hin, nimmt einen Schluck und blickt ihn fragend an: »Schmeckt nach nichts.«

»Genau, nichts«, sagt Riyaz und grinst.

»Ha!«, sagt Theresa lächelnd. »Stimmt, es ist nicht gechlort wie das Leitungswasser in der Stadt.«

Ich beuge mich vor und komme mit meinem Ohr dem Loch so nahe, dass ich hören kann, wie das Wasser plätschert. Das Geräusch macht mich augenblicklich ruhiger, meine Brust weiter, der ganze Stress der Stadt fällt von mir ab.

Riyaz läuft los, quer über eine kleine Wiese zu dem weißen Gebäude des Altenheims, und bedeutet uns, mitzukommen. Er klopft an ein Fenster und grinst uns erwartungsvoll an. »Hier wohnt Yasmin, die Frau, mit der ich mich an der Quelle angefreundet habe.« Sie öffnet das Fenster, Lachfalten umrahmen ihre Augen.

»Yasmin, kann ich ein Glas ausleihen?«, fragt Riyaz.

»Klar, kommt doch rein«, sagt sie.

Wir stehen in ihrer Küche und unterhalten uns, ihre Wohnung ist klein und gemütlich, von dem Fenster aus kann man die ganze Straße überblicken. In den Monaten vor dem angekündigten Day Zero kamen täglich bis zu 7.000 Menschen daran vorbei und gingen zur Quelle, um sich mit Trinkwasser zu versorgen.

»Wie war das damals für dich so nah dran?«, frage ich.

»Ich habe das genossen«, sagt sie. »Es war viel Bewegung.«

Seit Riyaz und sie sich kennengelernt haben, arbeiten sie zusammen. Sie näht orthopädische BHs, die er entworfen hat, und so saß sie jeden Tag mit Blick nach draußen an ihrer Nähmaschine und sah das Kommen und Gehen der Menschen, jene Szenen, die wie ein Sinnbild für das stehen, was damals in ganz Kapstadt passierte, etwas, das viele Besucherinnen zu dieser Zeit als »Wunder« beschrieben. Doch jetzt mit Abstand scheint es weniger wie ein Wunder, vielmehr wie eine menschliche Verhaltensweise, die in Politik und Medien bloß wenig Aufmerksamkeit bekommt – dabei ist sie entscheidend im Umgang mit den weltweiten Folgen der Klimakrise.

Angesichts fallender Pegelstände verringerte die Stadtverwaltung den Wasserdruck in den Rohren, und auch die Haushalte taten ihren Teil, reduzierten ihren Wasserbrauch drastisch. Doch es reichte nicht: Die Pegelstände fielen weiterhin, und es schien, als ließe sich Day Zero nicht mehr abwenden. Die Regierung engagierte eine Kommunikationsagentur, und diese empfahl: Panikmache. Die Politikerinnen folgten dem Rat, warnten vor Krankheiten, Gewalt und Anarchie und veröffentlichten online eine detaillierte Verbrauchskarte der Stadt, auf der jede sehen konnte, ob die Nachbarin zu viel Wasser verbrauchte. Jetzt konnten sich die Menschen gegenseitig denunzieren. Doch die Bewohnerinnen sprangen nicht darauf an. Nicht Shaming und noch mehr Trennung waren die Folgen, stattdessen wuchs eine Kultur der Eigenverantwortlichkeit und Kooperation. Eine Facebook-Gruppe zur Wasserkrise hatte bald 160.000 Mitglieder, die sich gegenseitig Tipps gaben, wie sie möglichst effizient Wasser sparen konnten: Die Menschen installierten Duschen, die Wasser wiederverwendeten, Zisternen für Regenwasser, Sparvorrichtungen für Waschmaschinen. Auch Mitglieder der *weißen* Oberschicht verzichteten plötzlich auf die Toilettenspülung. Bekannte Bands kürzten Songs auf zwei Minuten – die empfohlene Duschdauer. Körpergeruch war auch in versnobten Kreisen kein Tabu mehr, Autos wurden nicht mehr geputzt, viele Frauen schnitten sich ihre langen Haare ab, Hundebesitzerinnen duschten ihre Tiere nicht mehr und nutzten stattdessen Babypuder. Manche dieser Maßnahmen wirkten wie Spleens einer übersättigten Gesellschaft, die sich über eine Herausforderung freut, aber es steckte mehr dahinter. Lange Zeit kamen nur Schwarze und Coloreds zu den Treffen der Water Crisis Coalition (WCC), doch plötzlich tauchten auch *Weiße* dort auf. Die Neuankömmlinge hatten nicht nur Ressourcen, die sonst oft fehlten – zum Beispiel Kontakte oder den Zugang zu einem Laptop, um Regierungsbeschwerden zu schreiben –, sondern zeigten auch Bewunderung für die Menschen in den Townships. Sie hatten begriffen, dass die Menschen dort schon lange gezwungenermaßen ressourcensparend lebten, und holten sich Tipps, wie sie selbst mit weniger auskommen konnten. Eine riesige Demo nicht-*weißer* Menschen in den 1960er-Jahren gegen die rassistische Ungleichheit in der Stadt wurde im Jahr 2018 plötzlich als Inspiration gepriesen: Nur gemeinsam sei man stark. Und es wurde nicht nur über Gerechtigkeit gesprochen, sie wurde auch eingefordert. WCC-Mitglieder demonstrierten vor der Unternehmenszentrale von Coca-Cola und prangerten an, dass der Konzern jeden Tag über eine Million Liter Wasser verbrauchte, während Menschen wie Lisa Durst litten. Die Trennlinien der Stadt verliefen nicht mehr unbedingt entlang von Hautfarben. Und die Zahl der Menschen, die sich einbrachten, wuchs immer weiter. Als die Stadtregierung eine Verordnung zum Thema Wasser ändern wollte, schrieben Bürgerinnen mehr als 38.000 Kommentare. Die Mauern und Zäune, die wir im Viertel rundherum gesehen haben, die Angst, für die sie stehen – sie wurde ein Stück weit überwunden.

Die Historikerin und Schriftstellerin Rebecca Solnit hat ein brillantes Buch darüber geschrieben, wie Menschen in Notlagen reagieren, demzufolge Kapstadt keine Ausnahme darstellt. Das Buch heißt *Paradise Built in Hell: The Extraordinary Communities that Arise in Disaster*. Solnit stellt darin die Studienlage und zahlreiche Fallbeispiele vor. So schreibt sie, dass das amerikanische Verteidigungsministerium vor dem Hintergrund des Kalten Krieges in den 1960er-Jahren herausfinden wollte, wie sich die Bevölkerung im Falle eines Atomschlags verhält. Die Militärführung erwartete nichts Gutes und teilte die Überzeugung, die Solnit die »Mainstream-Sicht« nennt: dass Menschen in Notlagen egoistisch werden, alles tun, um ihr eigenes Überleben zu sichern, dass sie morden und plündern, wie es so oft in apokalyptischen Filmen suggeriert wird. Oder um es mit dem vielzitierten englischen Philosophen Thomas Hobbes zu sagen: Der Mensch ist des Menschen Wolf. Das Pentagon veranlasste also Analysen vergangener Katastrophen. Der Soziologe Charles E. Fritz studierte Dutzende Krisen und kam zu dem Schluss, dass es Menschen teils erstaunlich gut ging: »Sie begreifen, dass kollektives Handeln notwendig ist (...) und dass individuelle und gemeinsame Ziele untrennbar miteinander verbunden sind. Diese Verquickung von individuellen und gesellschaftlichen Bedürfnissen schafft ein Gefühl der Zugehörigkeit und Verbundenheit, das unter normalen Umständen selten erreicht wird.« Oder anders gesagt: Die Menschen bringen sich in Krisen nicht gegenseitig um, sondern erleben unter Umständen sogar etwas Erfüllendes. Fritz' Thesen wurden seitdem in unzähligen Studien zu Erdbeben, Großbränden und Überschwemmungen bestätigt, und auch, was 2018 in der kleinen Sackgasse rund um die Quelle und in Kapstadt als Ganzes passierte, scheint diese Annahme zu bestätigen. In einer der Städte der Welt, in denen die Gesellschaft am stärksten gespalten ist, kamen im Angesicht der Krise Menschen zusammen, unterstützten sich gegenseitig und hatten oftmals eine gute Zeit dabei. Riyaz' und Yasmins Gesichter leuchten, wenn sie davon sprechen. Im Englischen, schreibt Solnit, gibt es kein Wort für das Gefühl in dieser Situation, in der »das Wundervolle gebettet ist im Schrecklichen, Freude in Kummer, Mut in Angst«.

Im Deutschen ist mir so ein Wort auch nicht bekannt, doch Riyaz sagt: »Die Menschen zeigten sich resilient. Sie kamen mit dem aus, was sie hatten. Sie halfen einander. Es gab Kameradschaft, neue Freundschaften.« Yasmin nickt. »Ja, ich vermisse diese Zeit. Es war schön, was da jeden Tag passiert ist.« Wir verabschieden uns von ihr, treten aus dem Haus und gehen zurück zu der Quelle. Riyaz hält das Glas in das Loch im Bordstein, zieht es gefüllt wieder raus und hält es mir hin. Ich nehme es und trinke es mit großen Schlucken leer.

*

»Kommt mit, ich zeig euch, wie die Geschichte weitergegangen ist«, sagt Riyaz und füllt ein letztes Mal das Glas auf, bevor er es Yasmin zurückbringt. Wir fahren ein paar Blocks weiter und stellen das Auto auf einem großen Parkplatz ab, wo wir von Wächtern in Warnwesten eingewiesen werden, steigen aus und laufen auf etwas zu, das an einen Hundezwinger erinnert: hohe Zäune aus armdicken Metallstreben, die oben spitz zulaufen, darin ein Tor, über dem eine Überwachungskamera hängt. »Das ist die Wasserstelle, die die Regierung im Mai 2018 eröffnet hat«, erklärt uns Riyaz. An der Seite hängt ein Banner mit den Regeln:

- maximal 25 Liter pro Person
- unbehandeltes Wasser, Gebrauch auf eigene Gefahr
- Waffen, Alkohol, Drogen und Hunde verboten

Darunter prangt das Stadtwappen von Kapstadt mit dem Slogan: *Making Progress Possible. Together.*

Wir stellen uns in die Schlange, niemand spricht außer Raphael und Riyaz. Anzustehen ist beklemmend, ich will am liebsten weg. »Sie haben meine Quelle nicht nur geschlossen, sie haben auch den Spirit zerstört, der dort gelebt wurde«, sagt Riyaz. »Das hier ist wie im Gefängnis, alle beäugen sich misstrauisch.« Keine der Umstehenden widerspricht ihm.

Angefangen hatte es mit Beschwerden der Anwohnerinnen von Newlands, der Lärm, die parkenden Autos, der Müll – das gehe so nicht weiter, lauteten die Vorwürfe. Anstatt zu vermitteln und nach einer Lösung zu suchen, nahmen Mitglieder der Verwaltung das als Vorwand, um die Schließung vorzubereiten, kritisierten gleichzeitig Riyaz immer öfter persönlich. »Sie warfen mir vor: ›Wegen Ihnen kommen viele Tausend Leute täglich ins Viertel!‹, aber das ergibt doch keinen Sinn. Die Leute kamen doch nicht wegen mir, sondern weil sie Wasser brauchten.« Es war letztlich diese Kombination, die zur Schließung führte: Die Stadtverwaltung wollte die reichen Bewohnerinnen des Viertels beruhigen und gleichzeitig einer selbstorganisierten Gemeinschaft, über die sie keine Kontrolle ausüben konnte, ein Ende setzen. Also schickte sie einen Trupp Bauarbeiter, die die Quelle zubetonierten. »Elitenpanik« nennt Solnit dieses Phänomen, wenn Regierende drakonisch auf eigenständige Aktionen der Zivilgesellschaft in Krisensituationen reagieren.

Ich blicke mich an der neuen Wasserstelle um. Die Security drückt auf einen Knopf, mit einem Piepsen schwingt eine Gittertür auf, wie eine Sicherheitsschleuse, wie die Tür zu einem Tresor, dabei ist dahinter nur eine Quelle, und offensichtlich ging das auch alles ohne diese Zwangsmaßnahmen.

*

Ein Typ in gelber Warnweste kommt auf uns zu und baut sich vor uns auf. »Warum macht ihr Fotos? Von welcher Firma seid ihr?«

»Ich?«, gibt Riyaz zurück. »Warum fragst du?«

»Du machst Fotos.«

»Von was für einer Firma bist du denn?«, fragt Riyaz. Ich stutze, so forsch ist Riyaz plötzlich.

Der Typ in der Warnweste nennt ein Unternehmen.

»Oh, du bist Security hier?«

»Ja.«

Riyaz fängt an, Namen anderer Security-Leute aufzuzählen. »Wo ist Andili heute?«, fragt er.

»Welcher Andili?«

»Der Kurze.«

»Ah. Ja, der ist hier.«

»Lusanda? Cynthia?«

»Cynthia, die Frau?«
»Mm-mh.«
»Die hat Urlaub. Du kennst sie?«
»Ja, ich kenn sie alle. Du kannst sie nach meiner Story fragen.«

Der Wachmann guckt unsicher, wahrscheinlich überlegt er, ob sein kleiner Auftritt ihm Schwierigkeiten einbrocken wird.

»Mein Name ist Riyaz. Wie heißt du?«
Der Typ zögert. Kleinlaut sagt er: »Wiseman.«
»Wiseman?«, fragt Riyaz spöttelnd. »Bist du sicher?«

Wiseman – weiser Mann. Riyaz verarscht den Security-Typen. Ich bin überrascht zu sehen, wie schnell er sich vor unseren Augen vom freundlichen Orthopäden zu jemandem wandelt, der aus dem Stegreif einen anderen so abkanzelt. Doch ich glaube, ich kann es nachvollziehen. Ich wäre auch verletzt und wütend darüber, hätte die Stadt mein Projekt zerstört. Doch Riyaz kann auch darüber hinaus sehen und verliert den größeren Zusammenhang nicht aus den Augen. »Am Anfang ging es in der Wasserkrise nur ums Überleben, doch mit der Zeit begannen die Diskussionen über die Ungerechtigkeiten in der Stadt, und diese Gespräche dauern bis heute an«, sagt er. »Und sie werden etwas verändern.« Was sich jetzt schon verändert hat: Die Pegel in den Stauseen haben sich vorerst stabilisiert.

Und da ist noch etwas: Kapstadts Bewohnerinnen haben sich nicht nur selbst gerettet, sondern auch ein Mantra entkräftet, das weit verbreitet ist: Kollektiver Verzicht wird nicht funktionieren. Das ist zumindest, was ich so oft von Politikerinnen und vermeintlichen Wirtschaftsexpertinnen höre: Niemand wird freiwillig weniger fliegen, Fleisch essen, Autos kaufen.

Und vielleicht stimmt das sogar, zumindest solange es keine Alternativen gibt, wie sie die Menschen in Kapstadt hatten: die Chance darauf, etwas Sinnvolles zu tun und helfen zu können, die Freude über eine neue Aufgabe, dieses äußerst befriedigende Gefühl, der Welt nicht alleine, sondern als Gemeinschaft entgegenzutreten. Was wir von Kapstadt lernen können: Schließt euch zusammen, dann findet ihr in der Klimakrise nicht nur Lösungen, es stärkt euch nicht nur, es schenkt euch auch, wie Rebecca Solnit es nannte, eine tiefere Art der Freude. Und das ist eine Lektion, die vielleicht nicht ganz neu ist, aber wichtiger auch nicht sein könnte. Bis zum Jahr 2025 werden insgesamt zwei Drittel der Weltbevölkerung in Gebieten leben, in denen Wasser knapp ist.

*

Wir lassen Kapstadt hinter uns, links und rechts der Landstraße erstreckt sich eine endlose Weite. Die Sonne hat dem Grün wenig Chance gelassen. Ocker, beige und sandfarben ziehen die Hügel an uns vorbei. Dürre Sträucher, die sich in der Hochebene verlieren. Über dreitausend Kilometer Strecke liegen vor uns, über die Grenze nach Mosambik und dann nochmal weiter bis nach Beira. Raphael und ich wollen in fünf Tagen in der Küstenstadt sein, genau ein Jahr, nachdem der tropische Wirbelsturm Idai Häuser, Ernten, Leben zerstörte. Es war einer der schlimmsten Zyklone aller Zeiten im südlichen Afrika. Eigentlich wollten wir den Zug bis nach Johannesburg nehmen, ich hatte es mir so schön ausgemalt: die Vorhänge zur Seite zu schieben, mit dem Blick auf die Landschaft die Eindrücke der letzten Tage auf mich wirken lassen, vielleicht eine Insta-Story über die Zeit in Südafrika machen. Doch der Zug verkehrt nach einem tödlichen Unfall derzeit nicht, wir müssen das Auto nehmen. Raphael dreht das Radio auf, er hat ein Album von Johnny Cash angemacht, sagt, er habe es früher eine Zeit lang viel gehört. Die schwere Stimme begleitet uns durch die Wüste, die Straße zieht sich bis zum Horizont, wo die Sonne die Luft über dem Asphalt flirren lässt. Über uns spannt sich der Himmel wie ein hellblauer Baldachin. Ich mag es, mit Raphael zu reisen. Obwohl es unsere erste gemeinsame große Recherche ist, sind wir ein gutes Team, er hat die Anschlüsse und Strecken im Blick, gemeinsam koordinieren wir die Interviews, ich kümmere mich um Social Media und den Proviant. In diesem Moment singt Johnny Cash:

There once was a man
and he just couldn't cry
hadn't cried for years and for years…

Raphael und ich haben uns in Berlin kennengelernt. Auf einer Bühne in Neukölln erzählte er beim *Reporter Slam* eine pointenreiche Geschichte, wie er 2015, im Sommer der Migration, Geflüchtete durch den Balkan begleitete, wie die serbische Grenzpolizei ihn für eine Nacht ins Gefängnis warf, er die Zelle mit aufgepumpten, tätowierten Drogenschmugglern teilen musste, die später das selbst gekochte Essen ihrer Mütter mit ihm teilten und ihm gut zuredeten: Keine Sorge, es wird schon alles gut werden. Das Publikum johlte. Später saß er mir bei einem Gin Tonic in einer Bar in Rixdorf gegenüber, mit Trainingsjacke und verwuschelten Haaren. Der Mann, der nicht weinen konnte, er scherzte lieber. Er war zwar nicht zur

Bundeswehr gegangen, aber irgendwie trotzdem in den Krieg gezogen, hatte als Reporter aus Libyen, Syrien und Afghanistan berichtet, ein Einzelkämpfer, bewaffnet mit Stift und Notizblock. Wie alle *echten Männer* in diesem Bereich hat er das Erlebte nie nah an sich rangelassen. Wie er das gemacht hat, weiß ich nicht, vielleicht indem er sich so hart gemacht hat wie der Boden der Savanne da draußen, nachdem es drei Jahre nicht geregnet hat. Erst die Krankheit und der Tod seines Vaters haben etwas in ihm aufgebrochen, leise meldete sich da eine andere Seite, die wie eine zarte Knospe aufblühen wollte, gerade als wir uns zum ersten Mal begegneten. Es ist schön, seitdem mit ihm unterwegs zu sein.

IDAI

Wir erreichen Johannesburg, laufen durch das hektische Terminal des Busbahnhofs, finden den Reisebus nach Maputo, werfen unsere Rucksäcke in das Gepäckfach und steigen ein. Um uns herum sitzen Frauen, jeweils eine pro Doppelsitz, die sich auf Portugiesisch unterhalten, der Amtssprache in Mosambik. »Vielleicht arbeiten sie in Johannesburg und fahren jetzt übers Wochenende nach Hause«, sagt Theresa.

Wir verlassen den Busbahnhof und dann die Stadt Richtung Osten. Die letzten Tage waren stressig. Die lange, anstrengende Autofahrt, der kurze Stopp in Johannesburg und jetzt gleich weiter. Während unserer Recherchen im Vorfeld haben wir gelesen, dass die Klimakrise Frauen härter trifft als Männer. Wir wollen verstehen, warum das so ist und wie Frauen dem begegnen. Morgen, am 8. März, ist Weltfrauentag, es soll eine Demo in der mosambikanischen Hauptstadt Maputo stattfinden – da hoffen Theresa und ich jemanden zu treffen, die uns mehr erzählen kann. Und am 14. März jährt sich zum ersten Mal Zyklon Idai, der damals die Küstenstadt Beira mit voller Wucht traf.

Ich höre, wie sich die Frauen im Bus quer über die Sitzreihen hinweg unterhalten, laut lachen. Ich verstehe kein Portugiesisch, bin eh schon müde, und die Lautstärke überfordert mich. Aber es ist auch schön, sie zu sehen. Es wirkt, als könnten sie es kaum erwarten, nach Hause zu kommen.

Der Bus überquert eine Bergkette, Theresa zeigt auf einen Fluss, der sich seinen Weg durch die felsigen Schluchten bahnt. Dahinter verändert sich die Landschaft, es wird grüner, vielfältiger, und ich merke, wie mir der Schweiß den Rücken runterläuft, wir nähern uns der tropischen Klimazone.

Kurz darauf hält der Bus vor einem Grenzzaun, dahinter liegt Mosambik. Wir stehen auf und gehen nach vorn zur Tür. Um einreisen zu können, brauchen wir vor der Weiterfahrt ein Visum, müssen dafür zuerst den richtigen Schalter finden. Als wir aussteigen wollen, ruft uns der Busfahrer in barschem Ton hinterher: »Nehmt euer Gepäck mit und beeilt euch. Ich warte eine halbe Stunde, dann fahre ich weiter.« Anscheinend hat er die Erfahrung gemacht, dass es bei Ausländerinnen oft länger dauert.

»Und wie kommen wir nach Maputo, wenn wir es nicht rechtzeitig wieder zurückschaffen?«, fragt Theresa.

»Das könnt ihr dann ja gucken.«

Wir packen unsere Rucksäcke und laufen zügig in die Richtung, in die auch die anderen gehen. Der Grenzposten ist ein gutes Stück entfernt, ein niedriger Bau, die Tür steht offen, davor steht eine Frau in türkisblauer Uniform, darüber einen Plastikkittel und OP-Handschuhe. Als wir die Tür erreichen, hält sie uns auf. »Wo kommen Sie her?«, fragt sie.

»Aus Johannesburg«, sage ich.

»Dann muss ich bei Ihnen Fieber messen, und Sie müssen dieses Formular ausfüllen. Gestern ist der erste Fall von Covid-19 in Südafrika aufgetreten.«

Wir hatten während unserer Reiseplanung über das Thema gesprochen. Zuerst schien es, als sei das Problem auf die chinesische Stadt Wuhan beschränkt und Medienberichten zufolge weitgehend unter Kontrolle. Mittlerweile treten schon in verschiedenen Ländern Fälle auf, aber die Besorgnis in der Presse scheint weiterhin gering. Wir haben uns gegen eine ganze Reihe Tropenkrankheiten impfen lassen, nehmen seit gestern unsere Malaria-Prophylaxe, aber das Corona-Virus scheint bisher weit weg.

Die Frau misst unsere Körpertemperatur und händigt uns die Formulare aus. Ich gucke rüber zum Visa-Schalter und dann auf die Uhr. Die Zeit rennt.

Wir füllen die Formulare aus, gehen zum Schalter, der Grenzbeamte guckt uns an, sagt, wir sollen kurz warten, wechselt rüber in ein angrenzendes Büro. Es dauert eine gefühlte Ewigkeit. Als er wiederkommt, macht er ein Foto von mir, dann eins von Theresa, nimmt unsere Pässe und verschwindet wieder. Die Schalter für mosambikanische Staatsbürgerinnen liegen gegenüber, da scheint es schneller zu gehen. Ich gucke Theresa an. Auch sie ist nervös. Da kommt der Busfahrer herein, sein blaues Hemd ist durchgeschwitzt. Er sieht uns und kommt auf uns zu.

»Was ist los?«, will er wissen.

»Wir müssen warten«, sagt Theresa.

»Sorry, aber ich fahre jetzt los.«

Eine der Frauen, die mit uns im Bus saßen, schaltet sich ein. Ihr Pass ist anscheinend schon gestempelt, und jetzt redet sie auf den Busfahrer ein. Ich verstehe nicht, was sie sagt, aber es sieht aus, als setze sie sich für uns ein. Weitere Frauen kommen dazu und umringen den Busfahrer. Er redet wütend auf sie ein, doch ihre Stimmen übertönen ihn.

Der Grenzbeamte kommt, um die Visa-Gebühr zu kassieren. Hektisch geben wir ihm das Geld, unsere Pässe hat er noch nicht wieder mitgebracht. Der Fahrer löst sich von der Gruppe und läuft zurück zum Bus, doch die Frauen lassen sich nicht abschütteln. Ich sprinte hinterher, will mit ihm sprechen, komme aber gar nicht erst zu ihm durch, die Frauen halten ihn in Beschlag. Eine nickt mir zu, wie einem Komplizen, wie einem Sohn, dem sie sagt: Alles gut, mach dir keine Sorgen.

Ich laufe zurück, ein paar Minuten noch, dann gibt der Grenzbeamte uns unsere Pässe zurück. Wieder am Bus bedanken wir uns überschwänglich bei den Frauen – sie hätten sich auch dafür entscheiden können, uns nicht zu helfen, schneller nach Hause zu kommen. Wir werfen unsere Rucksäcke wieder unten ins Gepäckfach und springen in den Bus. Anderthalb Stunden später erreichen wir Maputo.

*

Es ist Sonntag, der 8. März, Weltfrauentag, und ich bin ein bisschen aufgeregt, seit ich von der starken Frauenbewegung in Mosambik gehört habe. In Berlin ist der Frauen*kampftag immer ein großes Happening, an unserer WG am Kottbusser Tor ziehen mehrere Tausend Demonstrantinnen vorbei, mit Parolen und Transparenten, auf denen Sprüche wie »Patriarchat abtreiben« und »Lasst es glitzern, lasst es knallen, Sexismus in den Rücken fallen« stehen. Letztes Jahr bin ich mit Freundinnen raus nach Brandenburg gefahren, wo das Haus des Wandels steht, ein feministisches Hausprojekt. Ich mag diese besondere Energie, die entsteht, wenn viele Frauen zusammenkommen.

Vor der Demo haben Raphael und ich uns noch mit Antonio José Beleza verabredet, einem Drohnenpiloten, der für den Katastrophenschutz der Regierung arbeitet, auch in den Wochen nach Zyklon Idai. Wir wollen von ihm einen Überblick über die Lage nach dem Sturm bekommen. Er hat nicht viel Zeit und uns deshalb vorgeschlagen, einfach dabei zu sein, wenn er heute zum Flugplatz rausfährt. Sein Team war es, das die Lage in den überfluteten Gebieten erkundete, bevor die Konvois der großen Hilfsorganisationen dorthin geschickt wurden. Antonio wartet in einem weißen Toyota-Jeep auf der Hauptstraße vor unserer Tür. »Good morning!« Er sieht aus, wie ich ihn mir vorgestellt habe: Ende dreißig, lässig die Basecap mit Drohnen-Logo auf dem Kopf und eine Smartwatch am Handgelenk. Wir sammeln auf dem Weg zum Übungsplatz noch einen Finanzier für das nächste Luftaufklärungsprojekt ein, erklärt Antonio, und fährt los. Ein paar Häuserblocks weiter, und wir sind am Meer. Es ist Ebbe, ein Gefühl von Weite macht sich in mir breit, als ich aus dem Fenster gucke. Ein Tanker schiebt sich durch die Wellen am Horizont. Nur fünfhundert Seemeilen vor der Küste liegt Madagaskar, dahinter erstreckt sich der Indische Ozean. Schlammig-braun sieht das Meer da draußen aus. Die Uferpromenade scheint aber ein beliebter Ort für Sonntagsspaziergänge zu sein. Die Stimmung ist entspannt, überall entlang der kilometerlangen Straße stehen Verkäuferinnen mit Kühlboxen voller Getränke oder Wägelchen, auf denen grüne Kokosnüsse aufgetürmt sind.

Mosambik verfügt über fast zweieinhalbtausend Kilometer Küste. Das Meer prägt Mosambik, die großen Häfen werden auch von Nachbarländern als Tor zur Welt genutzt, aus dem Wasser kommen die Meeresfrüchte für das deftige Nationalgericht Matapa, am Strand treffen sich Jungs für eine Partie Fußball. Die lange Küstenlinie, die vielen Flüsse und das feuchte Klima machen Mosambik aber auch anfällig für Naturkatastrophen wie Überschwemmungen oder Tropenstürme.

Antonio parkt an einer Tankstelle. »Wir warten hier auf meinen Kollegen«, sagt er und zieht sein Handy aus der Tasche. Er zeigt uns ein YouTube-Video, das sein *Disaster Response Team* im Einsatz nach dem Zyklon gemacht hat. Eingestürzte Häuser. Drei Männer, die durch kniehohes Wasser über ein Feld waten. Eine Landstraße, die durch die Überschwemmung zur Sackgasse wurde. »Gleich nachdem es aufgehört hatte zu regnen, haben wir die Drohnen gestartet«, erklärt Antonio. Als Nächstes erscheint auf seinem Handy ein Dorf aus der Vogelperspektive, das der Sturm unbewohnbar gemacht hat. Insgesamt waren in Madagaskar, Mosambik, Malawi und Zimbabwe über drei Millionen Menschen von den Auswirkungen des Sturms betroffen, Hunderttausende wurden über Nacht obdachlos. Idai war der tödlichste Sturm, der je über Mosambik hinweggefegt ist. »Das Problem ist nicht nur der Wind«, sagt Antonio, »es sind vor allem der Regen und die Überschwemmungen danach.«

Wenn ich Erderwärmung höre, denke ich automatisch an mehr Hitze, aber es passiert noch etwas anderes: Der globale Wasserkreislauf verändert sich – wegen der steigenden Temperaturen verdunstet mehr Feuchtigkeit, außerdem kann warme Luft mehr Wasser binden. Dadurch verändern sich globale Zirkulationen, an manchen Orten der Welt kommt es zu Dürren wie in Südafrika, an anderen zu sturzartigen Regenfällen. Das ist eines der zentralen Probleme der Klimakrise. Tropische Wirbelstürme sind im Grunde wandernde Tiefdruckgebiete: Sie entstehen, wenn von der Meeresoberfläche sehr viel Wasser verdunstet und mit warmer Luft aufsteigt. Die Menschen in den Tropen kennen solche Wirbelstürme, sie werden Taifun, Hurrikan und Zyklon genannt, aber auf Idai war Mosambik nicht vorbereitet. Mit Sturmböen von knapp zweihundert Kilometern pro Stunde prallte der Wind auf die Küste und sprengte fast alle Rekorde seit Beginn der Wetteraufzeichnungen auf der südlichen Erdhalbkugel. Der Wasserstand war durch die Sturmflut an manchen Küstenorten vier Meter über dem normalen Pegel, und anhaltender Regen verwandelte Teile des Landes in riesige Seen. Auf Antonios Handy taucht ein weißes Gefährt mit riesigen Reifen und einer Luke im Dach auf. »Das ist ein Amphibienfahrzeug, unsere Drohnen haben es aus der Luft navigiert«, erklärt Antonio. Was ihn fasziniert: Das Potenzial von Unmanned Aircraft Systems oder UAS, wie Drohnen im Jargon heißen, ist gerade für das Krisenmanagement nach Naturkatastrophen vielversprechend. »So kommen wir viel schneller an Infos aus den betroffenen Gebieten als bei der klassischen Aufklärung mit Hubschraubern. Und für einen Bruchteil der Kosten.« Viele der Vorreiter in diesem Bereich kommen aus dem Globalen Süden. »Wir waren die Allerersten, die Drohnenaufnahmen mit Satellitenbildern abgeglichen haben, um die Überschwemmungen einzuschätzen«, sagt Antonio und zeigt zwei Aufnahmen aus dem letzten Jahr. Für die Küstenstadt Beira und das Überflutungsgebiet des Rio Licungo hat sein Team eine Karte erstellt, auf der in Echtzeit die höchsten und damit sichersten Punkte für den Aufbau von Notlagern eingezeichnet werden konnten.

Die Schäden des Sturms beziffern sich auf über anderthalb Milliarden Euro, das sind fast fünfzehn Prozent der jährlichen mosambikanischen Wirtschaftsleistung. Die Vereinten Nationen haben ein Jahr nach Idai Statistiken über die Nothilfe erstellt:

- 1,8 Millionen Menschen mit Essen versorgt
- 635.000 Moskitonetze im ganzen Land verteilt
- 850.000 Menschen gegen Cholera geimpft
- 90.000 Frauen in ›Women Safe Spaces‹ registriert
- 5.300 Kinder psychologisch betreut.

Die Zahlen sind geduldig und sagen mir wenig, und auch nach all den Videoaufnahmen kann ich mir immer noch nicht wirklich vorstellen, wie es sein muss, derart den Kräften der Natur ausgesetzt zu sein. Antonios Kollege ist aufgetaucht, wir fahren zum Flugplatz, wo einige weitere Piloten schon warten. Ich sehe sie auf der Wiese stehen und lachen. Was auf dem grünen Gras wie ein Sonntagsausflug von Flugzeug-Enthusiasten wirkt, ist in Wirklichkeit die Vorbereitung auf den nächsten Sturm.

Laut Weltbank gab es 2011 mehr als doppelt so viele besonders heftige Taifune im pazifischen Raum wie noch vor vierzig Jahren. Prognosen zufolge wird ihre Zerstörungskraft weiter zunehmen. Ich habe immer noch die Weltkarte vor Augen, die DIE ZEIT 2019 veröffentlicht hat: Bei vier Grad Erderwärmung würden sich den Prognosen zufolge Teile der USA, der Mittelmeerraum und die meisten Länder Afrikas zur Wüste wandeln, nur Madagaskar und Mosambik im Südosten sind grau schraffiert: *unbewohnbar aufgrund von Überschwemmungen.*

*

Nach dem schnellen Termin am Flugplatz lässt Antonio Theresa und mich im Stadtzentrum raus. Wir laufen Richtung Praça da Independência, treffen da unsere Übersetzerin Jéssica Salomão und Carlotta Inhamussua, eine Aktivistin, die sich für

Frauenrechte einsetzt. Das einzige Café in der Nähe gehört zu einem schicken Hotel, aber wir entscheiden uns dagegen und setzen uns auf eine schattige Treppe.

Es ist nicht mehr lang bis zur Demo, wir überspringen Höflichkeitsfloskeln und Small Talk und fragen Carlotta nach der Situation der Frauen während des Zyklons. Es scheint okay für sie zu sein, sie arbeitet seit Jahren zu dem Thema.

»Der Klimawandel trifft Frauen auf der ganzen Welt härter als Männer«, sagt sie und legt uns die Gründe dar: Radios sind oft im Besitz der Männer, die zuerst mitbekommen, wenn es eine Katastrophenwarnung gibt. Frauen sind dann oft weit weg vom Haus draußen auf dem Feld, viele von ihnen haben – anders als Männer – nie klettern und schwimmen gelernt, weil Mädchen früh im Haushalt helfen müssen, weniger Zeit zum Rumtoben haben. Als Idai hereinbrach und die Fluten übers Land wälzten, konnten sich viele Frauen nicht retten und ertranken. Hatten sie das Glück, zu Hause zu sein, hieß das nicht, dass sie in Sicherheit waren. Sie mussten sich um Kinder sowie kranke und alte Verwandte kümmern, was ihre Schwierigkeiten noch vergrößerte.

»Frauen sind traditionell dafür verantwortlich, dass es genügend Essen, Wasser und Feuerholz gibt«, sagt Carlotta. Viele Aufgaben, für die sie die Verantwortung tragen, werden nach Naturkatastrophen also schwierig bis unmöglich – der Zyklon zerstörte die Ernten und Häuser, Salzwasser flutete Brunnen und Flüsse. »Wenn es nichts zu essen für die Familie gibt, leidet die Frau am meisten, denn auf ihr lastet ein Großteil des Drucks.«

Viele Familien mussten lange auf die Nothilfe von Regierung und NGOs warten. Um eine Hungersnot zu verhindern, verteilte das World Food Program der Vereinten Nationen auch

Monate nach dem Zyklon noch Essenspakete. »Und selbst wenn sie Saatgut erhalten haben«, erzählt Carlotta, »konnten sie nicht unbedingt etwas anbauen.« Der Zyklon schwemmte in riesigen Gebieten den fruchtbaren Humus weg, andernorts versalzte das Meerwasser den Boden, auf dem nichts mehr wuchs. Kleinbäuerinnen sind laut eines Berichts der Vereinten Nationen maßgeblich verantwortlich für die Nahrungsmittelproduktion in Ländern des Globalen Südens. »In vielen afrikanischen Ländern sind mehr als neunzig Prozent aller Frauen in der Landwirtschaft tätig«, heißt es da. Oftmals ist es die einzige sichere Einkommensquelle. Eine Naturkatastrophe ist für alle Betroffenen hart, aber Männer haben durchschnittlich mehr Bildung genossen als Frauen, haben eher die Möglichkeit, ihre Familien zu verlassen und sich allein in der Stadt durchzuschlagen. Frauen treffen Krisen härter, weil sie an den meisten Orten der Welt strukturell benachteiligt werden. Für Zyklon Idai gibt es keine genauen Zahlen, doch während des Tsunamis von 2004 in Südostasien waren siebzig Prozent aller Todesopfer Frauen, und auch in New Orleans traf Hurrikan Katrina am härtesten Schwarze Frauen. Achtzig Prozent aller Menschen, die sich aufgrund von Klimakatastrophen auf der Flucht befinden, sind weiblich.

*

Es ist fast 14 Uhr, die Demo geht gleich los. Raphael und ich bedanken uns bei Carlotta, laufen an der Kathedrale entlang rüber zur Praça da Independência und sehen schon von Weitem eine Bronzestatue – bestimmt zehn Meter oder größer –, die halb drohend, halb belehrend den Finger erhebt. Der erste

Präsident des Landes, Samora Machel, in Uniform. Vom erhöhten Vorplatz der Kathedrale erkennen wir dann auch den Treffpunkt, wo die Frauen sich für die Demo sammeln. »Leider ist bei den Demos nie so viel los«, sagt unsere Dolmetscherin Jéssica, die uns zur Demo begleitet. »Das sind hier immer nur so wenige. Aber ihr solltet mal die Bilder aus Beira sehen, da ist heute mehr Action.«

Kleine Gruppen von Frauen stehen lose auf einer breiten Treppe. Sie wirken ein bisschen verloren zwischen der aufragenden Statue und dem neoklassizistischen Rathausgebäude mit seinen riesigen Säulen. Zwischen den Demonstrantinnen liegt ein großer Patchwork-Teppich ausgebreitet, zusammengefügt aus bestickten Stoffteilen, die solidarische Grüße aus aller Welt übermitteln – aus Rumänien, Pakistan, Guatemala. *Wir fordern Freiheit*, steht da.

Ein paar mehr Frauen kommen dazu und dann eine größere Gruppe, die mit dem Bus aus den umliegenden Dörfern angereist ist. Sie laufen auf uns zu, stimmen ein Lied an, wippen im Takt. Es ist wie beim Frauenstreik in Berlin, denke ich, Frauen allen Alters, die bestimmt in sehr verschiedenen Realitäten leben, auf dem Land, in der Universitätsstadt: junge mit platingefärbten Cornrows, alte mit elegant gewickeltem Kopftuch, andere im Businesslook mit Lippenstift und Handtasche im Ellenbogen. Die Protestsongs haben sie besser drauf, fällt mir auf, in Berlin spielen DJs ihre Musik, die Demonstrantinnen in Maputo machen selbst Stimmung. Eine hochgewachsene Frau in einem violetten Kleid stößt dazu, den Kopf ganz kurz rasiert. Ich spreche sie an. Ihr Name ist Graça Samo, sie ist eine der Organisatorinnen des Marschs, hat aber gerade keine Zeit, Raphael und mir ein Interview zu geben. Sie schnappt sich eine lila Fahne mit dem Logo des World March of Women, die heute auch an zig anderen Orten auf allen Kontinenten geschwenkt wird, und verschwindet in der Menge.

*

Erneut ertönt Musik, die Frauen stellen sich hinter einem großen Transparent auf: *Resistimos para viver. Marchamos para transformar.*
Wir leisten Widerstand, um zu leben. Wir demonstrieren für den Wandel.
Langsam setzt sich der Zug in Bewegung, überquert den breiten Kreisverkehr, lässt die mahnende Statue hinter sich. Ein Pick-up der Polizei schiebt sich davor, beobachtet die Demo, die in eine engere Straße einschwenkt. Je weiter sie kommen, desto drängender wird der Sound der Trommel und der Gesänge, so dicht beieinander werden die Frauen lauter, lachen, singen. Eine Frau im türkisen Muskelshirt platziert sich vor die Demo, hält ein Megafon in der einen Hand und reckt die andere zur Faust geballt in die Luft. Der Zug stoppt.
»Heeeeey, Feminismo!«, brüllt sie.
»Heeeeey!«, brüllen die Frauen zurück und reißen ihre Fäuste in die Luft.
»Heeeeey, Feminismo!«, brüllt die Frau am Megafon wieder.
»Heeeeey«, antwortet die Menge ihr. So geht das vor und zurück, fünf, sechs Mal, ihre Stimmen schallen von den hohen Hausfassaden wider. Dann dreht die Frau mit dem Megafon sich um und läuft los: »Feminismo a frente!«, ruft sie, und »Machismo atrás« kommt es zurück wie aus einer Kehle – Feminismus vor, Machismo nach hinten!

Der Demonstrationszug biegt auf eine belebte Geschäftsstraße ein. Einige Männer sitzen vor einem kleinen Kiosk und gucken überrascht ob der protestierenden Frauen. Ein weiterer Pick-up taucht auf, auf der Ladefläche steht ein Fernsehteam und filmt den Aufzug. Die Frauen machen ihr Ding, besetzen die vierspurige Straße auf voller Breite, gehen zu einem Lied alle gemeinsam in die Hocke, schnellen dann hoch, jubeln laut, immer wieder. Singen, skandieren, jubeln – so geht es immer weiter. Wie die kleine Gruppe Frauen losgezogen ist, wirkt sie jetzt völlig verwandelt, so als gehöre ihr in diesem Augenblick die ganze Stadt. Jeder steht ein befreites Grinsen im Gesicht, als wir wieder die Praça da Independência erreichen, die Statue des Präsidenten links liegen lassen und uns wieder an der Treppe versammeln.

Eine Rednerin ergreift das Wort, in der Hand hält sie eine lila Fahne, auf der steht: *Das Patriarchat auseinandernehmen, nicht den Planeten.* »Das Patriarchat benachteiligt nicht nur Frauen, es verursacht auch die Klimakrise und all die anderen Krisen, die wir erleben: Ungleichheit, Artensterben – diese Krisen sind verbunden, wir müssen ihnen gemeinsam begegnen. Deshalb sage ich: Wir werden kämpfen, wir leisten Widerstand!« Die Frauen applaudieren. Graça Samo spricht als Nächste. Sie erzählt die Geschichte des großen Teppichs, dass Frauen aus aller Welt seit zwanzig Jahren immer wieder am 8. März demonstrieren, dass der Teppich Ausdruck ihrer weltweiten Verbundenheit ist. »Für eine Welt ohne Gewalt, ohne Krieg. Und Krieg ist dabei alles, was das Leben angreift. Jeder Angriff auf die Natur ist ein Angriff aufs Leben. Und für uns ist das ein Krieg«, ruft sie, und ihre Worte schallen rüber zur Statue des Uniformierten. »Aber wir werden nicht mit Waffen kämpfen, sondern mit unserer Stimme, mit Liebe und Solidarität. Wir gehen weiter auf unserem Marsch!«

»Bis wir alle frei sind!«, antwortet die Menge.

»Ist eine Frau betroffen?«

»Sind alle Frauen betroffen!«

»Wir leisten Widerstand, um zu leben.«

»Wir demonstrieren für den Wandel!«

Wie um das Gesagte zu unterstreichen, zeichnen die Frauen in der Menge jedes Mal mit den Armen ein Zeichen in die Luft, einen Kreis.

Ich habe die letzten zwei Jahre viel gelesen über Männlichkeit und Patriarchat, aber mit der Klimakrise habe ich es noch nicht in Verbindung gebracht. Nach Graças Rede gehen wir zu ihr und sprechen sie erneut an. Sie ist verschwitzt und glücklich und hat jetzt etwas mehr Ruhe. Wir setzen uns auf die Stufen.

»Erzähl noch mal, wie hängt der Kampf der Frauen mit dem Kampf für den Erhalt der Erde zusammen?«, fragt Theresa, und Graça lächelt.

»Wenn wir über die Erde sprechen, dann meinen wir damit etwas ganz Grundsätzliches. Ohne den Boden können wir nicht leben, unsere ganze Lebensweise beruht darauf. In der Erde wächst unser Essen, auf ihr bauen wir unsere Häuser, darin beerdigen wir unsere Vorfahren. Und übers Land zu sprechen heißt auch, über all die anderen Dinge zu sprechen, die unser Leben erst ermöglichen: das Wasser, die Wälder und all die anderen Kreaturen, die auf dieser Erde leben.«

Es sei eine andere Sicht auf die Dinge als die des Patriarchats. Konzernchefs und Politiker, sagt sie, hätten seit Jahrhunderten das »Nein« der Erde zur Zerstörung nicht wahrgenommen.

»Aber Nein heißt Nein.« Der Kampf gegen Machismo sei auch ein Kampf gegen die Ursachen der Klimakrise.

»Der erste Schritt ist, dass Frauen verstehen, dass sie selbst die Handelnden sind, dass sie vorneweg gehen müssen und dafür sorgen, dass der Wandel eintritt, den sie wollen«, fährt Graça fort. Und dann erzählt sie von GMPIS, einer feministischen Gruppe aus Beira. Die Frauen dort hätten vor einigen Jahren begonnen, sich zu organisieren, als Graswurzelbewegung mit vielen Ablegern in den Dörfern rund um die Küstenstadt. Deshalb hätten sie auch die Kraft gehabt, der Zerstörung durch Idai zu begegnen. Graça selbst sei nach dem Zyklon in die Stadt gereist und tief beeindruckt gewesen, wie diese Frauen selbst in entlegenen Gebieten Hilfe organisierten.

*

Am nächsten Morgen fährt der erste Bus um sechs Uhr früh nach Beira, wo wir hinwollen, um direkt vor Ort mit Mitgliedern der Frauengruppe zu sprechen.

»Das bedeutet vier Uhr aufstehen«, sagt Raphael.

»Halb fünf«, versuche ich ein bisschen mehr Schlaf rauszuhandeln. Wie die Fahrt von der Hauptstadt nach Beira aussehen würde, konnte uns niemand wirklich sagen, nicht Graça, nicht Google Maps, nicht unsere Bekannten, die in Beira für eine NGO arbeiten. Die Strecke ist nur doppelt so weit wie von Berlin nach Bonn, und trotzdem sagten alle: »An eurer Stelle würde ich fliegen, auch wegen der Sicherheitslage.«

Auf den Überlandstraßen rund um Beira verüben Rebellen der Opposition RENAMO seit Monaten Anschläge, viele Angriffe richten sich auf weiße Jeeps der Regierung, oft treffen sie aber auch NGO-Fahrzeuge und Reisebusse. Vor allem in der Provinz Cabo Delgado gibt es seit 2017 starke Unruhen. Vor Kurzem ist bekannt geworden, dass vor der Küste im Norden große Gasvorkommen lagern. Die Regierung investiert in ein Infrastrukturprojekt, das internationalen Konzernen wie TOTAL Zugang dazu verschaffen soll. Gleichzeitig kommt seit Jahrzehnten bei der vorwiegend muslimischen Bevölkerung der Region kaum Unterstützung an. Auch nach den Überschwemmungen waren die Behörden dort im letzten Jahr wenig präsent, um zu helfen, und die Situation verschärfte sich. Wir halten noch mal mit einer Bekannten Rücksprache, die seit Jahren in Mosambik wohnt, und entscheiden uns dann, den Bus zu nehmen. Es gab in den letzten Wochen auch Anschläge rund um Beira, aber der Großteil ist in Cabo Delgado zu verzeichnen, das ist nochmal fast tausendfünfhundert Kilometer von unserem Zielort entfernt. Und schließlich wollen wir das Land aus erster Hand kennenlernen.

Der Busbahnhof ist von den Straßenlaternen in oranges Licht getaucht. Wir sind früh dran und suchen einen Minibus mit der Aufschrift *TOFO BEACH*, unser erstes Etappenziel. Es dauert, bis sich der Bus füllt, und Raphael holt sich noch schnell ein Omelett-Brötchen mit Nescafé zum Frühstück; ich ziehe mein Kissen aus dem Rucksack und schließe noch mal die Augen. Als der Bus voll besetzt ist, auch im Mittelgang überall Reisende auf Kisten und Säcken hocken, geht es los.

Die nächsten neun Stunden zieht ein Rausch von Grün vor unseren Augen vorbei: Kokospalmen, Zuckerrohr, Papayabäume. Dazwischen sandige Pfade und kleine Straßenstände. Bei Sonnenuntergang kommen wir in Tofo an und springen einmal ins Meer, bevor wir am nächsten Morgen in einen VW-Bus voller Schulkinder steigen, dann auf die Ladefläche eines Lasters klettern, schließlich ein Boot von Inhambane nach Maxixe nehmen, in einem kleinen Ort übernachten und für das letzte Stück der Strecke Plätze in einem großen Reisebus ergattern.

Inzwischen ist die Straße nicht mehr gesäumt von Bäumen, stattdessen erstrecken sich Felder mit Maniok oder Mais zwischen den einzelnen Ortschaften. Sobald wir irgendwo halten, laufen Jungs mit gekochten Eiern auf den Bus zu, Frauen reichen Tüten mit abgepackten Erdnüssen, Tomaten und kleinen Bananen zu den Fenstern. Unter einem großen Cashewbaum, dessen Äste sich weit in alle Richtungen verzweigen, sitzen viele Leute und warten auf die nächste Mitfahrgelegenheit in die Stadt. Wie schön, denke ich, dass ein Baum als Bushaltestelle dient, sein Schatten in der Hitze zum Treffpunkt wird.

Je näher wir Beira kommen, desto öfter stoppt der Bus, wir hoffen, dass nichts passieren wird. Die Dämmerung naht. In einer Woche haben wir 3.000 Kilometer zurückgelegt. Per Anhalter, im Auto, im Boot, in guten Bussen und in schlechten. Mal reichte uns jemand einen Zuckerrohrsaft, mal eine frische Avocado durchs Fenster. Oft wäre ich am liebsten aufgesprungen und hätte zur Musik aus dem Radio getanzt, aber meistens waren meine Füße vergraben unter dem Gepäck der Mitreisenden. Ja, es war eine lange Strecke, denke ich, als wir Beira erreichen, und vielleicht nicht ganz ungefährlich, aber würde ich diese Erfahrung gegen einen fünfundvierzigminütigen Flug tauschen wollen, fernab all der Farben und Gerüche auf der Erde? Nein, ganz bestimmt nicht.

*

Wir haben die Frauengruppe kontaktiert und auch gefragt, ob sie eine Dolmetscherin wüssten, die wir engagieren können. Angelina Xavier Francisco hat den Job übernommen und gleich ein Transportmittel besorgt. Wir stehen an einer Tankstelle in Beira, als der Kleinwagen neben uns hält. Ich gehe fest davon aus, dass ein Mann am Steuer sitzt. Nicht bewusst, aber in meinen zehn Jahren als Reporter im Nahen Osten und verschiedenen Teilen Afrikas, in Beirut, in Ägypten, an der Elfenbeinküste, in Äthiopien sind immer nur Männer gefahren. Dieses Mal nicht. Die Fahrerin rollt ganz lässig das Fenster runter und lächelt uns an.

Wir fahren aus Beira raus, passieren einen Markt am Stadtrand und folgen den Schildern nach Nhangau. Die umliegenden Felder sehen nicht bestellt aus, im vollgelaufenen Straßengraben dümpeln ein paar Wasserlilien, zerstörte Häuser bröckeln vor sich hin. Zwanzig Minuten rumpeln wir über die Schlaglöcher in der Straße, bevor wir Nhangau erreichen. Wir halten an einem kleinen Grundstück, das blaugestrichene Haus darauf ist beschädigt, ein tiefer Riss durchtrennt das Mauerwerk. Wir folgen einem Weg, der daran vorbeiführt, und erreichen eine kleine Versammlungshalle. Zwei Dutzend Frauen stehen im Halbkreis darin, einige von ihnen tragen T-Shirts mit dem Logo ihres feministischen Netzwerks über der Capulana, dem traditionellen bunten Wickelrock. Ich merke, wie sich in mir etwas zusammenzieht. Wir sind gekommen, weil uns die Erfolgsgeschichte der Frauen interessiert, wir wollen hören, wie sich GMPIS organisiert hat, in Zeiten, als etablierte Hilfsorganisationen an ihre Grenzen stießen. Aber wir treffen sie in einem Setting an, in dem es fast unmöglich scheint, die vorgegebenen Rollen zu durchbrechen. Es ist eine Situation, wie ich sie schon einige Male erlebt habe, und meist ist es niederschmetternd: Die Betroffenen einer Katastrophe auf der einen Seite. Ich als *weißer* Reporter auf der anderen. Und dazwischen eine große Kluft, die schwer zu überbrücken ist, weil die Interviewpartnerinnen oft glauben, sie müssten das erzählen, was Hilfsorganisationen und viele europäische Reporterinnen hören wollen: wie hilflos sie sind. Ich folge Theresa an die Kopfseite der Halle, als ich ein paar Trommelschläge höre. Der Rhythmus der Batuke erfüllt jetzt den Raum, einige fangen an zu singen, nach und nach stimmen alle ein. Die Atmosphäre ist plötzlich ausgelassen, auch unsere Fahrerin reiht sich in den Chor ein. Angelina raunt uns zu, um was es im Lied geht, aber ich verstehe nur die Worte »Women« und »Intention«, der Gesang übertönt den Rest ihres Satzes.

Ich bin überrascht, dass sie so ein Willkommensfest für uns organisiert haben, sich so anders geben, als ich es vielleicht erwartet hätte. Ich gucke zu Theresa rüber, und mir scheint es, als schimmerten ihre Augen feucht, so sehr bewegt sie die Begrüßung.

Nach einem weiteren Lied setzen wir uns in einem weiten Kreis hin, und Theresa und ich stellen die Frage, für deren Antwort wir hergekommen sind: Wie seid ihr dem Sturm begegnet? Wie wir vor der Gruppe sitzen und in all die Gesichter gucken, kommt es mir fast so vor, als hätten sie die ganze Geschichte schon erzählt. Nur haben wir sie noch nicht ganz verstanden. Wir sprechen nicht die Sprache ihrer Melodien, nicht ihre Muttersprache Sena, nicht einmal Portugiesisch. Angelina gibt ihr Bestes, uns eine ganze Lebensrealität zu übersetzen, als die Frauen nacheinander aufstehen und erzählen, was ihnen passiert ist.

»Mein Name ist Rosa Antonio Fole«, sagt eine Frau mit muskulösen Armen und kräftigen Händen, die von harter Arbeit zeugen und die sie dazu benutzt, den Sturm jener Nacht vor uns aufziehen zu lassen. »Der Wind hat kurz nach Mittag eingesetzt, ist immer stärker geworden. Abends um sechs habe ich dann mit meinen Kindern in unserem Haus gekauert. Mein jüngstes ist erst zwei Jahre alt. Es ist völlig dunkel gewesen, der Sturm hat immer lauter getobt, hat erst das Wellblechdach weggerissen und dann alle Deckenbalken. Der Wind hat das Geschirr und die Wasserkanister aus den Regalen gerüttelt und und sie durch die Luft geschleudert.« Die Stunden bis Mitternacht hätten sich angefühlt wie eine Ewigkeit. Dann endlich ließ der Sturm etwas nach. Rosa fasste den Entschluss, in der neu errichteten, wesentlich robusteren Schule Schutz zu suchen. Sie und die Kinder rannten los, doch bald wurde der Sturm wieder stärker. Neben ihnen stürzten Bäume und Wände um, Fahrräder, Einkaufsstände und scharfkantige Wellblechdächer wirbelten durch die Dunkelheit, krachten zu Boden, schlitterten kreuz und quer über Wege und Straßen. Ihr Sohn wurde getroffen und schlitzte sich den Fuß auf, humpelte weiter, doch es half nichts: Der Wind wurde zu stark, also drehten sie um und liefen zu ihrem Haus zurück, wo sie ausharrten, bis die Sonne aufging und das ganze Ausmaß der Zerstörung sichtbar wurde. Viele materielle Dinge sind ihnen nicht geblieben.

Die anderen Frauen nicken, sie alle haben diese folgenschwere Nacht des Zyklons ganz ähnlich erlebt. Der Sturm hatte ihre Vorräte an Kartoffeln, Mehl und Maniok zerstört. Das verdreckte Wasser machte viele im Dorf krank, fast eine Woche mussten sie warten, bis erste Hilfslieferungen von außen eintrafen, ein Lastwagen, der endlich Lebensmittel brachte. »Die

Frauen von GMPIS waren wie meine Familie in der Zeit«, sagt eine von ihnen. »Wir haben zusammengehalten.« Theresa fragt, ob sie etwas planen würden zum Jahrestag des Zyklons. »Nein«, sagt eine der Frauen. »Wir gucken lieber nach vorne. Idai ist Vergangenheit.«

Ich merke, wie mich die Widerstandsfähigkeit beeindruckt, die optimistische Art von Rosa und den anderen Frauen. Jede von ihnen erlebte ihre eigene Tragödie, und dennoch geben sie jeder von ihnen geduldig Raum, hören sich gegenseitig zu, stützen sich in dem Prozess des Erinnerns und Verarbeitens. Und gleichzeitig weiß ich: Es ist nichts erstrebenswert daran, resilient zu sein. Es ist nicht erstrebenswert, gut mit einer Flutkatastrophe, einem Sturm, dem Hunger umgehen zu können. Viel zu oft wird das Wort Resilienz in Kontexten verwendet, in denen es einen strukturellen Wandel braucht, und nicht die psychologische Widerstandskraft von Individuen. Die Umstände müssen sich ändern, was hilft den Frauen Bewunderung, wenn Deutschland und andere Industriestaaten nicht ihrer Verantwortung nachkommen, die Erderwärmung zu stoppen? Und doch bleibt es inspirierend zu sehen, dass sie für sich in der Frauengruppe eine Ressource gefunden haben, die sie in der Krise stärkt.

Als wir zum Ende kommen, stimmen die Frauen ein weiteres Lied an. Ich sehe sie jetzt nicht mehr einfach nur tanzen, es wirkt, als würden sie kollektiv in der Gruppe ihre Traumata verarbeiten, als würden sie all ihre Trauer in den Boden stampfen, sie der Erde übergeben.

*

Raphael und ich fragen, ob wir in Nhangau übernachten können, um das Dorf und die Arbeit der Frauengruppe besser kennenzulernen. Antonia Teixeira Chikono – die Frau, die während des Treffens die Sprechgesänge angestimmt hat –, sagt sofort zu, sie und ihr Ehemann verfügten noch über einen leerstehenden Raum und eine zusätzliche Matratze, es sei also kein Problem. Sie selbst lebt mit ihrem Mann Vengai Chikono und den jüngsten ihrer sieben Kinder auf dem Grundstück, auf dem wir uns gerade befinden, in dem Haus vorne an der Straße mit dem Riss in der Mauer. Einige Mangobäume wachsen daneben, zwischen ihnen ist eine Leine gespannt, an der bunte Wäsche hängt und die ein Gefühl von Normalität vermittelt. Das Leben geht weiter, so kam es mir auch auf der Fahrt durch Beira vor: Kinder, die unterrichtet wurden, obwohl das Dach der Schule fehlte, eingestürzte Stadtvillen, aus deren Fenstern es nach leckerem Essen roch, hupende Autorikschas, die in atemberaubender Geschwindigkeit um die Schlaglöcher kurvten, die der Sturm in die Straße gerissen hat. Leben zwischen Wirbelsturm und Wiederaufbau.

Antonia nimmt uns mit auf ihr Feld, wir biegen hinter dem Haus in einen kleinen Pfad. Sie hat ihren Sohn auf dem Rücken, Raphael und Vengai gehen mit schnellen Schritten voran. Als wir ihre Kühe und das Kälbchen erreichen, haben wir die Männer schon aus dem Blick verloren und bleiben stehen.

»Das sind Lua und Estrela«, sagt Antonia. Sie stellt mir die beiden vor, als wären sie Familienmitglieder: Mond und Stern, und dazwischen ein kleines Kälbchen. Wir laufen weiter durch ihren Hain mit Cashewbäumen, ich kann kaum glauben, dass hier vor zwölf Monaten ein Sturm gewütet haben soll. Einer der Bäume ist umgestürzt, aber die Blätter sind groß und rund,

und im Abendlicht sehe ich zartrosa Blüten leuchten. Wir laufen weiter zum Rand eines Ackers, wo Antonia ihren Sohn vom Rücken gleiten lässt. »Seit meiner Kindheit liebe ich es, den Geruch von Pflanzen um mich zu haben«, sagt Antonia. Den Großteil ihres Lebens hat sie in der Stadt verbracht, aber heute, mit vierundvierzig Jahren, ist sie dort, wo sie immer hinwollte: auf dem Land, wo es genug Raum gibt für all ihre Projekte. Besonders stolz ist sie auf ihren Heilkräutergarten, den sie mir als Nächstes zeigt. »Aus Artemisia machen wir Tee gegen Fieber, aber er fördert auch die Verdauung«, sagt Antonia und läuft vorbei an zwei buschigen Sträuchern. »Hier drüben wächst Chia, und hier haben wir verschiedene Arten Aloe vera.« Dazwischen entdecke ich die Blüten von Hibiskus und Okra, die sich wie zwei Schwestern gleichen, eine pink, eine weiß. Es ist wunderschön in ihrem kleinen Paradies.

Das sei nicht immer so gewesen. »Als ich hierherzog, roch es überall wie in einer Kloake«, sagt sie. »Die Leute haben einfach am Straßenrand ihr Geschäft verrichtet.« Nicht nur der Gestank war schwer zu ertragen, sondern es führte auch dazu, dass viele Menschen Durchfall bekamen, immer wieder starben Kinder wegen der unzureichenden hygienischen Bedingungen.

Antonia fing an, mit ihren Nachbarinnen und den Dorfvorstehern zu reden, damit sich etwas ändert. Es dauerte eine Weile, aber sie hatte Erfolg. Dann startete sie mit Krankenschwestern aus der nächstgelegenen Klinik eine Kampagne, um über HIV und Abtreibungen zu informieren, und organisierte eine Kinderbetreuung für alleinerziehende Mütter. Die Gesundheitsthemen wandelten sich zu Frauenrechtsthemen, aber ihr ursprünglicher Ansatz blieb: »Ich hatte immer das starke Bedürfnis, die Leute aufzuklären.«

Während sie erzählt, kommt Vengai und gibt Bescheid, dass er jetzt sein Seminar beginnt – er hat junge Männer aus dem Dorf eingeladen, um für eine Stunde über Feminismus zu sprechen. Raphael ist neugierig geworden und geht mit. Antonia und ich laufen auch zurück, es dämmert schon, Zeit, Essen zu machen. Vor dem Haus bleibt Antonia noch einmal stehen. Neben einem blühenden Tulsi-Strauch sind Hunderte kleine Tüten mit Setzlingen aufgereiht. »Die sind für Cashew- und Moringa-Bäume, für die Leute aus der Umgebung«, sagt sie, als wäre es selbstverständlich, dass sie sich mit ihrem Mann um die Wiederaufforstung der Region kümmert. Ich denke, befände sich ihr Grundstück in der Nähe von Berlin, hätte das Projekt einen Namen wie *Re-Generation: Akademie für intersektionalen Feminismus und ein nachhaltiges Miteinander*.

Antonias Engagement beim Frauennetzwerk GMPIS begann, als sie darum gebeten wurde, an einer Universität in Beira an einem runden Tisch teilzunehmen und über mögliche Anpassungen an den Klimawandel zu sprechen. Dort traf sie eine Frau, die sie dazu ermunterte, als Teil von GMPIS eine eigene Frauengruppe zu gründen, was sie auch tat. *Grupo de Partilha de Mulheres* heißt wörtlich Austausch-Gruppe für Frauen. Überall in Mosambik hat das feministische Netzwerk inzwischen Ableger, die Raum eröffnen, sich zu organisieren und sich über das Frausein in dieser Welt auszutauschen. Anders als viele Initiativen im Land haben sich die Frauen dagegen entschieden, dem Netzwerk eine formale Struktur mit Satzung wie einer NGO oder einem Verein zu geben. In der Graswurzel-Bewegung gibt es flache Hierarchien und keine bezahlten Stellen. Jede hat die gleichen Rechte. Der Zusammenhalt macht stark – und nach Idai rettete er Leben.

»Als die Hilfslieferungen endlich eintrafen, konntest du nur etwas bekommen, wenn du registriert warst. Und selbst wenn: Die Verteilung lief alles andere als gerecht ab, es ging da in erster Linie um politische Zugehörigkeiten. Männer drängelten sich vor.« Ältere Menschen, schwangere Frauen oder Witwen erhielten oft nichts, sagt Antonia. Und: Es gab Berichte von Frauen, die für einen Sack Mais oder Reis zu Sex gezwungen wurden. Antonia beschwerte sich beim Gemeindevorsteher und den Mitgliedern des Stadtrats, ohne Erfolg, also organisierten sich die Frauen selbst. Zuerst verschafften sie sich einen Überblick über die Lage in der Region. Durch das Netzwerk hatten sie in vielen betroffenen Gemeinden Kontakte direkt vor Ort: GMPIS-Mitglieder lieferten Namen und Infos aus der ganzen Provinz, mit denen sie ein Mapping von Frauen erstellten, die in einer besonders prekären Lage waren. Sie verteilten Nahrungsmittel, Haushalts- und Kleiderspenden, Nägel, Holzbretter, alles Mögliche, doch es fehlte an jeder Ecke, nie gab es genug. Mithilfe von Feministinnen aus dem Ausland starteten sie ein Crowdfunding, so kamen über 45.000 Euro Spenden aus der ganzen Welt zusammen. »Das war unglaublich! Es haben Leute aus Brasilien und Europa für unser Projekt gespendet«, sagt Antonia. Gemeinsam haben sie da etwas erreicht, wo die Regierung versagte.

Die Mitglieder des Netzwerks kümmerten sich um Witwen und halfen Frauen mit körperlicher Behinderung, eine Geschichte hebt Antonia besonders hervor: die eines sechzehnjährigen Mädchens, dessen Vater im Sturm umgekommen war. »Wir haben ihr ein kleines Haus gebaut, damit sie weiter zur Schule gehen kann und nicht gegen ihren Willen verheiratet wird.« Insgesamt konnte GMPIS über siebenhundert besonders bedürftigen Frauen und ihren Familien helfen. Aber das war nicht alles. »Es ging hauptsächlich darum, uns gegenseitig zu unterstützen. Diese Erfahrung hat den Frauen gezeigt«, sagt Antonia, »dass Geld nicht das einzig Wichtige ist.«

Sie selbst verzichtete auf Hilfe für den Wiederaufbau ihres Hauses. Was brächte es der Gemeinschaft, wenn ich mir ein neues Haus baue?, fragte sie sich und entschied mit der Gruppe, zunächst ein großes Gebäude als Versammlungsraum auf ihrem Grundstück zu errichten. Es ist das Gebäude, in dem die Frauen uns willkommen geheißen haben, gleichzeitig der Treffpunkt für die Vorschule, das Mangroven-Komitee, ihre Milchkooperative, Bibelgruppen und Alphabetisierungskurse. Für Antonia ist mit dem Bau dieses Hauses ein Lebenstraum in Erfüllung gegangen. »Es ist ein Ort, der allen in der Community die Freiheit gibt, sich und ihre Gefühle auszudrücken.«

Nach dem Sturm erlebten Antonia und ihre Mitstreiterinnen, wovon Frauen auf der ganzen Welt ein Lied singen können: Wie wichtig gemeinsame Räume sind, um die Verzweiflung, Trauer und Hoffnungslosigkeit aufzufangen, die eine Krise hinterlässt. Aber auch, um die Freude übers Leben zu teilen.

Die Frauen der Chipko-Bewegung in Nordindien, die Bäume umarmten, um sie vor der Rodung zu bewahren, die Mujeres Amazónicas, die gemeinsam gegen die Zerstörung des Regenwalds protestieren, #MeToo, Ni Una Menos – all diese Frauen ziehen ihre Kraft aus den Momenten, die sie auf ihren Protesten teilen. Die Sorge um andere, die Sorge um die Erde ist auch eine Quelle der Kraft und eine gemeinsame Ressource.

KIPPPUNKT

Am nächsten Morgen verabschieden wir uns von Antonia und Vengai, stoppen ein Motorradtaxi, steigen hinten auf und fahren auf der staubigen Straße zurück Richtung Beira. Theresa legt ihre Arme von hinten eng um mich, sodass unsere Helme bei jedem Schlagloch gegeneinander titschen und wir lachen müssen.

Es war schön, Theresa dabei zu beobachten, wie sie mit Antonia durch die Felder und den Garten gestreift ist, ihren Beschreibungen der Pflanzen zuhörte, Fragen stellte. Ich bin auch oft im Wald unterwegs, aber dann setze ich meist blind einen Fuß vor den anderen, um den Kopf frei zu bekommen. Theresa ist da anders. Auch dann, wenn sie gerade in ein Gespräch vertieft ist, bleibt sie oft kurz am Wegesrand stehen, bückt sich und pflückt die Triebe junger Brennnesseln ab, liest Bucheckern vom Boden auf oder stakst durch kniehohe Knoblauchrauke und nimmt einige Stängel fürs Abendessen mit. Auf Landstraßen bleibt sie unter Linden stehen, streckt sich und sammelt so viele Blüten, bis sie die Taschen voll hat, um später Tee daraus zu machen. Selbst in der Asphaltwüste vor dem Berliner Hauptbahnhof hat sie mal einen Strauch gefunden, an dem Schlehen wuchsen, die sie später in Schnaps einlegte.

Manchmal denke ich, ich würde gerne öfter sehen, wie ihre

Hände in dunkler Erde wühlen oder ein Beet anlegen und nicht nur Geräte wie Handy und Laptop bedienen, an denen sie im vergangenen Jahr oft sechzig Stunden pro Woche saß, wenn die Crew der Sea-Watch mal wieder Menschen aus dem Mittelmeer rettete. Theresa kommunizierte ununterbrochen mit der Presse, dem Social-Media-Team und der operativen Leitung. Wichtige Arbeit, aber auch krass mit anzusehen, wenn ihr Rücken durch den Stress so verspannt war, dass sie sich kaum noch bewegen konnte.

In Beira wohnen wir bei Bekannten. Direkt am nächsten Morgen besuchen wir noch eine ältere Dame, deren Haus vom Frauennetzwerk wieder aufgebaut wurde. Um eine Doku über unsere Reise zu drehen, begleitet uns dabei ein Team vom ZDF. In der Mittagspause quatschen wir mit der Korrespondentin, die normalerweise über Naturkatastrophen, illegale Wilderei und die Situation in den südafrikanischen Townships berichtet. Sie scheint abgeklärt, erst als wir auf Corona kommen, wechselt sie auf einmal in ein Stakkato, und da wird uns klar: Die Pandemie könnte auch für uns zum Problem werden. Nach dem Abendessen nehme ich mir den Laptop und tue etwas, das längst überfällig ist: Ich lese die News der letzten Tage. Während der langen Busfahrt nach Beira und draußen auf den Dörfern hatten wir kaum Internet, wir waren mittendrin im Geschehen, sodass wir keine Nachrichten vom Rest der Welt mitbekamen.

Das Erste, was mir auf dem Bildschirm ins Auge fällt, sind die Grafiken mit den steigenden Infektionszahlen, die steil wie Abschussrampen nach oben schießen. Nicht mehr nur in China, sondern überall auf der Welt. Dazu Fotos von bewusstlosen Menschen in Krankenhausbetten, Ärztinnen in weißen Anzügen, mit Handschuhen, Maske und Visier. Und immer wieder die Beatmungsschläuche, die den Erkrankten aus dem Mund ragen. Verrückt, wie sich die Berichterstattung innerhalb weniger Tage komplett geändert hat. Was mich in diesem Moment besonders beunruhigt: Immer mehr afrikanische Länder schließen ihre Grenzen für Reisende aus Ländern mit hohen Corona-Zahlen, also auch für Deutsche – Seuchenschutz. Gleichzeitig canceln mehr und mehr Fluglinien ihre Verbindungen nach Europa.

Als ich ins Bett gehe, das Moskitonetz über mir aufspanne und irgendwann endlich einschlafe, ist es weit nach Mitternacht. Am nächsten Morgen wache ich auf, die Gedanken galoppieren: Was, wenn wir weiterreisen, Unruhen wegen Lebensmittelengpässen oder Coronamaßnahmen ausbrechen und wir plötzlich irgendwo festsitzen? Was, wenn meine Mutter krank wird und ich nicht zu ihr kann, weil alle Flüge gestrichen sind? Sie gehört allein wegen ihres Alters zur Risikogruppe. Ich würde wahnsinnig werden, so weit weg, ohne meine Geschwister, Freundinnen und Freunde.

Und gleichzeitig: Was machen wir, wenn wir wieder in Deutschland sind? Auslandsreporterinnen, die nicht reisen können? Was wir für die Reise gespart haben, würde noch eine Weile reichen, dann wären wir pleite und könnten auch nicht mehr über die Klimakrise berichten. Weitermachen oder abbrechen – beides schlechte Optionen. Es ist ein Dilemma.

Ich lese mehr und mehr Nachrichten, checke parallel Twitter und Facebook, gucke Videos, höre die Statements der Virologinnen und Politikerinnen. »Seit der Deutschen Einheit, nein, seit dem Zweiten Weltkrieg gab es keine Herausforderung an unser Land mehr, bei der es so sehr auf unser gemeinsames solidarisches Handeln ankommt«, sagt die ansonsten immer besonnene Merkel. Sie vergleicht die Situation mit einem Krieg. Die Bundeswehr bereitet sich auf den Einsatz im Inneren vor.

Je länger ich darüber nachdenke, desto mehr zieht mich alles in einen dunklen Strudel hinab, immer schneller wirbeln die Katastrophenmeldungen um mich herum. Was außerhalb dieses Strudels liegt, nehme ich gar nicht mehr wahr, weder Theresa noch unsere Gastgeberin oder die Stadt, in der wir sind, die wir kennenlernen könnten. Von alldem trennt mich die Angst.

*

Die Sonne ist schon untergegangen, aber es ist immer noch unerträglich schwül, Raphael und ich liegen verschwitzt auf der Couch. »Ich habe Schiss, hier zu sein«, sagt er. »In italienischen Krankenhäusern müssen sie mittlerweile entscheiden, wer ein Beatmungsgerät bekommt und wer nicht. Also, wer behandelt wird und wer stirbt. Da braut sich was zusammen, und ich bin weit weg von meiner Familie und kann nicht nachvollziehen, was um sie herum gerade passiert.«

»Wie genau die Auswirkungen von Corona sein werden, weiß man doch noch gar nicht«, sage ich zögerlich, merke aber, wie ich sauer werde, noch während ich das sage. »Wo sind eigentlich die Berichte über die Ursachen dieser Krise, über die Warnungen der Wissenschaft von vor zwanzig Jahren, dass die Umweltzerstörung zu Pandemien führen wird? Alles, was ich über diese ›Menschheitskrise‹ lese, ist schon wieder so eurozentristisch, guck dich doch mal hier um: Die Krankenhäuser sind seit dem Zyklon bis heute nicht wieder aufgebaut, und es interessiert kein Schwein. Wo ist der Aufschrei, dass nach Idai eine Million Leute ohne Gesundheitsversorgung sind? Ich verstehe deine Angst um deine Mutter, aber ...«

Raphael schweigt. Ich glaube, um mit einer Krise klarzukommen, bringt es nicht so viel, auf News-Ticker, Infektionsraten und Todeszahlen zu starren. Je mehr Raphael in die Statistiken abtaucht, desto mehr sagt ihm sein Nervensystem: Panik! Flucht oder Kampf! Ich weiß nicht, wie ich ihn aus diesem Film herausbekomme. Oder ob er nicht doch eigentlich recht mit seiner Skepsis hat. Wir wissen ja tatsächlich nicht, wie sich die Situation auf der Reiseroute entwickeln wird. Bisher sind allerdings weder in Mosambik noch in Malawi Fälle zu verzeichnen. Meine Mutter sagt, dass Sesamöl flatternde Nerven beruhigt, sie gibt mir auf Reisen deshalb immer ein Fläschchen mit. Ich biete Raphael eine Kopfmassage an, er lässt sich darauf ein, und ich merke, wie er ruhiger wird.

Ich versuche noch mal, meinen Punkt auszuführen. »Du weißt doch so gut wie ich, dass die Apokalypse für viele Menschen auf der Welt längst Realität ist – strukturelle Gewalt gegen Frauen, rassistische Übergriffe, Homophobie, Landraub, *you name it*. Gleichzeitig scheint Corona doch zu zeigen, dass es der Politik möglich ist, eine globale Krise ernst zu nehmen, drastische Maßnahmen einzuleiten. »Klar sind die Auswirkungen der Klimakrise oft schleichend und kommen nicht zackbumm, außer es kommt mal ein Zyklon«, fahre ich fort. »Aber gerade weil die Klimafolgen in Europa oft so wenig sichtbar sind, sollten wir unsere Recherche nicht abbrechen.«

Unser nächstes Reiseziel soll der Malawi-See sein, einer der größten Süßwasserseen unserer Erde. Die Fotos von der Monkey Bay im Süden, die mir eine Bekannte geschickt hat, sehen aus, als wäre sie am Meer, das türkisblaue Wasser schwappt in großen Wellen ans Ufer. Der Artenreichtum an Fischen, Krebsen, Schnecken und Vögeln, die da leben, ist unvergleichlich. Über siebenhundert Arten von Buntbarschen sind im Malawi-See zu Hause, ihre Schuppen schillern in allen Farben. Doch mit steigenden Temperaturen erwärmt sich auch das Oberflächenwasser, das stört die natürliche Zirkulation zwischen den Wasserschichten. Immer weniger Nährstoffe gelangen so in die Bereiche, in denen viele Fische leben. Der benachbarte Lake Tanganyika durchläuft den gleichen Prozess, die Reproduktionsrate von Fischen ist dort schon um zwanzig Prozent zurückgegangen. Überschreitet der See eine bestimmte Schwelle, dann kippt er, ein Großteil des Lebens im See wird ausgelöscht. Keiner kann sagen, wann genau das passiert, aber das Forschungsteam der University of Malawi, mit dem wir Kontakt aufgenommen haben, ist alarmiert. Für die Fischer, für ihre Familien und Angehörigen hätte das unabsehbare Folgen. Zwei Millionen Familien in Malawi und Tansania sind laut Behördenangaben unmittelbar abhängig davon, dass die Flora und Fauna des Sees im ökologischen Gleichgewicht bleiben. Der Malawi-See ist damit auch Abbild eines globalen Szenarios. Der Weltklimarat prognostiziert, falls die weltweite Durchschnittstemperatur um mehr als 1,5° Celsius steigt, steigt auch das Risiko, dass sogenannte Kipppunkte überschritten werden. Bestimmte Teile des Klimasystems wie Permafrostböden, Gebirgsgletscher, Korallenriffe, der Amazonasregenwald reagieren oft lange Zeit nur wenig auf den Klimastress, aber wenn die Belastung dann nur ein bisschen weiter zunimmt, kommt es zum Tipping Point. Das ist der Punkt, ab dem die Veränderungen unaufhaltsam ablaufen. Das Problem von klimatischen Kipppunkten ist, dass niemand weiß, wo genau die

Grenzwerte liegen, die wir nicht erreichen dürfen. Klar ist nur: Überschreiten wir sie, wird das gravierende Auswirkungen auf unseren Alltag haben, auch in Europa. Gegen ein Virus kann man impfen, gegen einen Kipppunkt nicht. »Ich merke in mir diesen Widerstand, wegen Corona jetzt eine Recherche zur Klimakrise aufzugeben«, sage ich zu Raphael, und er stimmt mir zögerlich zu.

Unsere Gastgeberin ist nach Hause gekommen. Wir erzählen ihr unsere Bedenken, wie Corona sich auf unsere Weiterreise auswirken könnte. Sie nickt und sagt: »Ich habe gelesen, dass man ganz viel Wasser trinken soll, dann wird der Virus in den Magen gespült und da zersetzt.« Ich weiß nicht, ob das ein Witz sein soll.

»Das ist so ein bisschen wie die Geschichte, dass man nach ungeschütztem Sex Milch trinken soll, und dann wird man nicht schwanger, oder?«, fragt Raphael ironisch und grinst.

Wir lachen alle drei laut los.

*

Ich werde am nächsten Morgen wach, merke, wie die Angst wieder in mir hochsteigt, gucke durchs Moskitonetz rüber zu Theresa. Auch sie ist schon wach, ich strecke meinen Arm zu ihr rüber und lege meine Handfläche auf ihre. Verbindung zu ihr aufzunehmen beruhigt mich. Unsere Rucksäcke haben wir schon gestern Abend gepackt, auch die Tickets für den Zug gekauft. Zweiundzwanzig Stunden soll die Fahrt dauern bis zu dem Ort, von dem aus wir die Grenze zu Malawi erreichen.

Wir nehmen ein Tuk Tuk zum Bahnhof, ein Mitreisender hilft uns, unser Schlafabteil zu finden. Der Zug fährt mit einem

Ruck an, wir sitzen auf dem untersten der drei Betten und gucken aus dem Fenster. Die Häuser werden zuerst flacher, dann verlieren sie sich langsam in der Landschaft. Es tut gut, wieder unterwegs zu sein.

*

Vor dem Fenster geht gerade die Sonne auf, ich liege auf dem mittleren Bett im Abteil, Raphael schnarcht leise auf der Pritsche unter mir. Ich gucke hinaus, wir rollen durch die Dörfer, vorbei an Termitenhügeln und Reisfeldern. Die Häuser sind sauber mit Lehm verputzt, viele Familien haben sich einen kleinen Küchengarten eingezäunt, in dem sie Gemüse anbauen. Ein Mann steht vor seiner Tür, die Zahnbürste im Mund, sein Blick folgt dem Zug.

Ich schiebe das Fenster etwas auf und lasse die kühle Luft herein. *Es fühlt sich endlich wieder an wie Reisen und nicht nur Rasen*, schreibe ich in mein Tagebuch. Ich mag das monotone Rattern des Zuges, eine türkisfarbene Schlange, die sich durch das nördliche Mosambik windet. Diese Reise handelt von einer Krise, aber die Welt in all ihrer Schönheit richtig wahrnehmen, das wollen wir auch. Langsam ändert sich die Vegetation, der Zug hat die weiten Ebenen hinter sich gelassen, wir nähern uns Malawi, der subtropischen Klimazone. Ich wecke Raphael, lange dürfte es nicht mehr dauern, bis wir da sind. Beim nächsten Stopp strecken wir zwei Jungs fünfundachtzig Metical aus dem Fenster, ungefähr ein Euro, und bekommen drei gekochte Stücke Maniok in Plastikbechern hereingereicht. Ich packe die Avocados und Erdnüsse aus, die ich in Beira auf dem Markt gekauft habe, und wir frühstücken.

Der Zug hält in einem kleinen Bahnhof, zwei Gleise, ein kleines Gebäude, Endstation. Es herrscht ein buntes Treiben an den Marktständen. Während der Zugfahrt gab es keinen Empfang, direkt nach dem Aussteigen schauen wir aufs Handy. Keine Nachricht von dem Forscherteam in der Hauptstadt Lilongwe, das wir treffen wollen. Ein Bürgermeister, mit dem wir uns in einem Dorf am Westufer des Malawi-Sees verabredet haben, sagt uns wegen Corona ab. Die mosambikanische Regierung verkündet, dass Ausländerinnen die Einreise verboten wird, was uns nicht mehr betreffen sollte, wir sind ja hoffentlich bald weg. Außerdem hat uns das malawische Gesundheitsministerium noch mal per Messenger bestätigt, dass wir einreisen dürfen: *Since you are coming from Mozambique and it is not reporting any local transmission you will be allowed to enter after screening.*

Wir nehmen einen Minibus bis zur Grenze, wechseln unser letztes Bargeld gegen malawische Kwacha und steigen auf zwei Mototaxis, die uns das Stück bis zum Grenzposten von Malawi bringen sollen. Zerklüftet ragen dort die Gipfel einiger Berge empor.

*

Der malawische Grenzer blickt uns an und schüttelt den Kopf, schiebt unsere roten Pässe zurück. Wir gucken ihn an. »Aber...«, sagt Theresa, die neben mir steht.

»Gestern hat der Präsident wegen der Pandemie für ganz Malawi den Ausnahmezustand verhängt, ich kann euch leider nicht reinlassen«, sagt der Mann, der darüber entscheidet, ob wir unsere Reise fortsetzen können oder nicht.

»Wir hatten heute Vormittag noch mit Ihrem Gesundheitsministerium Kontakt, haben uns an verschiedenen Stellen erkundigt, ob es klargeht, und die meinten, es sei kein Problem«, sage ich und zücke mein Handy. Der Grenzer nimmt es, liest sich den ganzen Chatverlauf konzentriert durch und nickt dann langsam. »Okay, kommt hier durch und wartet da an der Seite, ich höre mal nach.« Wir setzen uns auf eine Holzbank, die seitlich in einem Gang steht, und unser Blick fällt auf die braungestrichene Holztür vor uns.

OFFICER IN CHARGE
IMMIGRATION

steht da, und ich merke, wie ich diesen unsichtbaren, prüfenden Blick spüre, wobei ich mich gleichzeitig frage, wie wir wohl aussehen sollten, um unsere Chancen auf ein Visum zu erhöhen. Ordentlich? Adrett? Nach einem Tag und einer Nacht im Zug und der Weiterreise zur Grenze sind wir verschwitzt, dreckig, überhitzt. Mitleiderregend? Ich lasse den Gedanken gehen, lehne mich müde gegen die Wand, gerade als der Grenzbeamte die Tür aufmacht und uns bedeutet, ihm ins Zimmer zu folgen.

Der Raum ist eng wie ein Schuhkarton, an den Wänden stehen Metallschränke, an der Längsseite zwei Schreibtische mit schweren Stühlen davor. Für unsere Rucksäcke ist kaum Platz, wir legen sie ab, sie stehen im Weg, aber wir wissen uns nicht besser zu behelfen und setzen uns hin. Der Grenzer setzt sich auf die andere Seite des Schreibtischs, stellt sich als Denis vor und erklärt uns die Situation: Da jetzt der Ausnahmezustand gilt, hätten wir unsere Visa online beantragen müssen, an der Grenze ließen sich keine mehr ausstellen.

»Wir können aber auch nicht nach Mosambik zurück«, sagt Theresa. »Die haben entschieden, keine Deutschen mehr reinzulassen.«

»Habt ihr vielleicht eine Einladung von irgendjemandem aus Malawi?«, fragt Denis.

Theresa und ich gucken uns an. Wir haben eine Bekannte, die bei einer internationalen Entwicklungshilfeorganisation arbeitet. Ich texte ihr, sie antwortet sofort. Eine offizielle Einladung könne sie auf die Schnelle nicht besorgen, sie schickt uns aber immerhin eine persönliche und dann den Satz hinterher: *Habt ihr es schon mit Schmiergeld versucht?* Das kommt überraschend. Und irgendwie auch nicht. Es heißt immer, in Afrika seien alle so korrupt, aber meistens wird verschwiegen, wer wen besticht: *weiße* NGO-Mitarbeiterinnen, Journalistinnen, Konzernchefs zahlen Geld an die Eliten des Landes, um sich Vorteile zu verschaffen. Koloniale Kontinuitäten nennt man dieses fortwährende Machtspiel.

Etwas später kommt ein weiterer Grenzbeamter dazu. Seine Schulterklappen lassen erahnen, dass er einen höheren Rang innehat als Denis. Wir sollen ihm folgen. Sein Büro liegt im Halbdunkel, er setzt sich hinter seinen breiten Schreibtisch. Ich lege ihm unseren Fall dar, und er ruft seine Vorgesetzten in der nächstgrößeren Stadt an, spricht kurz mit ihnen und legt gleich wieder auf. »Die Entscheidung ist klar«, sagt er. »Ihr könnt nicht einreisen.«

Panik steigt in mir auf. Ich sage, dass wir auch nicht nach Mosambik zurückkönnen, und bitte ihn, es noch mal zu versuchen. Er telefoniert erneut. Die Antwort ist die gleiche. Zur Sicherheit sollen wir aber online einen Antrag auf ein Visum stellen. Er klingt nicht so, als würde er daran glauben.

Theresa kauft draußen an einem Kiosk eine SIM-Karte und Daten für mobiles Internet, und mit Denis' Hilfe klicken wir uns durch den Online-Antrag für die Visa, schicken ihn ab.

»Die Bearbeitung geht hoffentlich schnell«, sage ich.

»Das glaube ich kaum«, sagt Theresa. »Es ist Sonntagabend, meinst du, da arbeitet noch jemand?«

»Normalerweise dauert das achtundvierzig Stunden oder mehr«, sagt Denis.

Den ganzen Tag schon war ich gereizt, ich hätte auf mein Gefühl vertrauen sollen. Es war eine Scheißidee, während einer Pandemie weiterreisen zu wollen. Jetzt stranden wir zwischen zwei Grenzen im Niemandsland. Selbst wenn wir reinkommen: Ich glaube nicht, dass wir noch recherchieren können. Und wenn das hier an der Grenze zu lange dauert, dann sind bald alle Flüge gestrichen, und wir sitzen fest, belasten im schlimmsten Fall ein Gesundheitssystem, das zu den ärmsten der Welt gehört.

Denis steht auf und bespricht sich mit einem Kollegen, der sich sehr gut gefällt in seiner Uniform. Offensichtlich geht es um uns, und Denis setzt sich für uns ein. Es hat den Anschein, als wolle er uns einfach einreisen lassen. Sein Kollege scheint dagegenzuhalten, ich verstehe nur die Worte »state of emergency«. Ausnahmezustand. Es geht eine Weile hin und her, bis Denis zu uns kommt. »Hört zu, hinter der Grenze gibt es ein Hotel, da könnt ihr übernachten, und morgen gucken wir weiter«, sagt er. Anscheinend will er für uns die Gesetze übertreten, indem er uns durchlässt, damit wir nicht auf dem Boden der Grenzstation schlafen müssen, sondern komfortabel im nächsten Ort in einem Bett. Wir sind unendlich dankbar.

Wir verabschieden uns von ihm, schleppen unsere Rucksäcke ins Taxi, zwei von der Wache steigen mit ein. Am nächsten Checkpoint sitzen Soldaten mit Kalaschnikows auf den Knien, die Grenzbeamtin, die vorn sitzt, erklärt ihnen unsere Situation, und sie winken uns durch. Im Hotel bekommen wir ein Zimmer und etwas zu essen. Dann legen wir uns schlafen, ohne noch viel zu reden. Was gäbe es auch noch zu besprechen? Heimlich weiterreisen wäre sinnlos, spätestens am Flughafen würden die fehlenden Einreisestempel in unseren Pässen auffallen und wir festgenommen werden.

Der nächste Morgen. Theresa und ich sind zurück an der Grenze und werden in ein Büro bestellt, in dem wir zuvor noch nicht waren. Der Schreibtisch ist noch größer, dazu schwere Ledersessel. Ich begreife, dass wir es erst jetzt mit dem *Officer in Charge* zu tun bekommen, der das Wochenende über keinen Dienst hatte. »Ich schicke euch zurück nach Mosambik!«, schnauzt er uns an.

»Die lassen uns nicht mehr rein«, sagt Theresa.

»Dann deportiere ich euch halt. Ihr seid Illegale in meinem Land!«, gibt er zurück.

Ich weiß nicht, was das bedeuten würde, wie das aussehen würde, was er damit meint: uns deportieren. Aber es würde sicherlich mit Festnahmen und Gefängnis einhergehen. So etwas Ähnliches habe ich schon mal erlebt, in Serbien, als ich für eine Reportage Flüchtende durch den Balkan begleitet habe, an der Grenze für einen Tag und eine Nacht festgesetzt und eingesperrt wurde. Die Story, die ich damals auf der Bühne in Neukölln erzählt habe. Es gab in diesen Stunden nicht nur schreckliche Momente. Aber ohne Gürtel und Schnürsenkel auf dem Gefängnishof meine Runden zu drehen und nicht zu wissen, wann ich wieder rauskommen würde, war angsteinflößend und demütigend. Dass meine Mitgefangenen erzählten, die Wächter würden gerne mal zuschlagen, tat sein Übriges.

*

Ich gucke zu Raphael rüber und überlege, was wir erwidern können. Ich weiß nicht, ob der *Officer in Charge* uns wirklich einfach zurückschicken kann, und bin ratlos.
»Ich will euch hier nicht sitzen haben!«, brüllt er.
Vielleicht, denke ich, will er uns ja wirklich nur aus dem unmittelbaren Sichtfeld haben, damit es nicht so aussieht, als gäbe es an seiner Grenze ein Problem. Wir versprechen, woanders zu warten, er entlässt uns ohne ein weiteres Wort.
Draußen besprechen wir uns und beschließen, uns doch wieder genau vor das Büro zu setzen. So können sie uns nicht ignorieren, müssen eine Lösung finden, müssen irgendwas tun. Zur Sicherheit kontaktieren wir die deutsche Botschaft, schreiben einer Freundin im Auswärtigen Amt und weiteren Bekannten in Malawi.
Denis bemerkt uns, sieht uns aber nicht in die Augen. Das Warten ist zäh. Ich gehe auf Toilette, Blicke folgen mir auf dem Weg hin und zurück. Die braune Tür vor uns öffnet sich knarrend, wir gucken hoch voller Angst, dass es der Leiter des Grenzpostens ist, gleichzeitig voller Hoffnung, dass jemand vielleicht gute Nachrichten hat. Die halbe Mannschaft geht an uns vorbei auf dem Weg in die Mittagspause. Niemand sagt etwas zu uns. Klack, klack – immer wieder hören wir, wie die Pässe anderer Reisender gestempelt werden. Ich lese im Messenger eine Nachricht von einer Freundin, die im Niger für ihre Doktorarbeit zu Klima und Migration recherchiert. Sie

schreibt, dass die Uni sie mit dem nächsten Flug nach Hause schickt. Draußen steht ein LKW aus Südafrika, die Grenzer winken ihn durch – der Warentransport darf weitergehen.

Es fühlt sich an, als blickte ich auf einen reißenden Fluss, den ich mit meinem fünfzehn Kilogramm schweren Rucksack unmöglich überqueren kann. Dabei sitzen wir bloß in diesem Gebäude vor einer kleinen Schranke, es geht nur um eine Linie auf der Landkarte, von Menschenhand gezogen. Von *weißen* Menschen, um genau zu sein. Diese Grenze ist irgendwie auch unser koloniales Erbe: Nach der Berliner Afrika-Konferenz 1884–1885 teilten die Kolonialmächte den ganzen Kontinent auf, als wäre er ein Kuchen. Die absurde Entscheidung, mit dem Lineal Grenzen auf der Landkarte zu ziehen, ohne Rücksicht auf die Menschen vor Ort, fiel in der Berliner Wilhelmsstraße.

Meine Gedanken fliegen zu all den Menschen, die wir auf dieser Reise noch treffen wollten. Sie sind es, denen wir zuhören wollten, um etwas über unsere Zukunft zu erfahren. Ihre Geschichten zeigen, dass die Klimakrise längst da ist, in anderen Klimazonen. Nur in unserer Zeitzone, in unserer Aufmerksamkeitsspanne, da findet diese Realität keinen Platz.

Ich denke an den Arzt Faiz O Widaatalla im Sudan, der nach Überschwemmungen immer mehr Malaria-Patientinnen behandeln muss, weil die Mücken sich vermehren. Mücken, die sich durch die Klimakrise auch in Europa ausbreiten werden.

An die Familie meiner Freundin Salwa Taha im ägyptischen Alexandria. Die Stadt könnte bis zum Ende des Jahrhunderts zu einer Art sagenumwobenem Atlantis werden, wenn sich nur noch wenige daran erinnern, wie das Leben in den Straßen aussah, weil das Meer die Stadt überschwemmt hat.

An Yvan Sagnet, der in Süditalien mit seiner erfolgreichen

Kampagne *No Cap* die Ausbeutung von Schwarzen Plantagenarbeiterinnen auf die Titelseiten brachte, die Leserinnen für das Schicksal von Menschen auf der Flucht sensibilisierte. Trotzdem wird in Europa allzu oft von einer »Flüchtlingskrise« gesprochen, während wir eigentlich in einer Solidaritätskrise stecken. Statt Abschottung müssen wir jetzt ein Rechtssystem etablieren, das einen würdigen Umgang mit Menschen auf der Flucht garantiert, solidarisch über Grenzen hinweg.

Denn die Zahlen werden steigen: Die Weltbank schätzt, dass bis zum Jahr 2050 bis zu 143 Millionen Menschen allein durch Klima- und Umweltveränderungen zur Migration gezwungen werden. Andere Studien gehen von bis zu einer Milliarde Menschen aus, für die Migration die einzig mögliche Anpassungsmaßnahme sein wird. Die meisten von ihnen werden in der eigenen Region umsiedeln, im Nachbarland Schutz suchen, die wenigsten werden sich auf den Weg nach Europa machen, wo ein Recht auf Asyl wegen unerträglicher Klimabedingungen nicht mal ernsthaft diskutiert wird. Obwohl Artikel 14 der Allgemeinen Erklärung der Menschenrechte lautet »Jeder Mensch hat das Recht, in anderen Ländern vor Verfolgungen Asyl zu suchen«, werden täglich Menschen an der EU-Außengrenze daran gehindert. Einer der Schwerpunkte unserer Arbeit in der Seenotrettung war deshalb der politische Kampf für Bewegungsfreiheit, aber die Sache ist die: Die meisten Menschen wünschen sich gar nicht das Recht, anderswo Asyl zu beantragen. Menschen wie Antonia und Ayakha wünschen sich die Möglichkeit, in ihrer Heimat zu bleiben. Das ist ein großer Unterschied.

*

Schichtwechsel an der Grenze, und die neuen Beamtinnen schießen Selfies mit ihren Gesichtsmasken, ihr Gelächter hallt den Flur entlang. Wir sprechen den lautesten und witzigsten Grenzbeamten an. Er fragt, was los ist, und nachdem wir ihm unsere Lage erklärt haben, verspricht er zu helfen. Er geht davon, kommt wieder und bedauert, er könne nichts tun, die Entscheidung müsse woanders getroffen werden. Ich versuche, mir dieses Woanders vorzustellen, und kann es nicht. Die Hilflosigkeit fühlt sich an, als wäre meine Haut zu eng über meinen Körper gespannt. Theresa hat recht gehabt, als sie mich in Beira überzeugte weiterzufahren, weil die Klimakrise zu wichtig sei, um die Reise jetzt abzubrechen. Gleichzeitig lesen wir aus Corona-Deutschland diese ganzen Geschichten von Solidarität, von Frauen, die ehrenamtlich Schutzmasken nähen, Nachbarschaften, die füreinander einkaufen, sowie Bands, die kostenlos vor Altenheimen spielen, damit die Einsamkeit für die Bewohnerinnen nicht zu erdrückend wird. Krisen können Gemeinschaft stiften, haben wir in Kapstadt gelernt. Wir fühlen uns ziemlich einsam in unserer Situation, vielleicht hätten wir das berücksichtigen sollen vor unserer Weiterreise.

Der Tag geht zu Ende, ohne dass wir etwas erreicht hätten. Während vor der Grenzstation die Sonne untergeht, entscheiden wir uns, ein Taxi zurück ins Hotel zu nehmen. Glücklicherweise hält uns niemand auf. Die nächsten Tage verstecken wir uns im Hotel, aus Angst, dass die Grenzer es sich anders überlegen und uns festnehmen. Einige wissen natürlich, wo wir sind, aber wir wollen es nicht darauf ankommen lassen. Gleichzeitig kontaktieren wir nochmals alle, die uns vielleicht helfen könnten: unseren Freundeskreis, NGO-Angestellte, die Botschaft. Für einen der nächsten Tage haben wir gerade zwei

Plätze in einem Flieger nach Frankfurt ergattert, in der vagen Hoffnung, rechtzeitig ein Visum zu bekommen. Danach geht noch ein einziger Flug. Alle anderen sind gestrichen.

*

Es ist das erste Mal, seit wir an der Grenze von Malawi festhängen, dass Raphael und ich richtig beieinander sind, dass niemand von uns beiden aufs Handy starrt und versucht, irgendjemanden zu erreichen. Wir haben das Gefühl, nichts mehr tun zu können, es bleibt uns nur noch warten und hoffen. Wir trauen uns, das Hotel zu verlassen, laufen durchs Dorf, vorbei an dem kleinen Gemüsemarkt mit den stacheligen Früchten, die ich nicht kenne, vorbei am Kiosk und den Bars, und essen in einem kleinen Restaurant Nsima-Fladen mit gekochten Kürbisblättern und Erdnüssen. Der Kaffee aus der großen Thermoskanne ist stark. Wir sitzen in der Mittagssonne, sprechen wenig, schauen uns lange in die Augen. Dann, plötzlich, ist sie da, die SMS: An der Grenze lägen unsere Visa bereit, wir sollen hinkommen. Einer unserer Kontakte hat helfen können, es folgten ein paar Anrufe bei der malawischen Immigrationsbehörde. Es ist das Privileg der *weißen* Europäerin. Schwer vorstellbar, dass ein malawischer Regierungsbeamter in Deutschland anrufen könnte, um eine Einreise zu ermöglichen. Und trotzdem sind wir in diesem Moment natürlich glücklich.

Wir laufen zum Hotel, jetzt haben wir es eilig, die Zeit tropft nicht mehr zähflüssig dahin, plötzlich rennt sie. Aber als wir ankommen, nehmen wir uns einen Moment und bleiben auf einem Betonvorsprung sitzen, lehnen uns ganz eng aneinander, blicken auf die felsigen Berggipfel vor uns.

»Jetzt ist unsere Reise vorbei.«

»Ja«, sagt Raphael nur.

Ich schmecke das Salz meiner Tränen, die mir die Wangen runterlaufen. Auch Raphael ist traurig. So viel Vorbereitung, so viel Hoffnung und Arbeit, die in dieser Reise stecken, so viel Vorfreude auf die Dinge, die wir erfahren, und so viele Erwartungen an die Lektionen, die wir lernen wollten – all das hat sich jetzt erst mal erledigt.

An der Grenze müssen wir ein letztes Mal ins Büro des diensthabenden Offiziers, sinken noch einmal tief in die schweren Sessel. Er hat mittlerweile herausgefunden, dass wir hinter der Grenze übernachtet haben, ohne seine Erlaubnis, ist wütend. Wir sagen nicht viel, hoffen, dass es bald vorbei ist, und entschuldigen uns dafür, so viele Probleme bereitet zu haben. Seine Stimmung ändert sich, er schiebt unsere Pässe über die Tischplatte zu uns rüber und sagt versöhnlich: Auch ihm tue das Ganze leid, diese ganze Situation sei die Hölle, und er hoffe, dass wir Malawi auch noch mal in besseren Zeiten kennenlernen könnten. Wir seien jederzeit herzlich willkommen.

*

Vor dem Grenzposten steigen wir in ein Auto, das uns in die Hauptstadt Lilongwe bringen soll. Es wird schon dunkel, und als wir durch die Heckscheibe blicken, verfärbt sich der Himmel: oben das tiefe Sommerblau, dann ein schmaler Streifen Orange, darunter ein Bogen Gelb, das sich wie ein Tor über die Straße spannt und sich dann langsam hinter uns schließt.

Manche Dinge, denke ich, erkennt man nur im Schattenschnitt. Wie diese unsichtbaren Schwingungen, die wir seit unserem Reisebeginn in Südafrika gespürt haben, die scheinbar alles ineinander fließen ließen, die Menschen, Tiere, Pflanzen, Staub, Erde, Sonne, Wasser, Schatten, Bewegung, Stillstand, Geräusche, Gerüche, Wind, Worte, Widersacher. Alles zu einem Geflecht verwoben, das uns nicht immer freundlich begegnete, das uns aber immer umgab, hielt und uns spüren ließ, dass wir zu alldem dazugehören, gehört haben, immer gehören werden.

Als wir wenige Stunden später am Flughafen in den Bauch der Abflughalle treten, spüre ich die Abwesenheit dieser unsichtbaren Vibrationen. Ich nehme den Anblick der Stuhlreihen aus lackiertem Stahl wahr, die dunklen Fliesen, abwaschbaren Betonsäulen, schwarzen Lüftungsrohre, genormten Stahlträger, verchromten Mülleimer. Wir treten ein in dieses metallische Surren der klimatisierten Luft, in diese angebliche Keimfreiheit, die ganze Abgeschnittenheit, die große Teile dessen ausmacht, was wir in Europa Fortschritt nennen und das mir jetzt das Gefühl vermittelt, als wären wir tot. Während wir darauf warten, dass der Flieger startklar ist, überkommt mich diese starke Ahnung, dass dieses Abgeschnittensein die Wurzel all unserer globalen Probleme ist. Und noch ein Gefühl kommt auf: dass mit dieser Erkenntnis unsere Reise jetzt erst richtig losgeht.

KOLLAPS

Ich öffne das kleine Dachfenster und werfe einen Blick in den Garten, die Sonne scheint mir ins Gesicht. April, April, es muss alles ein Witz sein. Wir sind seit zwei Tagen im HdW, dem Haus des Wandels, eine Stunde von Berlin entfernt, wo ich vergangenes Jahr auch den Frauentag gefeiert habe. Bisher haben Raphael und ich nur ab und an Sommerwochenenden im Haus verbracht, wenn wir mal ins Grüne wollten. Unser großes Glück, dass wir gemeinsam mit Freundinnen vor einem Jahr ein Zimmer renoviert haben, in das wir jetzt einziehen konnten. Noch in Mosambik hatte ich den Bewohnerinnen geschrieben, was bei uns los ist, und eine von ihnen antwortete sofort: *Kommt, kommt, so schnell ihr könnt.* Eine andere meinte am Telefon: »Keine von den Frauen, die sich mit der Welt auseinandersetzen, war überrascht über diese Pandemie. Wir wussten einfach immer, dass dieses System nicht für uns sorgt.«

Seit wir wieder zurück in Deutschland sind, haben wir gemerkt, wie schlecht wir auf eine Krise vorbereitet sind. Wie so viele in unserem Umfeld führen wir ein Leben im Sprint, rasen von Ort zu Ort, von Auftrag zu Auftrag, zu wenig Rücklagen, kein Puffer – immer vorwärts, oft so schnell, dass wir die Katastrophen um uns herum nicht wirklich wahrnehmen. Die Pandemie zwingt uns in diesem Augenblick dazu, einmal innezuhalten. Die Reise ist gescheitert. Monatelange Vorbereitungszeit.

Das Geld fürs Equipment, die Hoffnung auf positive Perspektiven zur Klimakrise, zugesagte Stipendien zweier Stiftungen – alles verloren. In unsere Wohnungen können wir nicht, sie sind für die Dauer unserer ursprünglich geplanten Reise zwischenvermietet. Raphaels Mutter muss ins Krankenhaus, nicht wegen Corona, sondern wegen einer Blutvergiftung, doch die Angst vor einer Infektion ist immer präsent.

Unser Versuch, Antworten auf die Klimakrise zu finden, droht an einer anderen Krise zu zerschellen, die ebenfalls schon lange von der Wissenschaft prognostiziert wurde und mit unserem Umgang mit dem Planeten zusammenhängt: 75 Prozent aller neu auftretenden Infektionskrankheiten wie Corona sind von Tieren übergesprungen, weil Menschen weiter in Ökosysteme vorgedrungen sind. *Drei Viertel.*

Am Himmel sehe ich zwei Schwalben kreisen. Es müssen die ersten sein, die gerade aus ihrem Winterquartier zurückgekommen sind. Sie haben im südlichen Afrika überwintert und sind jetzt genau wie wir wieder in Brandenburg gelandet. Eine setzt sich auf den obersten Ast des Ginkgo, der vor unserem Fenster wächst. Ich betrachte sie und den Baum eine Weile. Im Stadtzentrum von Hiroshima wächst genau so ein Baum. Die Atombombe, die die US-amerikanische Luftwaffe am Ende des Zweiten Weltkriegs abwarf, explodierte nur etwa einen Kilometer entfernt. Wie durch ein Wunder überlebte der Ginkgo und trieb im darauffolgenden Jahr wieder aus, über die Jahre erholte er sich immer mehr. Die Samen dieses Baumes werden mittlerweile überall auf der Welt eingepflanzt. Sie gelten als Symbol der Hoffnung.

*

Ich will etwas tun, irgendwas, will mich einbringen. Manisch lese ich Texte über Corona, bis die Zeilen vor meinen Augen verschwimmen, schreibe einen Essay über die Pandemie, bekomme Absagen von den Redakteurinnen: *Dieses Mal würde ich verzichten,* oder: *Schon einen anderen Autor beauftragt.* Um irgendwie mit der Situation umzugehen, verfasse ich kopflos Tweets, kassiere einen Shitstorm. Schmerzen pochen hinter meiner Stirn. In Krisen blieb mir bisher zumindest die Möglichkeit, irgendwas zu tun. Aber in der Pandemie nicht, das ist ein neuer Krisenmodus. In Pandemien wird das Nichtstun zum Imperativ. Es fühlt sich an, als öffnete sich unter mir ein schwarzes Loch. Corona ist unser Rendezvous mit der Krisenhaftigkeit der Welt. Ich merke, wie es mich zwingt aufzuwachen, hinzusehen, zu begreifen, dass unser Umgang mit dem Planeten schon lange Krisen produziert, die wir nicht mehr unter Kontrolle halten können. Es geht gar nicht nur um die Klimakrise oder den Day Zero für die Wasserversorgung in einigen Großstädten. Wenn es so weitergeht, ist bald Day Zero für alles, was wir zum Leben brauchen. Und während Corona wütet, sehen Theresa und ich genauer hin, öffnen die Augen für all die Zerstörung, die wir sonst oft verdrängen.

Seit den 1950er-Jahren steigt eine Reihe von Kennzahlen mehr oder weniger exponentiell an: Energie-, Wasser- und Düngerverbrauch, Anzahl großer Staudämme, Motorfahrzeuge und internationale Flugreisen – alles schießt nach oben, parallel mit dem globalen Bruttoinlandsprodukt. Diese Zunahme wäre vielleicht für sich genommen noch kein Problem, wenn sich alle diese Kurven nicht mit dem exponentiellen Anstieg schädlicher Emissionen wie Stickstoff, Methan und Kohlenstoffdioxid decken würden sowie anderer Umweltzerstörung.

»The Great Acceleration« – die große Beschleunigung – nennen Wissenschaftlerinnen das, und die Folgen sind verheerend.

So viele Abgase werden in die Luft geblasen, so viel Dreck und Rauch in die Atmosphäre, dass heute schon neunzig Prozent aller Menschen keine saubere Luft zum Atmen haben. Sieben Millionen Menschen sterben weltweit jedes Jahr daran. Allein in Europa sterben jährlich fast 800.000 Menschen vorzeitig an Krankheiten, die durch Luftverschmutzung mitverursacht werden – Herzinfarkt, Schlaganfälle, Lungenkrebs; Kinder und Alte trifft es am härtesten, außerdem Menschen mit geringem Einkommen, weil sie oft in der Nähe von Industriegebieten und großen Straßen wohnen müssen.

Jede Sekunde wird eine Lastwagenladung Plastik in den Ozeanen der Welt entsorgt, jährlich bis zu zwölf Millionen Tonnen. Ich habe lange gedacht, wir recyceln das doch alles, aber der größte Teil des Plastiks, das ich jemals in meinem Leben in der Hand hatte, existiert noch auf der Erde. Im Pazifischen Ozean treibt eine Müllinsel, fast fünf mal so groß wie Deutschland, und bildet eine Art ewigen Strudel, der das Plastik wie eine Mühle in immer kleinere Partikel zermahlt. Jährlich nimmt ein Mensch im Durchschnitt mehr als fünfzigtausend solcher Partikel durch Essen und Trinken auf und noch mal so viele durch die Luft, manche davon sind so klein, dass sie Zellwände durchdringen können. Ob und inwiefern uns das krank macht, ist noch nicht endgültig bewiesen, doch viele Plastikarten beinhalten krebserregende Stoffe.

Ungeklärt werden achtzig Prozent aller Abwässer in Flüsse und Meere geleitet, dazu kommen dreihundert bis vierhundert Millionen Tonnen giftiger Schwermetalle, Lösungsmittel und Giftschlämme pro Jahr. Die unendliche Weite der Ozeane ist größtenteils nur spärlich von Fischen belebt, doch da, wo verschiedene Strömungen aufeinandertreffen, wirbeln Nährstoffe auf und ermöglichen erst diese unglaublich großen Fischschwärme, die wie flüssiges Silber durch das Wasser gleiten, bis zu dem Augenblick, an dem Fangflotten aufkreuzen mit ihren kilometerlangen Netzen und die Tiere tonnenweise auf die Trawler hieven. Neunzig Prozent aller Ozeanregionen, in denen kommerziell gefischt wird, sind bereits ausgeplündert, ganze dreihunderttausend Delphine und Wale werden jedes Jahr als Beifang getötet. Ausschuss.

Und dann unser Trinkwasser: Intensive Landwirtschaft beeinträchtigt die natürlichen Wasserreserven, das Grundwasser ist vielerorts durch Gülle kontaminiert. An manchen Orten in Deutschland muss Leitungswasser schon mit Chlor behandelt werden, um E.-coli-Bakterien abzutöten; auch die Antibiotika, die den Masttieren verabreicht werden, dringen bis ins Wasser vor. Zusätzlich zur Gülle wird künstlicher Stickstoff auf den Feldern ausgebracht, und zwar in einem Ausmaß, das von den Pflanzen nicht absorbiert werden kann und deshalb in riesiger Menge in Flüssen, Seen und schließlich im Meer landet. Dort regt der Stickstoff das Wachstum von Algen an, die alle anderen Lebewesen verdrängen, bevor Bakterien die Algen verzehren und dabei sämtlichen Sauerstoff verbrauchen. Die Folge: sogenannte Todeszonen. Teile der Ostsee gelten offiziell als tote »Makrozone«, eine Wüste unter Wasser.

Durch die Art und Weise, wie heute Landwirtschaft betrieben wird, ist inzwischen ein Drittel aller Böden weltweit teils oder ganz degradiert. Auch in Deutschland schreitet diese Entwicklung voran. Die derzeitige Zivilisation wäre nicht die erste, die mit den Folgen zu kämpfen hat: Erodierte Böden waren ein wichtiger Faktor beim Zusammenbruch großer Imperien wie des antiken Griechenlands, des römischen Reichs und Mesopotamiens. Die Ernährungs- und Landwirtschaftsorganisation der Vereinten Nationen schätzt, dass wir global noch sechzig Ernten haben werden, bevor ein Großteil der fruchtbaren Böden auf dem Planeten vernichtet ist. Ausgelaugte Reisfelder, Ernteausfälle, steigende Weizenpreise, Hunger, der Ausverkauf der letzten fruchtbaren Flächen durch Landgrabbing – das wird schon bald die Realität großer Teile einer wachsenden Weltbevölkerung sein.

Zur großflächigen, systematischen Zerstörung kommt die Vernichtung einzelner Landstriche. Theresa recherchierte 2018 im Amazonasgebiet in Ecuador und erfuhr dort, was indigene Gemeinschaften schon lange wissen und wogegen sie sich wehren: Der Ölkonzern Chevron fördert inmitten dieses tropischen Ökosystems seit Jahrzehnten Rohöl. Erst kamen die Straßen, dann die Holzfäller und schließlich die Rohrbrüche. Jeden Monat schlägt irgendwo ein anderes der alten Rohre leck. Es ist sehr teuer, ölverseuchte Böden wieder aufzubereiten, aber es ist unmöglich, Öl wieder aus dem Fluss zu filtern, bevor es die Fische und Menschen in indigenen Gemeinschaften flussabwärts krank macht. Die Zerstörung der Lebenswelt im Amazonas reicht in der Geschichte freilich viel weiter zurück. Die Geografin Kathryn Yusoff schlägt deshalb in ihrem Buch *A Billion Black Anthropocenes* vor, den Beginn des menschengemachten Klimawandels nicht erst auf die Great Acceleration von 1950 zu beziehen, sondern zum Beispiel auf die Invasion der Amerikas. Das Massensterben in Lateinamerika, das der Kolonisation folgte, führte zu einer Klimaveränderung, die heute noch in Eisproben aus der Antarktis abzulesen ist.

Das Klima der Atacama-Wüste in Chile ist ein krasser Gegensatz zum Grün des Amazonasbeckens: trocken, schroff, schier endlos. Um Lithium für die Batterien neuer Elektroautos herzustellen, wird das Grundwasser unter der Wüste nach oben gepumpt, verdunstet in riesigen Becken. Die wenigen lebenspendenden Oasen trocknen aus, ihre Bewohnerinnen sterben. In der Inneren Mongolei werden seltene Erden für Smartphones geschürft, die radioaktiven, krebserregenden Abfälle ungesichert in die Landschaft entsorgt, wo sie auf Jahrhunderte hin Luft, Wasser und Böden verseuchen. Wie lang soll, wie lang kann das noch so weitergehen?

Mittlerweile wiegen unsere Infrastrukturen, alle Autos, Stahlträger, Ziegel, Unterseekabel, Straßen, Schiffe, alles menschengemachte Material zusammengenommen, mehr als die gesamte Biomasse des Planeten. Allein die Masse von produziertem Plastik ist größer als die aller Tiere. Diese Verschmutzung passiert nicht im luftleeren Raum, sie hat Konsequenzen, zerstört Lebensgrundlagen – erst die anderer Lebewesen und schließlich unsere eigenen. Weltweit bleibt Tieren immer weniger Lebensraum: Zwischen 1990 und 2015 wurden über zweihundert Millionen Hektar der weltweiten Naturwälder vernichtet, das ist zweimal die Fläche der USA. Europa ist bereits größtenteils entwaldet, der Amazonas zu fast einem Fünftel abgeholzt, um Platz für Tierfutter- oder Palmölplantagen zu schaffen. Das tropische Paradies nähert sich einem Kipppunkt, der artenreichste Ort der Welt könnte zur Savanne werden. Wissenschaftlerinnen sagen: Wir befinden uns mitten im sechsten großen Massenaussterben. Das letzte fand vor circa fünfundsechzig Millionen Jahren statt, als die Dinosaurier und bis zu fünfundneunzig Prozent aller anderen Spezies ausgerottet wurden, wahrscheinlich aufgrund eines Meteoriteneinschlags. Seitdem erblühte das Leben wieder zu neuer Pracht, entwickelte diese fein austarierte Komplexität, die all die atemberaubende Schönheit des blauen Planeten ausmacht.

Ein Beispiel: Auf den Akazien-Bäumen der kenianischen Savanne leben bis zu vier verschiedene Ameisenarten und schützen die Bäume vor Borkenkäfern und anderen Angreifern. Die Akazien lassen spezielle Dornen anschwellen, in denen die Ameisen Nester bauen können, und bilden Nektarien aus, Honigdrüsen, an denen die Ameisen Futter sammeln. Giraffen wiederum fressen die Blüten des Baumes und tragen damit seine Pollen über große Distanzen. Bleiben die Giraffen jedoch weg, wird weniger bestäubt, außerdem bilden die Akazien weniger Dornen und Nektarien aus. Die Ameisen schützen den Baum weniger, wodurch dieser weniger gut wächst, Ameisen und Giraffen verlieren ihre Futterquelle, der Baum seine Helferinnen. Es herrscht da eine Art Gleichgewicht, die Arten haben sich gemeinsam angepasst, über einen langen Zeitraum ist diese Beziehung gewachsen und hat sich immer wieder verändert – aber abrupten Wandel, wie wir ihn erleben, kann das System nicht abfedern. Mit dem Aussterben einer Art entsteht eine Leerstelle im Netz des Lebens, viele andere werden gleichzeitig geschwächt.

Eine Million Pflanzen- und Tierarten sind vom Aussterben bedroht, vor allem aufgrund menschlicher Aktivitäten. Die Giraffen in Kenia, sie sind nur noch zwei Schritte vom Status »aussterbend« entfernt. Bis zu hundertfünfzig andere Spezies gehen diesen Schritt jeden Tag. Das sind zehn Prozent aller Spezies pro Jahrzehnt. Die meisten Arten sterben aus, ohne dass man es mitbekommt. Andere werden direkt vor unserer

Haustür vergiftet, mit Pestiziden besprüht: Käfer, Motten, Schmetterlinge, Bienen, all die wichtigen Bestäuber, ohne die nichts gedeiht, auch nicht unser Essen. Eine Langzeitstudie über siebenundzwanzig Jahre fand heraus, dass die Biomasse fliegender Insekten in Deutschland um drei Viertel zurückgegangen ist. Wohlgemerkt: Die Messstationen standen in Naturschutzgebieten und nicht etwa auf einem Maisfeld, das regelmäßig gespritzt wird. In ganz Europa sind knapp einhundertachtzig Bienenarten gefährdet oder vom Aussterben bedroht. Bestäuberinsekten sind nicht wie Giraffen, die in einige wenige Ökosysteme eingebunden sind. Sie sind unverzichtbarer Baustein des Lebens auf der ganzen Erde. Neunzig Prozent aller Blühpflanzen und drei Viertel unserer Kulturpflanzen sind auf sie angewiesen. Ohne sie geht nicht mehr viel, das heißt: Selbst wenn es die Klimakrise nicht gäbe, nicht die zerstörerischen Stürme, nicht diese lang anhaltenden Dürren, nicht den Meeresspiegelanstieg, selbst wenn im Klimasystem alles in bester Ordnung wäre – selbst dann wäre die Erde auf dem Weg dahin, den Großteil allen Lebens zu verlieren, weil so viele andere Ökosysteme zerstört werden, um die Produktion von Waren zu ermöglichen.

Viele Menschen glauben: Wir haben doch noch immer eine Lösung gefunden, um Probleme zu bewältigen. Ich glaube eher, dass viele privilegierte Menschen nicht gut einschätzen können, wie schnell Systeme kollabieren. Ich bin in Westdeutschland geboren, habe als Reporter eine Weile in Ostdeutschland gewohnt, um besser zu verstehen, was die Menschen dort erlebt haben. Nur wenige haben das Ende der DDR damals kommen sehen, doch quasi über Nacht war es vorbei mit diesem System, und viele leiden bis heute unter den Folgen. Vor allem viele

Westdeutsche können sich bis heute nicht vorstellen, was ein solcher Bruch bedeutet, dabei blieb es in der DDR weitgehend friedlich, allzu oft endet so ein Umsturz in Gewalt, wie ich es in Kairo im Revolutionsjahr 2011 erlebt habe, als Demonstrantinnen mit Steinen in den Händen für Freiheit und Brot kämpften, sich gemeinsam gegen die Polizei stellten, die ihnen mit Tränengas und Schrotgewehren ins Gesicht schoss. Das andere Land, das ich im Nahen Osten persönlich kennenlernen durfte, weil ich da eine Weile studiert habe, Syrien, war seit Staatsgründung eine Diktatur, galt als solche aber als die stabilste der Region. Aufgrund einer anhaltenden Dürre verloren Zehntausende Bauern ihre Lebensgrundlage und zogen verarmt in die Städte. Es war auch ihre Verzweiflung, die erst in Demonstrationen und dann im Bürgerkrieg mündete, in unendlichem Leid. Nie werde ich den Besuch in dem Lager vergessen, wo Syrerinnen in knietiefem Schnee ausharrten, darunter eine Frau, achtzig Jahre alt, der die Feuchtigkeit ins Zelt sickerte, im Nebenzelt zwei Eltern mit ihrer einjährigen Tochter, deren Kopf vor Fieber rot glühte, kein Arzt in der Nähe, kein Geld für Medikamente.

Die DDR, die Nationalstaaten, die globale Nahrungsmittelversorgung, der Finanzmarkt, das Klima: All das sind komplexe Systeme, die unter Belastung ohne Vorwarnung kollabieren können. Was wird das für unsere Gesellschaften bedeuten? Wir leben im Anthropozän, sagen manche Wissenschaftlerinnen, dem Zeitalter, in dem der Mensch zum wichtigsten Einflussfaktor auf die Erde geworden ist. In Wahrheit sind die Privilegierten, die oberen zehn Prozent gemeint, die die ganze Welt zur Kolonie gemacht haben, damit im Regenwald Soja für unsere Rinder angepflanzt werden kann, in der Inneren Mongolei seltene Erden für Smartphones ausgegraben und in Chile

Lithium. Einzeln betrachtet scheint das alles nicht so schlimm, aber in seiner Gesamtheit erschlägt es mich. Das Leben, wie ich es führe, wie mein ganzer Freundeskreis es führt, das die planetaren Grenzen der Erde strapaziert. Wenn jeder so lebte wie wir, bräuchten wir drei Planeten. Unsere Wirtschaft basiere auf Wachstum, heißt es immer. Aber das stimmt nicht. Wachstum ist die Verwandlung vom Samenkorn zur Pflanze, Wachstum ist die Metamorphose einer Kaulquappe zum Laubfrosch, das Aufblühen einer Mohnknospe. Unser Wirtschaftssystem, es basiert auf Ausbeutung.

Ich weiß das alles, eigentlich schon lange. Theresa auch. Aber wir verdrängen es, gucken nicht hin. Generationen vor uns haben *Limits to Growth* gelesen, den Bericht des Club of Rome von 1972 zur Lage der Menschheit. Seit Jahrzehnten wird das Problem verdrängt. Komplette kognitive Dissonanz. Aber Theresa und ich haben das Gefühl, wir halten das nicht mehr länger durch. Wir wollen das nicht länger durchhalten. Der Kraftaufwand dafür wird zu groß.

*

Jedes Mal, wenn ich die Zahlen über das Insektensterben an mich ranlasse, über das Waldsterben, die Insta-Posts der indigenen Kay Sara aus Brasilien, dann bricht etwas in mir zusammen. Sobald ich mir klarmache, dass das alles nicht weit weg und abstrakt ist, sondern real existierende Menschen und Tiere betrifft – und auch mein Leben bald immer stärker beeinflussen wird –, dann entsteht diese tiefe Leere. Ich bin verzweifelt über die ganze Sinnlosigkeit der Zerstörung, und wenn ich etwas Schönes erlebe, spüre ich im selben Moment oft diese Trauer, weil ich gleich daran denken muss, was alles gerade verlorengeht. Eine Hoffnungslosigkeit macht sich in mir breit, kein Licht am Ende des Tunnels, nur Finsternis. Ich bin nicht die Einzige, der es so geht. Psychologinnen in ganz Deutschland verzeichnen seit einigen Jahren einen rasanten Anstieg an Patientinnen mit »Klimaangst«. Eine psychiatrische Diagnose ist das zwar nicht, solange dieses Gefühl nicht zur Angststörung wird, die einen komplett lähmt. Aber unheimlich fühlt es sich trotzdem an. Ich kann mir nicht ausmalen, wie dunkel diese Verzweiflung sein muss für Menschen, die in ihrer Stadt selbst schon Naturkatastrophen erlebt haben und davon ausgehen müssen, dass sie wegen der Klimakrise wiederkommen. Immer und immer wieder. In den Monaten nach Hurrikan Katrina entwickelte jede zweite betroffene Person eine Depression, eine Panik- oder Angststörung. Und die Psyche kann den Körper krank machen. Seit ich denken kann, ist Gerechtigkeit für mich ein hoher Wert. Bekam ich Gummibärchen geschenkt, gab ich die Hälfte meiner Schwester ab. Dasselbe erwartete ich auch von ihr. Erfuhr ich auf Seite neun, dass Harry Potter sogar an seinem Geburtstag von Tante Petunia und Onkel Vernon wie Dreck behandelt wurde, spürte ich in mir drin diese Wut hochkochen. Ich wuchs im wohlhabenden Münchner Speckgürtel auf, umgeben von BMW-Fahrerinnen und CSU-Wählerinnen, aber das war nicht meine Welt. Meine Eltern hatten die erste Photovoltaik-Anlage auf dem Dach, als viele Leute das Wort noch nicht einmal kannten. Die liebste Klolektüre meiner Mutter waren das Ärzteblatt und das *ZEITmagazin*, mit meinem Vater war sie aktiv in der Friedensbewegung, spendete für Amnesty und Greenpeace. Früh lernte ich, dass es wichtig ist, sich zu engagieren, ich wollte genau wie meine Eltern eine von den »Guten« sein. Ich zog mit einer NABU-Spendendose in der Nachbarschaft umher, ging auf meine erste Demo gegen den Irak-Krieg.

Gleichzeitig wurde mir oft das Gefühl vermittelt, die Beste sein zu müssen. Nicht unbedingt von meinen Eltern, eher von vielen anderen Seiten: Lehrerinnen, Leichtathletiktrainern, Heidi Klum, den Frauenzeitschriften. Ein Ehrgeiz fraß sich in mein Leben, mit dem meine Fähigkeiten manchmal nicht Schritt halten konnten – so stand ich im Hürdenlauf niemals ganz oben auf dem Treppchen, quälte mich aber trotzdem jahrelang auf der 400-Meter-Bahn. Keine Angststörung, aber genug psychischer Druck, dass ich krank wurde. Kurz vor dem Abitur schwollen meine Fußgelenke plötzlich an wie Tennisbälle, jeder Schritt tat höllisch weh. Niemand konnte sich die Entzündungen erklären, nicht meine Mutter, nicht der Hausarzt, nicht die Ärztin in der Uni-Klinik. Ich nahm hochdosiert Cortison, schließlich wollte ich ja funktionieren, mein Abitur machen und mein Praktikum beginnen, um ja keine Lücke im Lebenslauf zu haben. In der Polyklinik bekam ich schließlich eine Diagnose – Erythema Nodosum, eine Autoimmunkrankheit wie rheumatoide Arthritis –, doch die Symptome waren damit nicht geheilt. Ich machte mein Abitur auf Schmerzmitteln, schaffte einen Einserschnitt, zog mein Praktikum durch und ließ mich erst dann auf eine längere Kur ein. Nach drei Monaten ayurvedischer Behandlung, vielen Ölmassagen und einer strengen Diät verschwanden alle meine Beschwerden. »Dein Körper ist intelligenter als dein Kopf«, sagte mir der Arzt. Weil ich niemals zur Ruhe kommen konnte, hätte mein Körper das für mich übernommen und über die Beine ein Stopp-Signal gesetzt. Wenn ich mir jetzt nicht kleinere Ziele setze würde, so der Arzt, könne alles jederzeit zurückkommen.

Eine Weile ging es gut, aber Jahre später fiel ich zurück in alte Muster. Mein erster Job nach dem Master: Pressesprecherin bei Sea-Watch. Die Seenotrettung war seit dem Sommer der Migration in meinen Augen die wichtigste Verantwortung Europas, wenn Menschenrechte hier nicht für alle galten, dann wären sie für niemanden etwas wert. Es war unmöglich, tatenlos zuzusehen, wie das Mittelmeer zum Massengrab wurde. Mein Gerechtigkeitssinn und mein Ehrgeiz verschmolzen in dieser Aufgabe. *Don't cry, work work work* stand auf einer Postkarte, die über einem Spiegel hing, andere hatten schließlich mehr Grund zu weinen als ich. So arbeitete ich, bis mir ein Hexenschuss Einhalt gebot. Eine Osteopathin fragte mich: »Warum arbeiten Sie denn so viel?« Ich hätte ihr eine Antwort geben können, aber so richtig überzeugte sie auch mich nicht.

Eigentlich hatte es mich immer woanders hingezogen: Ich wollte jung Mutter werden, mein Kind nicht nur mit einem Partner aufziehen, sondern mit vielen, wollte Kürbisse auf meinem Balkon pflanzen, Wildkräuter sammeln und trocknen, aber das zählt in unserer Gesellschaft nicht. Deswegen habe ich mich Schritt für Schritt von einem Leben entfernt, das ich zwar nicht kannte, aber dennoch vermisste. Es schien mir, als würde ich den Raubbau, den wir an der Welt betreiben, auch selbst verkörpern. *Burned out people on a burned out planet* heißt ein Kapitel im Buch, das Malena Ernman, die Mutter von Greta Thunberg, geschrieben hat. Genau so fühlte ich mich. Dass ich mich kaputtarbeitete und mich damit selbst verriet, habe ich jahrelang verdrängt. Aber damit war ich ja nicht die Einzige. Genau genommen sieht niemand hin, woher der Schmerz wirklich kommt. Nicht die Ärztin in der Polyklinik. Sie verschreibt Cortison, damit die Entzündung zurückgeht. Nicht die Psychologin in einer Therapie, die einen zur Hausärztin schickt, damit sie Antidepressiva verschreibt.

Wie konnte es passieren, dass wir auf eine Art leben, die uns unglücklich macht und die Erde zerstört?

Schon zwei Mal habe ich mich in meinem Leben davor gedrückt, in einer Krise dem eigentlichen Problem ins Gesicht zu schauen. Jetzt gibt es keinen Weg mehr daran vorbei.

*

Ich gehe spazieren. Will den Kopf frei kriegen. Strecke machen. Ich laufe einen der Brandenburger Seen entlang, höre auf einmal ein lautes Rascheln im Schilf, gehe ein Stück weiter, um besser sehen zu können. Ein Fisch taucht auf, grünlich-braun, groß und schwer, schießt an die Oberfläche, windet sich, schlägt mit den Flossen. Es sieht aus, als würde er nach Luft schnappen. Dann taucht ein zweiter auf. Sie wühlen die Wasseroberfläche auf, weiße Bläschen treiben in den konzentrischen Kreisen. Während ich zusehe und zu verstehen versuche, was da passiert, kommt ein Angler in Wathose.

»Ist das normal?«, frage ich ihn. »Laichen die?«

»Nein. Das muss das veränderte Wetter sein«, sagt er.

»Das ist ja unheimlich.« Ich hole mein Handy raus, um es zu filmen.

Er steigt ins seichte Wasser, in der Hand einen Kescher. Er hat sich gestern schon welche geholt, sagt er, will heute noch mehr. »Sind doch lecker!«, meint er.

Ich wende mich ab und gehe.

Ich folge einem Forstweg, am Rand türmen sich die Stapel geschlagener Kiefern; süßer Duft nach Harz liegt in der Luft wie ein Verwesungsgeruch. Ich will weg, folge einem Wildpfad, werde ruhiger zwischen den Bäumen, komme vorbei an einer moosbewachsenen Eiche, sehe frische Triebe und durch Büsche hindurch einen weiteren See. Ich gehe näher ans Ufer, Rehe scheinen hier ihren Durst zu stillen, denn im Boden entdecke ich die feinen Spuren ihrer Hufe.

Ein Stück weiter ragt eine Lichtung in den See, umgeben von Buchen und Birken, Gräser wachsen kniehoch neben einer Pflanze mit Blättern wie märchenhafte Zwergenhüte. Die Stelle will ich auf jeden Fall Theresa zeigen, denke ich, drehe um und balanciere auf einem umgefallenen Baumstamm über einen schmalen Graben. Der Stamm bricht, ich rutsche ab, lande mit meinen Beinen im Schlamm, ziehe sie heraus, klettere auf der anderen Seite den Graben hoch und drehe mich zu dem Baumstamm um. An der Bruchstelle rennen unzählige Ameisen durcheinander. Es sieht aus, als wäre der morsche Stamm ihr Bau gewesen – und ich habe ihn zerstört, weil ich in diesen Ort eingedrungen bin. Es wirkt wie das Sinnbild für etwas Größeres, und so mies, wie ich mich sowieso schon fühle, macht es mich fertig.

In der Schule haben wir Goethes *Die Leiden des jungen Werthers* gelesen, fanden die ganze Schwülstigkeit peinlich, aber eine Stelle ist mir im Kopf geblieben. Wieder zu Hause schlage ich sie nach. Werther, der sonst Seiten seines Tagebuchs mit bewundernden Naturbeschreibungen füllt, kann es irgendwann nicht mehr genießen und schreibt: »Der harmloseste Spaziergang kostet tausend armen Würmchen das Leben, es zerrüttet ein Fußtritt die mühseligen Gebäude der Ameisen und stampft eine kleine Welt in ein schmähliches Grab ... mir untergräbt das Herz die verzehrende Kraft, die in dem All der

Natur verborgen liegt; die nichts gebildet hat, das nicht seinen Nachbar, nicht sich selbst zerstörte. Und so taumle ich beängstigt. Himmel und Erde und ihre webenden Kräfte um mich her: ich sehe nichts als ein ewig verschlingendes, ewig wiederkäuendes Ungeheuer.« Ich lese es und denke: Ich fürchte mich nicht vor der verzehrenden Kraft der Natur, ich fürchte mich vor einer Spezies, die von ihr hervorgebracht wurde: uns, den Menschen. Ich habe Angst vor mir, vor meinem eigenen zerstörerischen Einfluss auf diesen Planeten. Und gleichzeitig ist da noch etwas anderes: Ich schäme mich auch noch, diese Angst zu spüren.

*

Es scheint mir schon wie eine Ewigkeit, dass wir die Reise abgebrochen haben, dabei sind wir erst seit vier Wochen hier im Haus des Wandels. Wir versuchen, mit der neuen Situation klarzukommen, Struktur in einen Tag zu bringen, an dem nichts oder alles passieren kann. Ich putze die zahllosen Fenster im Haus, zappe von Livestream zu Livestream, höre Angela Davis und anderen klugen Frauen zu, setze eine Crowdfunding-Kampagne für das Haus auf, jäte Unkraut. Durch die Corona-Maßnahmen verlieren Kellnerinnen, Angestellte bei Zeitarbeitsfirmen, Sexarbeiterinnen ihre Jobs, viele wissen kaum, wie sie die Miete zahlen sollen, Eltern sind durch Homeoffice und Kinderbetreuung mit den Nerven am Ende. Für viele bedeutet Corona Ruin, während ich die Ruhe habe, mich neu zu orientieren. Es ist ein seltsamer Zustand, wie ohne Handyempfang in einer Talsohle vor einer Weggabelung zu stehen, auf mich selbst zurückgeworfen, und statt mich über die Freiheit und das leise Hallo der grünen Frühlingstriebe um mich herum zu freuen, starre ich verunsichert auf die verpixelte Karte, die nicht neu laden will.

Nahezu in Echtzeit veröffentlichen drei große deutsche Zeitungen online die gemeldeten Corona-Fälle, Infektionszahlen und Toten, obwohl es längst keine exponentiellen Kurven mehr sind wie zu Beginn der Pandemie. Ich merke, wie mich die Zahlen in ihren Bann ziehen, mir aber keinen Halt geben in der Orientierungslosigkeit. Seit ein paar Tagen schalte ich das Handy deshalb nicht gleich nach dem Aufwachen ein. Ich bin dankbar für die Initiative von Julia, mit der ich von Mosambik aus Kontakt hatte, morgens Musik aufzulegen und eine Free-Movement-Session anzubieten. Seither treffen wir uns immer um 8.30 Uhr im ersten Stock und tanzen, folgen den Bewegungsimpulsen der Musik, drehen uns im Kreis, damit die Gedanken aufhören zu kreisen. Julia ist Coach und Performerin, sie öffnet für uns einen Raum, der Krise anders zu begegnen. Viele Lieder auf ihrer Playlist sind von Sängerinnen, die ich von früher kenne, und wie ich sie übers Parkett tanzen sehe, denke ich, wie schön sich Leichtigkeit und Entschlossenheit in ihrem Ausdruck verbinden.

An einem Freitagnachmittag sitzen wir mit ihr unter dem Ginkgo-Baum im Garten. Sie erzählt, wie sie zum Tanzen gekommen ist, dass es ihr dabei nicht darum gehe, sich abzulenken und »das Beste aus der Corona-Krise zu machen«. »Mir geht es um Klärung und Stabilisierung«, sagt Julia. »In Krisen lassen sich viele Menschen von Angst treiben, statt bewusste Lebensentscheidungen zu treffen.« Um das zu schaffen, brauche man aber Zugang zum Körper-Wissen, denn Verletzungen, Kränkungen, Traumata, all die schmerzhaften Erfahrungen, die wir verdrängen, blockieren häufig bewusstes Handeln. Im Körper sind sie aber gespeichert. »Dass wir Traumata mit Körperwahrnehmung heilen können, wusste ich lange Zeit nicht«, sagt Julia. »Ich musste erst eine einschneidende Erfahrung machen und durch den Schock tief fallen. Bei mir war das der sehr plötzliche Tod meines jüngeren Bruders.« In ihrem Umfeld gab es keine Form, mit dem Tod umzugehen, viele haben nichts gesagt, andere nur hilflos mit Floskeln reagiert. Ich nicke, es ist absurd, wie wenig wir uns im Alltag mit dem Tod auseinandersetzen, wo er doch die einzige Sicherheit ist, die wir im Leben haben. Nach einer Krise sei ›back to normal‹ der erste Wunsch von vielen Menschen, sagt Julia. »Aber ich wusste, dass ich nirgendwohin zurückkann, dass ich nicht mehr die Person werden würde, die ich vorher war. Also habe ich zugegeben, dass ich Hilfe brauche, und ich habe sie im Überfluss gefunden. Ich bin allen meinen Lehrerinnen unglaublich dankbar und sehe es jetzt als meine Aufgabe, das weiterzugeben, was ich gelernt habe.« Wenn sie nun als Coach selbst Menschen durch schwierige Zeiten begleitet, dann nicht, um sie wieder dazu zu bringen zu funktionieren, sondern um ihnen zu helfen, Veränderung und mehr Resilienz in ihre Leben einzuladen. »Ich empfinde Krisen inzwischen als ein Angebot an Kläre-dein-Leben«, sagt sie.

»Was meinst du damit?«, fragt Raphael.

»Klärung ist für mich erst einmal ein Instrument, mir Dinge bewusst zu machen: Wo stehe ich? Wie bin ich dahingekommen? Wo will ich hin?«

Auch die Corona-Krise, sagt sie, könnte dafür genutzt werden, um ungerechte Strukturen zu hinterfragen. »Wir sind in einer Leistungsgesellschaft aufgewachsen, in der es auch darum geht, ganz viele Sachen nicht zu hinterfragen, nicht bewusst zu tun.« Deshalb würden die meisten Menschen einfach Jobs machen, Beziehungen führen, Dinge kaufen, ohne sich je hinzusetzen und zu überlegen, was sie im Leben wirklich wollten. Diese Fragen verdrängten viele so lange, bis es wirklich ausweglos erscheine, einen Weg aus der Krise zu finden. »Dabei habe ich auch selbst erst spät verstanden, dass das Wort ›Krise‹ aus dem Altgriechischen kommt und ›entscheidende Wendung‹ bedeutet, also Transformation beinhaltet.« Eine Krise also als die Situation, in der sich etwas in die eine oder die andere Richtung hin verändern kann.

Raphael und ich erzählen von der Wasserkrise in Südafrika, von den Gesprächen mit den Frauen in Mosambik nach dem Zyklon. Diese Erfahrung war für Antonia auch eine entscheidende Wendung, denke ich. Keiner der anderen Wirbelstürme hatte zuvor so eine Wucht gehabt, aber der Zusammenhalt in den schwierigsten Wochen ließ das feministische Netzwerk auch stärker werden. Erst vor ein paar Tagen habe ich über WhatsApp Fotos von den Frauen bekommen, wie sie mit Masken und Hygiene-Kits von Haus zu Haus zogen, um das ganze Dorf, so gut es geht, vor der Pandemie zu schützen. Alles auf freiwilliger Basis, neben der Feldarbeit, der Kinderbetreuung, dem anhaltenden Wiederaufbau der zerstörten Häuser, versteht sich.

»Mittlerweile«, sagt Julia, »spreche ich jeden Tag mit dem Tod.« Ich blicke sie etwas irritiert an, und sie fährt fort: »Ich gucke morgens in den Spiegel und frage mich: Will ich leben? Wofür will ich leben? Und wie? Bin ich bereit, die volle Verantwortung für meine Entscheidungen zu übernehmen?« Wir gucken eine Weile in den wolkenlosen Himmel, die Blätter des

Ginkgo heben sich wie hellgrüne Herzen vom endlosen blauen Hintergrund ab. Es scheint, als zeige Julia uns einen Weg auf. »Wie so viele Menschen habe ich gelernt, dass wir allein für unseren Erfolg verantwortlich sind und allein Probleme lösen sollen, dabei können wir fast nichts ›ganz alleine‹ schaffen, und wir müssen es auch nicht.« Viel mehr Schönheit, Kraft und Chance liege darin, unsere Verbundenheit, unsere Abhängigkeiten, unser Verwobensein zu erkennen. Uns als Teil einer Gemeinschaft zu verstehen – und in ihr zu wachsen.

KOMPOST

Das Haus des Wandels steht am Ende der Hauptstraße von Heinersdorf, gebaut als Betriebsberufsschule mit angeschlossenem Internat in den 1950er-Jahren in der DDR. Gleich hinter dem Seitentor beginnt der Wald, durch die Bäume sieht man den See durchschimmern. Das Gebäude verfügt über 3.000 Quadratmeter, mit drei Flügeln und Fluren, so lang, dass man das andere Ende kaum erkennen kann, mit einer Fassade aus verwittertem braunem Kratzputz. Sich im wilden Garten auf der Hollywoodschaukel wohlzufühlen dauert keine Sekunde. Um das Gebäude lieben zu lernen, braucht es einige Besuche.

Vor dem Küchenfenster wachsen Gemüse und Kräuter in einem großen spiralförmigen Beet, auf der anderen Seite alte Bäume: Blutbuchen, eine immergrüne Eiche, der Ginkgo. Unter diesem Ginkgo stand Andrea Vetter, als sie nach jahrelanger Grundstückssuche beschloss, dass die Zeit reif sei. Sie überredete drei Freundinnen, eine von ihnen Julia, gemeinsam das Haus zu kaufen. Ihre Vision: den vielen Ideen vom sozial-ökologischen Wandel einen konkreten Ort zu geben, einen Ort, an dem sich Dorfbewohnerinnen und Künstlerinnen aus aller Welt treffen und gegenseitig inspirieren können. Beflügelt von Theorien rund um Degrowth, intersektionalen Feminismus, Permakultur und vorsorgendes Wirtschaften sollte ein

Freiraum entstehen, der sich durch jedes Projekt immer wieder neu und anders entwickelt.

Eine Bekannte hatte Theresa und mir vor anderthalb Jahren einen Zeitungsartikel über das Haus des Wandels gezeigt. Der Verein stand am Anfang, die Frauen suchten Leute, die Lust hatten, eins der vielen Zimmer zu renovieren. Ich fragte im Freundeskreis herum, viele waren spontan dabei. Aber Theresa und ich hätten nicht erwartet, dass wir einmal fest einziehen würden. Wie so einige von uns, die wegen Corona ins Haus geflohen sind und hier jetzt ein Leben leben, wie wir es vorher kaum kannten.

Da ist Julia, mit der wir unterm Ginkgo saßen und die mit ihrem Partner André das Zimmer neben unserem eingerichtet hat. Andrea, die bald Transformationsdesign an einer Hochschule lehren wird, ihre Tochter, die zum ersten Mal mehrere Wochen am Stück durchs Haus wirbeln kann, seit die Grundschule auf Homeschooling umgestellt hat, Theresas Berliner Mitbewohner Michi und ein Dutzend andere. Vor Corona haben nur vier Frauen fest im Haus gewohnt, am längsten Julia und Ines, die als Kollektiv *Muerbe u. Droege (MuD)* Kunst machen.

*

Es ist ein ungewöhnlich heißer April, seit Wochen hat es kaum geregnet. Oft vergessen Raphael und ich, dass draußen Menschen Angst vor dem Virus haben. Ich muss keine Maske tragen, meine Hände nicht desinfizieren, habe das Gelände seit zehn Tagen nicht verlassen, weil immer jemand anderes zum Einkaufen gefahren ist. Im Haus ist ein ganz eigener Kosmos entstanden, entkoppelt von der Corona-Welt.

Um vier Uhr ist Haus-Plenum, alle kommen zusammen, um anstehende Themen zu besprechen. Ich nehme Holundersirup aus der Kühlschranktür, schütte ihn in zwei Karaffen, fülle sie mit Sprudel auf und stelle alles auf das Tablett mit den Gläsern. Fünf nach vier und noch niemand hier, außer Andrea und ihrer Tochter.

»Machen wir draußen Plenum heute?«

Die Kleine guckt mich schräg an und zuckt mit den Schultern. Eigentlich müssten alle Bescheid wissen, wir haben eine Tafel in den großen Saal gestellt, auf der die Termine und wichtigsten Aufgaben stehen. 9 Uhr Meditation. 16 Uhr Plenum. *Wanted: Unkrautzupfer*innen.* Jemand hat mit Kreide in die Mitte geschrieben: *Recreational Time is Revolutionary Praxis.* Viel Kommunikation findet aber immer noch in unserer Messenger-Gruppe statt.

Ich hole mein Handy raus, schreibe in den Chat, wie es mit dem Plenum aussieht. Andreas Tochter schnappt ihre Kuscheltier-Schildkröte, läuft aus der Küche, durch den Saal Richtung Garten, krakeelt: »Pleeenum! Pleeeeeenum! Plenum ist wichtig für die Revolutioohoon!«

*

Ich lasse mich treiben. Gehe spazieren, koche, beantrage Hartz IV, das wegen Corona zu einem quasi bedingungslosen Grundeinkommen erweitert wurde, lese ein bisschen, arbeite daran mit, die neue Küche auszubauen, fege die Flure, lasse mir beibringen, wie man Sauerteigbrot bäckt, bin dabei total ruhig auf meinen Wegen durchs Haus, wie ich es aus meinem Leben sonst kaum kenne, kann es mir nur damit erklären, dass ich das Gefühl habe, hier in einen längeren Prozess eingebettet zu sein, in dem es kein Fertigwerden gibt, sondern nur ein Dabei- und Teilsein. Ein Prozess, der schon vor mir angefangen hat und auch nach mir weitergehen wird. Ich mache nicht weniger, sondern eher mehr als in meinem Berliner Leben, bin abends hundemüde, aber fühle mich nicht erschöpft, sondern erfüllt. Ich denke darüber nach, woher das kommt. Es fühlt sich nicht an, als würde ich an diesem Ort irgendwas produzieren. Es fühlt sich an, als sei ich dieser Ort – zusammen mit all den anderen.

*

Die Wolken schecken den blauen Himmel wie ein Giraffenfell, Raphael und ich liegen auf einer Decke in der Wiese, unterhalten uns darüber, wie es ist, plötzlich den Alltag mit so vielen zu teilen, und das in Zeiten einer Pandemie, in der sich alle anderen isolieren. Die Politik macht Corona-Regeln für Haushalte, meint damit Vater-Mutter-Kind, vergisst die Realität von Menschen in Lagern und Gefängnissen, von queeren Menschen, deren Wahlfamilie oft in mehreren Haushalten wohnt. Das ist doch fatal, hätten wir vielleicht gerade von ihnen viel zu lernen über persönliche Grenzen, Ängste, existenzbedrohende Krisen. So aber werden sie unsichtbar gemacht. Im Haus gehen wir anders damit um, zum Beispiel in der Frage darum, was es bedeutet, eine Verantwortungsgemeinschaft zu sein. In einem Plenum dampfte jemand sie ein auf den Satz: »Für wen wirst du Suppe kochen, wenn alle Corona bekommen?« Im Haus haben wir das eindeutig beantwortet: für jede Person, die mit uns wohnt, egal wie lange wir uns kennen. Nicht nur für die

Kleinfamilie, meinen Partner, die beste Freundin. Ob sich so eine Solidarität auch weltweit leben ließe?

Wir beobachten eine Weile die Wolken, irgendwann sagt Raphael: »Vielleicht wäre es cool, mit allen im Haus einen Text zu schreiben über das, was wir hier so erleben.«

Ich gucke ihn an. »Puh, keine Ahnung, ob wir hier alle dasselbe erleben«, sage ich.

»Wie meinst du das?«

»Ich sehe die Männer im Haus viele Sachen machen, die ihnen Spaß machen. Brot backen, im Wald spazieren, mal einen Lavendelbusch pflanzen. Und ich sehe alle möglichen Frauen extrem viel machen, was eben anfällt in so einem großen Haushalt. Wer macht denn die ganze Care-Arbeit?«

Ein paar Tage vorher habe ich Brennnesseln und Giersch gesammelt für das erste Wildkräuterpesto des Frühlings und hatte Raphael zuvor gefragt, ob er Lust hat zu helfen. Wir haben alles kleingehäckselt, gewürzt und in die kleinen Gläser gefüllt. Als ich dann die Küchenmaschinen sauber gemacht habe, saß Raphael seelenruhig daneben und las irgendeinen Text.

Ich erinnere ihn daran und sage: »Und da staut sich etwas auf, weil das Aufräumen bleibt immer an mir hängen, und ich bin diejenige, die nie in Ruhe einen Text liest.«

Ich sehe, wie es in Raphael arbeitet. »Voll«, sagt er schließlich. »Seit wir hier sind, merke ich auch, wie mir da was fehlt, wie ich Schmutz einfach nicht sehe. Ich mache Dinge wie Treppen fegen mechanisch, ohne zu schauen, ob es danach sauberer ist. Ich glaube, nicht weil ich das nicht könnte, sondern weil ...«

»Weil es kein Skill ist, der gesellschaftlich hoch im Kurs steht: Schaut mal her, wie toll ich das Klo putzen kann, sensationell! Ich bin einfach sauer darüber, dass es so wenig gesehen wird, um was sich die Frauen hier nebenbei so kümmern, all die Dinge, die es braucht, um das Leben am Laufen zu halten.«

»Ich merke da super oft ein Dilemma: Nutze ich meine Zeit, um Fenster zu putzen oder um über das Klima nachzudenken?«

»Manchmal kommt mir der Gedanke«, erwidere ich, »dass das eine mit dem anderen ziemlich viel zu tun hat.«

In diesen Tagen erscheint ein schmaler Band mit Essays der Autorin Ursula K. Le Guin auf Deutsch. Ein Freund von Andrea hat sie übersetzt und herausgebracht. Der Band wandert im Haus von Hand zu Hand, fast alle lesen ihn, auch Raphael und ich, und vor allem den ersten Essay diskutieren wir am Küchentisch: *Die Trageaschentheorie des Erzählens*. Gute Texte schenken uns einen neuen Blickwinkel auf unser eigenes Leben. Dieser Essay ist so ein Text.

Pflanzen, schreibt Le Guin, seien das Hauptnahrungsmittel unserer prähistorischen Vorfahren gewesen: Samen, Wurzeln, Sprossen, Triebe, Blätter, dazu nur hin und wieder ein Vogel oder ein Kaninchen als Proteinbeilage. Kaum fünfzehn Stunden pro Woche hätten Menschen damals arbeiten müssen, um ihren Lebensunterhalt zu sichern. Doch die Geschichte davon, wie »ich erst einer wilden Haferspelze ein Haferkorn abgerungen habe und dann noch einer und dann noch einer und dann noch einer«, und wie ich mich an meinen Mückenstichen gekratzt habe und Ool einen Witz gemacht hat, wir zum Fluss gegangen sind und Wasser getrunken haben, diese Geschichte könne einfach nicht mithalten mit jenen anderen Geschichten, die wir uns seit jeher erzählen, nämlich zum Beispiel jener

von der Mammutjagd, wie »ich meinen Speer tief in die riesenhafte haarige Flanke gestoßen habe, während Oob, durch die Wucht eines herannahenden Stoßzahnes durchbohrt, sich unter Schreien wand und überall in purpurnen Fontänen Blut herausschoss, und wie Boob zu Sülze zerquetscht wurde, als das Mammut auf ihn donnerte, nachdem ich es mit meinem Pfeil zielsicher durch das Auge direkt ins Hirn getroffen hatte.«
Diese zweite Geschichte sei wirkmächtig, so Le Guin in dem Essay, doch sie sei auch die Geschichte, die uns unsere eigene Menschlichkeit verschleiere, die alles andere verdränge, was uns ausmache, die unseren Blick auf uns selbst verstelle. Denn im Leben der meisten Menschen spielt nicht der Speer die größte Rolle, sondern der Beutel, also jenes Werkzeug, das es braucht, um Nahrung zu sammeln, Kinder zu tragen, Notwendiges aufzubewahren. Dabei könne so ein Beutel alles sein: ein Blatt, eine Kalebasse, eine Muschel, ein Topf, ein Sack, etwas, in das man etwas anderes hineinlegen kann. Es sei das, was uns menschlich mache, etwas Schönes oder Nützliches aufzusammeln und mit nach Hause zu nehmen, »wobei zu Hause schlichtweg eine weitere, größere Art von Beutel oder Tasche, ein Behältnis für Menschen ist«.
Als Werkzeug sei der Beutel in unserer Evolution deshalb wichtiger gewesen als der Speer und auch früher erfunden. Doch diese Geschichte würde nicht erzählt, denn ihr fehle Action, ein Held. Dessen »Killergeschichte« hingegen schlüge alle in ihren Bann, weshalb wir sie ständig aufs Neue erzählen, in Comics, Büchern, Filmen. Es ist ein ewiges »Ich gegen andere«, ein ewiger Kampf um Dominanz, der irgendwann alle in den Abgrund führt. »Erzählt nur weiter davon«, schreibt Le Guin, »wie das Mammut auf Boob fiel und wie Kain über Abel

herfiel und wie die Bombe auf Nagasaki fiel und brennendes Napalm auf die Dorfbewohner fiel und wie die Lenkflugkörper auf das Imperium des Bösen fallen werden und von all den anderen Entwicklungsstufen im Aufstieg des Menschen.« Es sei die Geschichte des ewigen Kampfes gegen die Umwelt und die eigenen Mitmenschen. »Damit es nicht bald überhaupt keine Geschichten mehr zu erzählen gibt, sind einige von uns hier draußen inmitten des wilden Hafers der Ansicht, dass wir schleunigst damit anfangen sollten, eine andere Geschichte zu erzählen, eine, die vielleicht dann weitergesponnen werden kann, wenn die alte endgültig ausgedient hat.«

Diese andere Geschichte sei ungewohnt, gehe nicht so leicht über die Lippen wie die Killergeschichte, aber unerzählt sei sie nicht. Seit Ewigkeiten würden sich Menschen auch Schöpfungs- und Wandlungsmythen erzählen. Und noch, versichert Le Guin, gebe es Zeit für einen neuen Blick auf die Welt, noch sei es nicht zu spät. »Es gibt noch Samen, die es zu sammeln gilt«, schreibt sie in den letzten Zeilen des Essays, »es gibt noch Platz im Sternenbeutel.«

Das Haus des Wandels wird in diesen Wochen und Monaten selbst zu einer Art Beutel, in dem wir leben, uns selbst und uns gegenseitig befragen, in dem sich Ideen, Gedanken und Erfahrungen sammeln, durchgeschüttelt werden und neue Formen finden, ein Ort, an dem wir uns fragen: Welche Geschichte erzählen wir eigentlich über uns selbst? Und welche Geschichten wollen wir uns erzählen?

*

Ich starre auf das Corona-Soforthilfe-Formular für Selbstständige und frage mich: Wer bin ich, wenn ich nicht arbeite? Wenn ich mich nicht über meinen Job definiere? Jetzt, wo wir nicht als Auslandsreporter, als freie Journalistin arbeiten können, wer sind wir dann? Wir sind immer noch zwei, aber nicht mehr Zwei am Puls der Erde. Es ist bitter, jetzt wegen Corona gestrandet zu sein, nicht nur, weil wir sehen, wie Nachrichten über die Klimakrise komplett von der Corona-Berichterstattung verdrängt werden, sondern weil wir auch unseren Status verlieren. Ein Autor, das ist wer in einer Gesellschaft. Aber eine Mitbewohnerin, die zu langsam abspült? Eine Langschläferin, die nur noch in Jogginghose zum Mittagessen aufschlägt?

Meistens, wenn ich in den letzten Jahren jemandem neu vorgestellt wurde, war ich »Theresa, sie arbeitet bei Sea-Watch«. Es war ein angesehener Job, die Welt zu retten. Für Raphael und mich war es auch ein Karrieregrund, immer höher, schneller, weiter zu zielen. Noch eine Nominierung, noch ein Preis, noch mehr Retweets.

Dann stand also diese Reise bevor. Einmal um die Welt in sechs Monaten. Spätestens in Malawi merkten wir, wir leben noch wie unsere Eltern, wir dachten, wir haben eine stabile Basis, von dort aus geht alles immer weiter bergauf. Seit dem Krieg hatten fast alle Mütter ihren Töchtern diese Geschichte erzählt: Du wirst einmal nicht so ackern müssen wie wir. Es geht bergauf. Immer bergauf. Heute glaube ich immer mehr: Die Welt unserer Eltern ist im Untergang begriffen. Wir müssen uns von ihr verabschieden.

*

»THE CLOUDS OF CONFUSION
ARE MOVING FAST.
OVERWHELMED AS THINGS CHANGE.
AS WE CHANGE.
WE FAIL TO GRASP THE NARRATIVES
OF A POTENTIAL FUTURE IN OUR OWN
CLUMSY WAYS. WE LOSE GROUND;
FLOATING 3 CM ABOVE; BARELY UNDER-
STANDING THE TIMESPAN IN FRONT OF US.
THE TRANSIT, TRIGGERED BY SHOCK,
WAS EASY, QUICK AND DIRTY.
SETTLING IN FEELS LIKE A GREAT JOURNEY
ITSELF.«

– *Muerbe u. Droege*, HIBERNATE Simulacrum 2020

*

Ich sitze mit André auf einer windschiefen Holzbank zwischen dem Ginkgo und unserem Komposthaufen. Theresa wuselt irgendwo durchs Haus. »Seit ich hier bin, frage ich mich immer häufiger, warum manche Tätigkeiten so viel wert sind und andere nicht«, sagt André. »Woran bemisst sich der Wert meiner Arbeit und folglich auch mein Selbstwert: an meinem Honorar? Dem Jobtitel? Bei diesen Fragen komme ich ins Straucheln.« André gibt seit Jahren Anti-Rassismus-Trainings für politische Stiftungen und Organisationen, doch mehr und mehr beschäftigt ihn das Thema Männlichkeit. »Zum Beispiel konkret hier im Haus des Wandels, da habe ich immer diesen Konflikt: Wie viel tue ich für das Haus? Und wie viel arbeite ich an meinen beruflichen Sachen? Wofür gibt es Anerkennung?«

»Ja«, sage ich. »Mir ist auch aufgefallen, dass ich vor allem Aufgaben im Haus übernehme, die von anderen gesehen werden. Wenn ich die Badezimmer im ersten Stock putzen gehe, kündige ich das vorher in unserer internen Messenger-Gruppe an. Ich merke, wie ich will, dass das wahrgenommen wird, dass ich Applaus kriege – wie unselbstständig das ist, als wäre ich noch ein Kind.«

»Gleichzeitig war es meistens so, wenn ich beruflichen Erfolg hatte, dann waren das nur kurze Momente eines Hochs, und dann kam wieder ein Tal, wodurch dieser Erfolg auch etwas Schales hat, weil ich davon so abhängig bin«, sagt André. »Es kann doch nicht sein, dass ich auf etwas, was so zerbrechlich ist, meine Identität gründe.«

»Mir ist genau das nach dem Tod meines Vaters so richtig ins Gesicht geklatscht«, sage ich. Und dann erzähle ich, wie mein Leben vor zwei Jahren einen Wendepunkt genommen hat. Mein Vater hatte eine Diagnose bekommen, Lungenkrebs, ziemlich weit fortgeschritten. Zu weit, um noch erfolgreich zu behandeln. Wie es sich gehört für einen Handwerker, hatte er sein Leben lang ununterbrochen eine Zigarette zwischen den Fingern der starken Hände klemmen gehabt. Ich bin zurück nach Bonn gezogen, um gemeinsam mit meinen Geschwistern bei ihm zu sein. Einmal, als ich gerade ein paar Besorgungen machte, rief er an. Er konnte nicht richtig sprechen, war verwirrt und verängstigt. Ich sagte, er solle einfach warten, bin direkt hin, habe ihn ins Auto gesetzt und in die Notaufnahme gefahren. Da lag er dann in diesem gekachelten Raum mit Neonlicht, auf einer grauen Untersuchungsliege, fahl im Gesicht, nicht richtig ansprechbar. Ich saß direkt neben ihm, aber während keiner meiner Reisen durch die Welt war er je so weit weg gewesen. Der Arzt untersuchte ihn, stellte eine Lungenentzündung fest. Papa hatte früher immer diese Lachfalten um die Augen, die wir Sonnenstrahlen nannten. Jetzt war sein Gesicht eingefallen. Mir fiel es schwer zu atmen. Kurz nach der ersten Krebsdiagnose hatte er schon eine Lungenentzündung bekommen und sie beinahe nicht überlebt. Wir dachten, dieses Mal stirbt er.

In den Tagen darauf passierte etwas, das ich nicht kannte. Ich, der Krisenreporter, der mit Gasmaske tagelang durch die Tränengaswolken auf dem Tahrir-Platz gelaufen war und erlebt hatte, wie unzählige Menschen zusammenbrachen, brach selbst zusammen. Wie eine Welle spülte eine heftige Trauer durch mich durch, es schien, als sprengte sie Schleusentore auf, die ich lange verschlossen gehalten hatte, und als würde sie mich mitreißen, unter sich begraben. Meine Mutter war da, ich klemmte mich an ihre Seite, saß auf ihrem Beifahrersitz, starrte apathisch vor mich hin. Zum ersten Mal in meinem erwachsenen Leben hatte ich die Dinge nicht unter Kontrolle. Nie zuvor hatte ich so viel gespürt. Papa überlebte die Lungenentzündung, aber er erholte sich nicht mehr. Ich war bei ihm in der Nacht, als er starb, hielt seine schmal gewordene Hand. Am Tag der Beerdigung schien die Sonne golden durch die Zweige der Bäume auf dem Friedhof, Dutzende Freunde von Papa, mir und meinen Geschwistern kamen, es wurde gesungen, gelacht und geweint. Später standen wir mit einer Flasche Wein am Rhein und haben uns Geschichten über Papa erzählt. Unter den gegebenen Umständen war das ein guter letzter Tag, ein guter Schlusspunkt.

Ich zog zurück nach Berlin und glaubte, jetzt nehme ich mein altes Leben wieder auf. Aber es war nicht mehr wie vorher. Ich machte irgendwelche Jobs, schrieb Reportagen, aber es schien nicht mehr richtig. Etwas war zu Ende gegangen, aber ich wusste nicht, wo oder was neu anfangen, nur war da immer diese Frage: Was hatte das zu bedeuten, dass ich nie zuvor so richtig Trauer gespürt hatte? Und welche schönen Gefühle waren vielleicht auch hinter den Schleusentoren weggesperrt gewesen? Ich kannte die Antwort nicht nur nicht, ich wusste nicht mal, wo oder wie ich sie suchen sollte. Zufällig bin ich dann online auf einen Artikel gestoßen: *Toxic masculinity is killing men: The roots of male trauma*. Ich las ihn gleich drei Mal, denn er schien wie die Bedienungsanleitung für mein bisheriges Leben. Sein Credo lautet: Männer lernen in unserer Gesellschaft, Gefühle sowie Emotionen zu unterdrücken und hart zu sein mit sich und anderen. Mit all den Folgen, die das hat.

Der Artikel erwähnt eine Studie, für die Erwachsenen ein Video gezeigt wurde, in dem ein schreiender Säugling zu sehen ist. Sagte man den Erwachsenen, es sei ein Mädchen, mutmaßten sie, es sei traurig. Hieß es, es sei ein Junge, sagten sie: Er ist wütend. Wie fatal, wenn man darüber nachdenkt: Ein trauriges Kind wird in den Arm genommen, ein wütendes ausgeschimpft. Mit Jungen wird weniger gesprochen als mit Mädchen und weniger gekuschelt, dafür werden sie härter bestraft. Lob bekommen sie vor allem, wenn sie ohne fremde Hilfe etwas zustande bekommen. Früh wird ihnen so vermittelt, ihre Gefühle zu unterdrücken, um ein echter Junge zu sein. Ich will nicht sagen, dass meine Eltern das so gemacht haben, sie haben mir all die Liebe und Fürsorge der Welt gegeben, aber wenn ich zurückschaue, merke ich, dass das die Welt ist, in der ich aufgewachsen bin. Ich erinnere mich, wie ich *Stirb langsam* gucken wollte, als ich dreizehn Jahre alt war. Meine Mutter protestierte, warum ich mir denn so einen brutalen Quatsch anschauen wolle. Ich verstand noch nicht mal im Ansatz, was ihr Problem damit war, dass ich einen Film gucken wollte, in dem Dutzende Menschen ermordet werden.

Überhaupt war meine Erfahrung: Es reicht nicht, ein Mal hart zu sein. Zeig ein Mal Schwäche, und du wirst immer wieder dafür verspottet, sei stattdessen immer *der Topdog*, koste es, was es wolle, jeden Tag aufs Neue. Einmal wollte ich auf einer WG-Party betrunken mal wieder irgendwas beweisen und kletterte aufs Balkongeländer – ohne zu merken, dass ich mich auf einen Blumenkasten stellte. Als der durchbrach, war es meine damalige Freundin, die mich gerade noch rechtzeitig zurückriss, bevor ich in die Tiefe stürzte. Männer sterben statistisch gesehen früher als Frauen, sind öfter süchtig nach Arbeit, Glücksspiel, Drogen, bringen sich öfter gegenseitig um. Die Dichterin Elizabeth Barrett Browning schrieb einmal: »For tis not in mere death that men die most« – nicht im bloßen Tod sterben Männer am meisten. Schon lange vorher seien viele emotional tot, unfähig zu fühlen. Zwei meiner Exfreundinnen nannten mich unabhängig voneinander einen »emotionalen Holzklotz«, was ich gerne Freunden und Kollegen erzählte und dann am lautesten darüber lachte. Um ein wahrer Mann zu sein in dieser Gesellschaft, hatte ich mich abgeschnitten von mir selbst und meiner Umgebung, und erst jetzt merkte ich, wie hoch der Preis dafür war.

André nickt, denkt kurz über meine Worte nach, bevor er meint: »Das ist auch etwas, was mich gerade total beschäftigt. Es heißt ja oft, das System hat für Männer nur Vorteile, und für mich war und ist es ein langer, wertvoller Lernprozess, diese Vorteile zu sehen und zu verstehen, wie bevorteilt ich tatsächlich bin. Gleichzeitig gibt es auch seelische Verletzungen, die entstehen, wenn ich dieser patriarchalen Männlichkeit folge. Bekomme ich mit, was sie mit *mir* macht? Was sie mit meiner Menschlichkeit macht? Wer will ich sein? Und ich finde die Verbindung zum Thema Klimakrise auch spannend.«

Mannsein, sagt er, heiße ja nicht nur, sich von sich selbst und anderen abzuschneiden, sondern auch von der Natur. Männlich definierte Jobs seien oft Zerstörungsarbeit. Minen in die Erde treiben, Wälder brandroden, Pestizide spritzen – all das geschieht für Geld, was in unserer Welt nichts anderes bedeutet als Macht. Privilegien erkämpfen auf Kosten von etwas anderem, das zerstört wird – die patriarchale Zerstörung richtet sich also nicht nur nach innen, sondern verwüstet auch die äußere Welt.

»Ich merke, dass es für mich auch total wichtig ist, da tiefer reinzugehen, das tiefer zu verankern, um wegzukommen von diesem Defizitgefühl, das ich mit mir herumschleppe: Wenn du zu wenig Aufträge hast oder zu schlecht bezahlt wirst, dann hast du versagt. Ich mache so viel coole unbezahlte Sachen hier im Haus und im Kunstbereich, und dann kommt diese innere Stimme, die sagt: Das zählt doch alles nichts! Wirkliche Arbeit bringt Geld!«

*

»Alle großen Zivilisationen, Religionen und Philosophien auf der Welt beruhen auf der Herrschaft von Männern über Frauen. Seit Jahrhunderten kämpfen Frauen in vielen Ländern gegen die patriarchale Gewalt. Ähnlich verhält es sich mit all diesen Gesellschaften auch, wenn es um die Natur geht. Ökofeministinnen verbindet auf der ganzen Welt, dass sie den Zusammenhang zwischen der

Gewalt, die Frauen angetan wird, und der Gewalt gegen die Natur erkannt haben. Darum kämpfen wir gegen diese Gewalt, die sowohl Frauen wie der Natur angetan wird. Wir wissen, dass das Leben von Gaia, unserer Mutter Erde, nur erhalten werden kann, *wenn die Gewalt durch einen liebenden und achtsamen Umgang mit Erde und den Menschen ersetzt wird.* Das ist für uns alle – Männer wie Frauen – eine Überlebensfrage.

Viele Männer haben das inzwischen auch begriffen, auch sie suchen nach Frieden zwischen Mensch und Natur und zwischen den Geschlechtern. Auch sie suchen nach einer grundlegenden Alternative zu diesem uralten Kriegssystem. Wir alle suchen nach einer neuen Welt.«

Maria Mies / Vandana Shiva: Ökofeminismus, 2. überarbeitete Auflage, S. 9 f. Hervorhebungen im Original

*

www.instagram.com
@hausdeswandels
81 ♡, 3 Kommentare

BORN IN FLAMES_____DIED IN PLENUM_____
SO WHAT?

Wir denken im Kreis. Wir werfen uns Popcorn zu. Wir stellen uns auf. Für eine Zukunft, die allen gehört. Nächstes Plenum: 14.30 Uhr.

Wie können wir intersektionalen Feminismus in Brandenburg leben? Was hat der Kompost mit Antifaschismus zu tun?

Warum ist das Patriarchat so unsichtbar? Um wen hast du dich heute gesorgt? Wer holt das Gemüse von der solidarischen Landwirtschaft ab? Kann man noch Avocados kaufen? Zu welchem Preis? Wann werden wir uns wiedersehen? Woher kommt die Angst? Warum weinen Erwachsene so selten?

#hausdeswandels #storytelling #klimakrise #plenum #RadioRRR #onfire

*

Ich stehe im Gemeinschaftsbad und wasche mir den Dreck von den Armen, die Erde unter den Fingernägeln wehrt sich hartnäckig. Halb so schlimm, sieht man kaum. Raphael hat nämlich ein neues Hobby: Fingernägel lackieren. Er hat uns gestern alle zur Eröffnung seines *Nagelstudio Rotes Sternchen* eingeladen, meine Nägel sind jetzt korallenrot. Ich trockne die Hände ab und gucke aus dem Fenster. Draußen im Garten sehe ich Ines und Julia von *MuD* an der Gemüsespirale stehen. Seit sie sich als Kollektiv auf einer Kunsthochschule beworben haben und genommen wurden, ist ihr Leben auf fast allen Ebenen verbandelt: Sie lebten jahrelang in einem Zimmer, teilen sich ein Konto, machen gemeinsam Kunst. Das Haus des Wandels ist für sie eine ›Soziale Plastik‹, durch ihre Interventionen gestalten sie nicht nur die Räume des Hauses, sondern auch die Art und Weise, wie Gemeinschaft, Sisterhood, Selbstfürsorge hier gelebt werden kann. Sie räumen auf, sie machen Räume auf. Diese Art von Kunst schafft die Freiheit, sich selbst neu zu erfinden, sagen sie. Und in ihrer Wohnung, der *Planet Love Residency*, gilt deshalb: Alles ist Kunst. »We eat, drink and breathe

ART.« Eines ihrer Konzepte, die utopische Gastfreundschaft, bestimmt den Alltag im Haus besonders stark. Der Gedanke dahinter: Kultur transformiert sich ständig, sie ist nomadisch und im Fluss, ohne Migration keine Kultur. Deshalb ist Gastfreundschaft so zentral. In einem Haus mit so vielen Zimmern kann es aber schnell anstrengend werden, immer die Gastgeberin zu sein. Ines und Julia fragten sich also: »Wie schnell kann ein Gast zur Gastgeberin werden? Sich verantwortlich fühlen?« Genau wie in der Performancekunst nach und nach die Grenze zwischen Publikum und Performance-Artist aufgelöst wurde, verwischen im Haus des Wandels die Grenzen zwischen Gast und Gastgeberin. Innerhalb weniger Wochen ruckelt sich dadurch in unserer neuen Corona-Gemeinschaft alles an einen Platz, die Vertrauenskasse fürs Essen, die Hollywoodschaukel, die Gießkannen. Viele Hände bringen schnell etwas zu Ende oder schaffen einen neuen Anfang. Ein wichtiger Teil der riesigen Skulptur, die das Haus, die wir alle sind, ist für die beiden auch der große Garten.

Ich sehe ihnen vom Fenster aus fasziniert zu. Julia ist barfuß, dafür im schwarzen Mantel, steigt von einem Trittstein im Beet zum nächsten auf der Suche nach Trieben, die über Nacht gesprossen sind. Sie zupft ein Blatt Pimpinelle vom Strauch, geht weiter, streicht über den Thymian, riecht an ihrer Hand, läuft weiter, pflückt drei kobaltblaue Blüten vom Borretsch und schiebt sie sich in den Mund. Ines kniet im Beet und richtet den Mulch, auf dem Kopf ein eleganter auberginefarbener Hut.

Ich dachte eigentlich immer, ich sei so erdverbunden, als Kind saß ich stundenlang vor den Brombeer- und Himbeersträuchern meines Großvaters und guckte ihnen beim Reifen zu. Ich habe es geliebt, in den Kirschbaum zu klettern, Löwenzahn und Gänseblümchen für den Salat zu pflücken. All die

Stunden am Computer haben mich wohl vergessen lassen, was es wirklich heißt, mit der Erde verbunden zu sein. Die Tomatenpflanzen auf unserem Berliner Balkon hingen letztes Jahr komplett verdorrt in ihren Kübeln. Vor lauter Terminen für unsere Karrieren als DJs, Aktivistinnen, Weltretterinnen, denke ich, während ich den beiden so zuschaue, haben wir in meiner WG kollektiv versagt, Blumen zu gießen. Um ein Lebewesen muss man sich eben kümmern. Wirklich fest verwurzelt mit dem Land zu sein, vertrauen zu können, dass die Erde mich trägt, verlangt auch von mir, präsent zu sein. Das Zeitfenster, in dem der Holunder blüht, ist schnell vorbei. Wenn man die Brennnesseln noch zart und das Johanniskraut zur rechten Zeit erwischen will, muss man aufmerksam und achtsam durch den Garten gehen, jeden Tag aufs Neue. Ob man so mit den Blüten flirten muss wie Julia und Ines, weiß ich nicht, aber sorgen bedeutet Wiederholung, Kreislauf, Regelmäßigkeit. Einmal im Monat nachzusehen reicht da nicht.

Später sitzen wir mit den »Künstlerinnen vom Dienst«, wie die beiden sich nennen, unter der immergrünen Eiche und unterhalten uns. »Als Teenager wollte ich immer tough sein, die meisten engen Bezugsmenschen, die ich hatte, waren auf jeden Fall Jungs und Männer«, erzählt Ines. »Dazu habe ich einen Haufen Action-Sport gemacht, war viel Snowboarden. Wenn ich da so draufgucke, würde ich sagen: Meine Survival-Strategie in der Pubertät war, mich richtig hart auf Alphaweibchen zu trainieren und zu sagen: Okay, das sind meine Boys, das ist meine Crew. Die Abwertung von Frauen, die ja einen Kern des Patriarchats ausmacht, habe ich übernommen und reproduziert. Mit neunzehn, zwanzig war ich dann an dem Punkt, da war ich fest davon überzeugt: Ich mache jetzt hier gehobene Beamtenlaufbahn, bekomme den deutschen Pass, habe einen gesicherten Job und lasse meine schlechte Laune an anderen Leuten aus – alles easy. Was ich sagen will: Patriarchat hat nur bedingt etwas mit Geschlechtsteilen zu tun. Wir müssen uns alle transformieren. Aber mit dem Begriff Transformation wurde ja in den vergangenen Jahren so viel Schindluder getrieben, dass es vielleicht besser ist zu sagen: Wir müssen uns kompostieren.«

»Was heißt das, kompostieren?«, fragt Raphael.

»Begreifen, dass es okay ist, wenn Sachen sterben«, sagt Julia, »darin liegt die Chance zu gucken, was uns nicht mehr weiterbringt, das dann zu beerdigen und aus dem Übrigen Neues hervorzubringen.«

»Ich verstehe kompostieren schon auch in dem Sinne von: sich selbst abschaffen – aber nicht gewaltsam, sondern lebensbejahend. Nicht einfach sagen: Patriarchat ist kacke! Sondern gucken: Was davon ist guter Nährboden für weitere Prozesse?«, sagt Ines.

Der Gedanke erinnert mich an den Good-Ancestor-Podcast von Layla F. Saad. Ihre Aussagen dazu, was es bedeutet, eine gute Verbündete im Kampf gegen Rassismus zu sein, haben mir in den letzten Wochen viel bedeutet, als die Proteste gegen Polizeigewalt kurz Corona in den Schlagzeilen ablösten. »Kennt ihr den Podcast? Layla sagt im Prinzip dasselbe: Wenn ich einmal nicht mehr lebe, will ich Strukturen so verändert haben, dass ich meinen Nachfahren eine bessere Welt hinterlassen habe.« Vieles muss daher auf den Kompost: unsere Küchenabfälle, überkommene Haltungen, Stereotype, die kognitive Dissonanz, um Platz zu schaffen für eine neue Welt.

»Wie habt ihr das gemacht, eure Meinungen und Haltungen kompostiert?«, fragt Raphael.

»Erst mal viel Trauerarbeit«, sagt Ines. Tränen seien ein gutes Kompostierverfahren. Viele der Frauen, die im Haus wohnen, seien da schon aktiv durchgegangen, persönlich und als Gruppe, hätten sich von Altem verabschiedet, um Neuem Platz zu machen. »Dadurch merken wir, jetzt können wir Räume für solche Gefühle halten und nicht einfach in eine Angststarre verfallen, egal was kommt.« Geholfen haben ihnen dabei Ansätze, die nicht oft im Mainstream zu finden sind, Erzählungen und Organisationstools von den Rändern des Systems, da, wo Reibung, wo Neues entsteht. Julia sagt: »Die Geschichten von Women of Color, von indigenen Feministinnen über Radical Sisterhood, über die Entstehung der Welt, die existieren längst. Es gibt Geschichten von allem möglichen Menschlichen und Nicht-Menschlichen, von Personen, Pflanzen, Tieren und Pilzen. Die Frage ist: Halten wir sie aktiv genug? Erzählen wir sie uns oft genug?«

*

»*In einem Haus // in a house*
with no order // wo keine Ordnung ist
ist Platz für viele // can host many
cause there is love // weil es gibt eine Liebe
die etwas anders ist // another kind of love
than the love for existing orders // als die Liebe zur
    bestehenden Ordnung
so gibt es Platz wo kein Platz scheint // so there is space where
    there seems no space«

– Muerbe u. Droege nach einem Gedicht von Evert und Thijs Rinsema

Wir sitzen hinter dem Haus unter sternenklarem Himmel, das Feuer knistert, Funken steigen auf in die dunkle Nacht. Raphael hat sich darum gekümmert, dass wir neues Feuerholz von einem befreundeten Landwirt bekamen; immer wieder hat in den letzten Wochen jemand Hefeteig für Stockbrot angesetzt, Bier kalt gestellt und ein Lagerfeuer angezündet. Aber heute ist die Stimmung eine andere, Andrea hat zu einem »Sharing Circle« eingeladen, um am Feuer darüber zu sprechen, wie es uns geht. Ein bisschen vielleicht wie die Frauengruppe in Mosambik, deren Name *Grupo de Mulheres de Partilha* auch nicht nur dafür stand, Hilfsgüter zu teilen, sondern genauso Sorgen und Nöte. Ich spüre, wie ich diesen Kreis brauche, angesichts der Lage der Welt. Die Flammen ziehen mich in ihren Bann, und ich merke, wie ich weniger mit den Menschen hier präsent bin als mit dem Feuer, und doch bin ich Teil der Runde, allein weil ich Zeugin all dieser Gefühle werde, als die anderen reihum teilen, was sie bedrückt.

Je länger ich in die lodernden Flammen gucke, desto größer wird der Kloß in meinem Hals, immer wieder sehe ich die Bilder der Brände im Amazonas vor meinem inneren Auge, spüre diese Hilflosigkeit, die Angst, nicht genug zu tun, um das Schlimmste zu verhindern, und als ich an der Reihe bin, lasse ich alles raus, was sich gerade in mir abspielt. Nicht laut, eher wie das Murmeln einer Quelle, die aus großer Tiefe aufsteigt, übergebe ich meine Gedanken den Flammen, rede immer weiter, gebe mir Raum, und es scheint, als würden meine Sorgen da leise zischend im Feuer verdampfen, hochsteigen in den Nachthimmel. Ich fühle mich auf einmal verbunden mit all jenen, die vor mir unter diesen leuchtenden Sternen irgendwo auf der Welt an einem Feuer saßen. Plötzlich scheint mir vieles klarer. Um für andere da zu sein, muss ich auch für mich da sein, auch mal Pause machen.

Ich kann die Tränen, die Traurigkeit von anderen nicht auffangen und aushalten, wenn ich selbst nicht ausgeglichen bin. Ich muss dafür sorgen, dass ich auf Ressourcen zurückgreifen kann, die mich aufbauen. So ein Feuer ist eine Ressource. Aber auch Schlaf. Gute Routinen. Ein Waldspaziergang. Nacktbaden im See. Ein Gespräch mit meiner Schwester. Tanzen.

Es geht darum, wie ich trotz all der verstörenden Nachrichten aus der Welt Wege finden kann, nicht aufzugeben. Und dafür ist es genau in diesem Moment wichtig, einmal loszulassen von der Vorstellung, ich müsste produktiver sein, Artikel schreiben über Klima und Corona, die Politik daran erinnern, dass sich gerade ein Fenster einen Spalt breit öffnet, aus überkommenen Strukturen auszubrechen. Hier an diesem Feuer gibt es nichts zu schaffen, ich kann ich selbst sein, darf auch all diese Traurigkeit spüren, die Corona mit sich bringt, und ich merke bald, wie sie abebbt und schwächer wird. Nach und nach breitet sich Ruhe in mir aus, und als das Feuer heruntergebrannt ist und wir reingehen, sehe ich, wie die anderen lächeln, und ich merke: Ich lächle auch.

*

»*Historisch gesehen haben Pandemien Menschen immer dazu gezwungen, mit der Vergangenheit zu brechen und sich ihre Welt neu auszumalen. Diese Pandemie ist nicht anders.*

Sie ist ein Portal, eine Pforte, der Übergang zwischen einer Welt und der nächsten.«

– *Arundhati Roy*

*

Ich habe Kuchen gebacken, der Schokoguss ist noch weich, es gibt auch zwei Kannen Kaffee, nach und nach kommen alle auf den selbst gebauten Bänken zwischen der Gemüsespirale und der Küche in der Sonne zusammen. Kuchen zieht immer, hatte ich zu Raphael gesagt, hauptsächlich habe ich ein paar helfende Hände gesucht. Heute ist ›Earth Day‹. Seit unserem Gespräch mit Ines und Julia wandern meine Gedanken immer wieder zu dem Komposthaufen hinten im Garten, und heute wäre eine gute Gelegenheit, den Kompost umzusetzen, um Platz für neue Küchenabfälle zu schaffen. Ich zünde eine Kerze an und singe »Happy *Earth Day* to you ...«, die anderen stimmen mit ein und lachen. Ila, unser kleinster Mitbewohner, er ist gerade drei, versucht die Kerze auszupusten. Für ihn ist es immer ein Highlight, wenn Geburtstag gefeiert wird. Bei so vielen Mitbewohnerinnen hat er Glück, der ›Earth Day‹ ist schon der vierte Feiertag seit Beginn des Lockdowns.

Als ich vor ein paar Tagen unseren Biomüll zum Komposthaufen brachte, erinnerte ich mich an einen Text aus der Uni. Die Autorin Maria Puig de la Bellacasa war in meiner Heidelberger Forschungsgruppe zu Gast gewesen, ihr feministischer Blick auf unsere Beziehung zur Erde hatte mich sehr inspiriert. In ihrem Artikel *Making Time for Soil* schreibt sie darüber, warum es der wichtigste Schritt hin zu einem guten Leben für alle ist, sich mehr Zeit für unsere Böden zu nehmen. Ich freue mich, dass nach dem Kuchenessen noch fünf Leute mit zum Kompost kommen, anstatt zurück ins Haus, ins Homeoffice zu gehen.

Wenn man sein Essen immer nur im Supermarkt kauft, fällt die Vorstellung schwer, wie überlebenswichtig fruchtbarer Boden, diese dünne Schicht auf der Erdoberfläche, für uns ist. Damit zehn Zentimeter Humus entstehen, braucht es zweitausend Jahre. Boden ist zwar eine erneuerbare Ressource, aber nicht innerhalb menschlicher Zeitspannen. Und trotzdem zerstören wir jedes Jahr 23 Milliarden Tonnen durch Intensivlandwirtschaft, neue Straßen und Städte. Immer mehr Studien werden veröffentlicht, die nach innovativen Lösungen für bessere Erträge rufen – und zwar schnell, sonst drohen Ernteausfälle, gar der Zusammenbruch unseres globalen Nahrungsmittelsystems. Diese Sicht, schreibt Puig de la Bellacasa, ignoriere, wie die Uhren der Bodenorganismen ticken. Ja, uns läuft die Zeit davon. Aber die einzige Lösung sei es, sich auf den Rhythmus der Bakterien, Pilze und Amöben einzulassen, die das Leben im Boden ausmachen.

Ich steche den Spaten in den Boden, rund um den Kompost ist er dunkelbraun und feucht. In einer Handvoll Erde leben mehr Mikroorganismen als Menschen auf der Welt. Ich kann sie mit bloßem Auge nicht sehen, aber als wir Schippe für Schippe den Kompost umsetzen, befördern wir immer mehr Erdbewohnerinnen zutage: Spinnen, Asseln, winzige Milben, drei dicke Käferlarven. Ich hocke mich vor den Haufen, dem jetzt die obere Schicht fehlt, ein Tausendfüßler läuft über meinen Fuß. Was für mich oft nichts weiter als brauner Matsch war, wimmelt vor Leben. Diese Tierchen arbeiten alle daran, abgestorbene Pflanzenteile zu zersetzen, in Humus umzubauen und die fruchtbare Substanz dann im Boden zu verteilen. Mit jedem unserer Spatenstiche gelangt mehr Sauerstoff an den Kompost, und die Mikroorganismen können besser arbeiten. Sie sind nicht nur Teil des Erdbodens, sie *sind* die Erde, die so warm und dunkel und pilzig riecht. Und wir sind es irgendwie auch, immerhin stellen wir unsere Arbeitskraft jetzt gerade genauso zur Verfügung wie die Regenwürmer und Strahlenpilze.

Diese Tatsache, also dass wir zur Gemeinschaft der Bodenlebewesen gehören, haben Landwirte seit der Industrialisierung vergessen, schreibt Puig de la Bellacasa, als Böden nur noch nach ihrer Ökosystemdienstleistung bemessen wurden. Es ist für viele keine Option mehr, Felder brach liegen zu lassen, Gründüngung anzupflanzen, denn die geltende Maxime, um jeden Preis mehr Ertrag aus den Böden zu quetschen, lässt ihnen keine Zeit für eine solche Regeneration. Indem wir kompostieren, unser eigenes Gemüse anbauen, brechen wir also auch diese festgefahrenen Strukturen wieder auf. »Wir füttern den Kompost mit unserem Biomüll, und die Erde füttert wieder uns«, sagt Künstlerin Julia und rettet ein zartes Pflänzchen, das aus einem weggeworfenen Kürbiskern sprießt.

Es ist verrückt, sich nicht als Teil der Natur zu verstehen, als »natürliche Wesen unter natürlichen Wesen, als Materie unter Materie«, wie Ursula K. Le Guin es einmal ausdrückte. Genau wie der Kompost bestehe ich selbst aus Billionen Bakterien, etwa zwei Kilo wiegen sie. Sie sitzen hauptsächlich im Darm und helfen bei der Verdauung, beeinflussen mein Immunsystem, meine Stimmung. Mein Gehirn funktioniert ziemlich genau wie das Geflecht der Pilze unter der Erde, die über ihr Myzel Botenstoffe und Informationen austauschen. Die genetische Komposition von Pilzen, sie ist meiner DNA ähnlicher als der von Pflanzen. Ich atme den Sauerstoff der Bäume ein und gebe ihnen ihr Kohlenstoffdioxid. Ich bin ein dynamisches System, größer als die Summe seiner Teile, genau wie der Kompost, genau wie das Geflecht unter meinen Füßen, genau wie die Erde, Gaia, die nichts anderes als ein riesiger Organismus ist: Abermilliarden Elemente, die in ständigem Austausch sind, neue Symbiosen eingehen, alte Krusten verkompostieren. Sobald ich mich als ein Teil dieses Beziehungsgeflechts von Gaia verstehe, kann ich auch die Erde nicht mehr als Objekt sehen oder als Maschine, die einfach funktionieren soll. Bodenkontrollen, Ertragssteigerung, Geoengineering, das alles klingt dann absurd. Was zählt, ist die Sorge für meine Gefährtinnen, die Pilzsporen, Regenwürmer, Schwalben, Sandblumen, Blutbuchen, es geht um unsere gemeinsame Lebendigkeit.

*

Oft habe ich mich gefragt, woher die ganze Zerstörung kommt, die jeden Tag passiert. Ich bin noch nie aufgewacht und habe mir gedacht: Heute habe ich Lust, so richtig viel kaputt zu machen. Ich glaube, Theresa auch nicht, und auch sonst niemand, den ich kenne. Die meisten wollen doch eigentlich immer nur etwas voranbringen oder ihre Kinder liebevoll großziehen. Und trotzdem stirbt der Planet jeden Tag etwas mehr. Nicht als Konsequenz einer bewussten Handlung, sondern als Folge unzähliger unbewusster Taten. Eine Weile habe ich gedacht, schuld sei der Kapitalismus, aber viel deutscher Wald wurde während des Feudalismus gefällt, und auch in den kommunistisch regierten Staaten wurden Ressourcen ausgebeutet. Wenn ich mir jetzt so mein Leben anschaue und die Lektion des Komposts daneben stelle, dann glaube ich, da eine Antwort zu finden.

Als ich achtzehn war, passierte mir etwas Ähnliches wie Theresa, doch statt meiner Knöchel schwollen meine Knie schmerzhaft an, Wasser sammelte sich in den Gelenken. Ich war damals viel mit meinem Snakeboard unterwegs, und eigentlich hätte ich zwingend eine Pause einlegen müssen. Aber ich machte trotzdem weiter, und als ich einmal eine der Bonner Rheinbrücken hochfuhr, schoss mir der Gedanke durch den Kopf: Wenn du, Körper, mich im Stich lässt, dann werde ich dich dafür bestrafen und jetzt noch schneller fahren. Mittlerweile denke ich: Wer war dieses Ich? Es war mein Kopf, mein Ego, meine Vernunft, die fest davon überzeugt waren, von meinem Körper unabhängig zu sein und über ihm zu stehen. Und das, glaube ich, ist der Urgrund für all die Zerstörung: Wir haben irgendwann beschlossen, dass wir, obwohl wir aus Fleisch und Blut sind, nicht mehr Teil der Natur sein wollen und sie beherrschen müssen. »Macht euch die Erde untertan«, steht in der Bibel. Die Aufklärung wandelte dieses Credo ab, stellte die Vernunft über alles Natürliche, legitimierte so ihre Ausbeutung, so wie die von Frauen und nicht-*weißen* Menschen. Und natürlich bin ich Nutznießer davon, all meine Privilegien beruhen darauf, all der technologische und medizinische Fortschritt, der mein Leben so angenehm macht, nimmt da seinen Anfang. All der materielle Komfort, für den die Generation meiner Eltern gesorgt hat, all die Aufbauarbeit, die sie nach dem Zweiten Weltkrieg geleistet haben, dafür bin ich ihnen dankbar. Das System der vergangenen Jahrhunderte, von dem ich profitiert habe, das Höher, Schneller, Weiter, dieses Denken, dass die Erlösung hinterm Horizont liegt, der Utopismus – sie führen jetzt geradewegs über den Abgrund und müssen aufhören. Wenn die Lektion des Komposts stimmt, dass alles in einem lebendigen ›Web of Life‹ verbunden ist, dann steht man mit dem alten Fortschrittsglauben, mit dem Speer in der Hand ganz schön dumm da. Denn einem Kreislauf entkommt man nicht, egal wie schnell man fährt, und ich kann ihn auch nicht dominieren. Ich kann ihn nur zerstören – oder Teil davon werden.

Andrea hat mal erzählt, dass ihre Mutter immer ganz besorgt sei, dass Andrea später mal keine Rente haben wird. Andrea wiederum ist besorgt, dass ihre Mutter mit einer ganz guten Rente einsam in ihrer Wohnung sitzt. Eine Mutter macht sich Sorgen um ihr Kind, sie sorgt dafür, dass es gesund ist und wächst. Irgendwann kommt der Punkt, an dem die Mutter selbst auf Fürsorge angewiesen ist. Vielleicht muss ich das auf meine Beziehung zur Erde übertragen, verstehen, dass die Ressourcen irgendwann erschöpft sind, dass ich nicht nur nehmen, nehmen, nehmen kann, sondern auch etwas zurückgeben muss, damit das Leben weitergeht. »Ich frage mich, was es damit auf sich hat, dass die Bezeichnungen für die ›Sorgen‹ und ›sich sorgen um jemanden‹ so eng miteinander verwandt sind«, meinte Andrea mal. Ja, ich mache mir Sorgen um den Zustand der Welt. Und vielleicht bedeutet das, dass ich anfangen muss, für sie zu sorgen, mich um sie zu kümmern.

Im Grunde weiß ich, was das bedeutet. Fürsorge beziehungsweise sorgen steht im Kern vieler dieser immer wiederkehrenden Tätigkeiten: putzen, Kinder wickeln, kochen, den Kompost wenden. Es sind all jene Tätigkeiten, die ganz selbstverständlich anerkennen, dass Leben Kreislauf bedeutet. Ich habe immer gelernt, dass sie kaum Stellenwert haben, habe sie verlacht, mich stattdessen hart gemacht, die Verbindungen gekappt, zu mir, zu meinen Mitmenschen, zur Welt um mich herum. Wenn Kampf also die grundlegende Konfiguration meines Lebens ist, muss ich vielleicht aufhören zu kämpfen – auch gegen die Klimakrise, muss meine Haltung ändern, lernen, Sorge zu tragen. Nicht nur für mich und andere Menschen, sondern auch für andere Lebewesen.

Was würde passieren, wenn ich aufhöre, mir über mich selbst die Killergeschichte zu erzählen? Was würde passieren, wenn ich mir stattdessen eine Geschichte erzähle, in der derjenige der Größte ist, der etwas zum Blühen bringt? Würde sich dann nicht meine ganze grundlegende Weltbeziehung ändern und damit eventuell auch all die unzähligen unbewussten Handlungen? Hoffentlich. Und vielleicht finde ich so auch einen Weg raus aus dem System, das in Südafrika zu Kolonialismus führte, das die andauernde globale Ausbeutung produziert, das in Gewalt gegen Frauen sowie gegen Tiere, Pflanzen, Landschaften mündet. Vielleicht finde ich einen Weg zurück in den Kreislauf. Der Gedanke fühlt sich naiv an. Doch vieles, was ich früher naiv fand, erscheint in den vergangenen Monaten in einem anderen Licht. Auch wenn es manchmal schmerzhaft ist.

*

In einem Buch von Joanna Macy unterstreiche ich diese Zeilen und zeige sie Raphael: »This is a dark time, filled with suffering and uncertainty. Like living cells in a larger body, it is natural that we feel the trauma of our world. So don't be afraid of the anguish you feel, or the anger or fear, because these responses arise from the depth of your caring and the truth of your interconnectedness with all beings.«

*

Wir Männer im Haus haben uns ein paar Mal getroffen, um uns kritisch mit unseren Prägungen auseinanderzusetzen; meistens putzen wir zuerst und tauschen uns dann über Theorien und biografische Bezüge aus. Ich merke, wie ich unsicher bin, ob und wie ich mich als Mann in diesem feministischen Kontext überhaupt noch einbringen kann.

»Ich glaube«, sagt André, »es kann auch ein Fehler sein zu sagen: Weil ich nicht in das klassische Bild von Männlichkeit passen will, traue ich mich nicht mehr, Initiative zu ergreifen und Verantwortung für die Gemeinschaft zu übernehmen.«

Eine wichtige Inspiration in diesem Zusammenhang sei für ihn die afroamerikanische Feministin bell hooks gewesen. Sie spricht davon, dass es darum gehe, bestimmte Bedeutung- und Wertvorstellungen zu ändern, wie zum Beispiel: Führen geht nur mit Dominanz und Härte. Davon müssten wir wegkommen, hin zu mehr Kooperation, Gleichberechtigung, Empathie. »Ich glaube nicht, dass man Männlichkeit ›loswerden‹ muss, sondern dass wir das verändern müssen, was traditionell mit Männlichkeit verbunden wird«, sagt André.

Es erinnert mich an etwas, was Julia und Ines uns gesagt hatten: Patriarchat hat nur bedingt etwas mit Geschlechtsteilen zu tun. Deswegen müssen wir uns alle transformieren. Und Männer würden schließlich nicht als Dominanzmaschinen geboren, sondern dazu gemacht – und ich kann mich dazu entscheiden, anders zu sein.

Zwei Geheimtipps von der Brennnessel (*Urtica dioica*)

Brennnesselrisotto als Abendessen:
Ein Rezept für die Hausgemeinschaft

1 großes Sieb frische Brennnesseltriebe
400 g Risottoreis
1 Zwiebel
1 Liter Brühe
200 ml Weißwein
Salz, Pfeffer, Parmesan

Zwiebel glasig dünsten, Reis hinzugeben, mit Wein ablöschen, nach und nach Brühe hinzugeben, kurz vor Schluss gewaschene Brennnesseln unterrühren, mit Salz und Pfeffer abschmecken. Gekocht schmecken die Triebspitzen wie Spinat.

Brennnesseljauche als Dünger:
Ein Rezept für die Erdgemeinschaft

1 kg frische Brennnesseln
10 l Regenwasser
ein großes Gefäß mit luftdurchlässigem Verschluss, beispielsweise Jutesack

Das Gemisch circa zwei Wochen lang täglich mit einem Stab umrühren. Die Jauche ist fertig, wenn keine aufsteigenden Blasen mehr zu sehen sind. Sie versorgt Gartenpflanzen mit Stickstoff, Kalium und Mineralien wie Kieselsäure.

*

Theresa und ich gehen durch das Seitentor des Gartens den kleinen Weg entlang in den Wald. Wie ein grünes Dach schließen sich die Baumkronen der Buchen, Birken und Eichen über uns, wir hören den Ruf einer Amsel hoch im Geäst. An einer unserer Lieblingsstellen liegt eine umgestürzte Silberweide im Wasser des Sees, aus ihrer alten Borke schießen junge Triebe hervor, Moos wächst in ihren Rissen, Spinnen weben ihre Netze. Auf meinem Arm landet eine Mücke, ich sehe zu, wie sie ihren Rüssel in meine Haut senkt, wie ihr Hinterleib sich dick und rot aufpumpt, wie sie abhebt und mein Blut zu ihrem Nachwuchs trägt. Theresa und ich sprechen von all den Dingen, die wir in den vergangenen Monaten gelernt haben, was sich verändert hat. Doch wir haben das Gefühl, dass manche Erkenntnisse und Veränderungen sich nur im Kopf abgespielt haben. Theresa schlägt vor, dass wir in den See springen. Vielleicht können wir ihm ein paar Dinge übergeben, die uns auf der Weiterreise nicht mehr behilflich sein werden: alte Überzeugungen, Ideen und Ansichten.

Am kleinen Strand ziehen wir uns aus, lassen die Kleidung auf dem Boden liegen, stehen nackt am Ufer. Der Himmel ist bewölkt, ein Wind geht, nach ein paar Schritten schwappen die ersten Wellen um unsere Knöchel, kleine Fische huschen umher. Der See reicht tief, auch jetzt im Sommer ist das Wasser kalt, es kribbelt auf der Haut, und nach einigen Schritten spüren wir es kühl gegen unsere Bäuche klatschen. Theresa springt zuerst, taucht mit ausgestreckten Armen, Kopf voran unter der Oberfläche ab. Auch ich springe, merke, wie das Wasser über mir zusammenschlägt, mache unter Wasser einige Züge mit Armen und Beinen, lasse mich dann bewegungslos gleiten, fühle mich schwerelos, spüre, wie das Wasser an meiner Haut entlangströmt, mich aufnimmt, meine Sorgen aufnimmt, alles abwäscht. Prustend tauche ich auf, blicke mich nach Theresa um, sie ist weiter draußen, dreht sich um, grinst mir befreit zu.

Wir schwimmen zurück. Ein Handtuch haben wir nicht dabei, wir rubbeln uns mit einem T-Shirt ab und ziehen uns an. Hinter dem Weg schließt sich ein Waldstück an, kein durchbewirtschafteter Forst, sondern schöner Mischwald. Kreuz und quer stehen die Bäume, der Boden bedeckt mit Totholz, Farnen, links ein Ameisenhügel. Das Laub raschelt, als wir den Weg verlassen, eine Böschung hochsteigen. Oben angekommen bleiben wir an einer alten mächtigen Buche stehen, setzen uns hin, lehnen uns gegen den Stamm. »Lass uns mal ein paar Minuten still sein«, sagt Theresa. Je ruhiger wir werden, je langsamer unser Atem geht, desto lauter scheint der Wald zu werden. Es zirpt, rauscht, knackt. Auf einmal bewegt sich etwas links im Augenwinkel, wir gucken vorsichtig rüber. Ein Waschbär tapst durchs Unterholz, die weiße Schnauze zum Boden gesenkt, darüber das schwarze Band um die Augen. Sein dickes graues Hinterteil wackelt bei jedem Schritt. Er läuft genau auf uns zu, ist vielleicht noch zehn Meter entfernt, passiert einen Ast, der bogenförmig im Laub liegt, erschnuppert etwas. Theresa neben mir vibriert vor Freude, noch fünf Meter, und es scheint, als sähe er uns immer noch nicht. Er macht noch ein paar kleine Schritte, die ganze Situation wirkt, als wolle er uns sagen: »Seht nur, wenn ihr wollt und euch die Zeit nehmt, dann seid auch ihr Mitbewohnerinnen im Wald.« Theresa kann sich nicht mehr beherrschen, prustet los, und auch ich muss lachen. Der Waschbär hebt abrupt das Köpfchen und guckt uns an, ziemlich vorwurfsvoll. Er dreht sich um, macht ein paar schnelle Schritte, wendet den Kopf, mustert uns und umrundet eine dicke Eiche. Für eine Weile sehen wir ihn nicht, dann taucht sein Kopf in einigen Metern Höhe hinter dem Stamm wieder auf. Seine und unsere Blicke treffen sich.

*

Raphael und ich spüren, wie unsere Zeit im Haus langsam zu Ende geht. Wenn wir vor der zweiten Corona-Welle noch wenigstens ein paar weitere Fragen zur Klimakrise beantworten wollen, müssen wir bald weiter und fragen uns, wie wir unsere Erkenntnisse aus dem Haus des Wandels in Zukunft in den Alltag retten können. Ich sitze mit Andrea im Seminarraum auf dem Boden, sie malt einen großen Kreis auf ein Flipchart-Papier, das vor ihr liegt. Der Kreis auf dem Papier soll einen Tag darstellen, 16 Stunden sind wir jeden Tag wach. Andrea unterteilt den Kreis mit einem Kreuz in vier Teile. »Die Frage ist: Wie verbringen wir diese Zeit?«, sagt sie. Die 4-in-1-Perspektive der Soziologin Frigga Haug schlägt vor: Zu gleichen Teilen mit Produktion, Reproduktion, Selbstentwicklung und gesellschaftlichem Engagement. Konkret könnte ein Tag also zum Beispiel so eingeteilt sein: Vier Stunden, in denen ich etwas herstelle – einen Text, eine Idee, ein Brot – und damit Geld verdiene; vier Stunden Sorgearbeit, wozu alles zählt, was das Leben erhält, Dinge reparieren oder sich um die kranke Nachbarin kümmern, einer Freundin zuhören; vier Stunden Arbeit an mir selbst, in denen ich joggen gehen kann, in den Himmel gucken oder eine Sprache lernen. Und vier Stunden für die politische Gestaltung der Gesellschaft, und das kann wiederum alles Mögliche sein, ein Kollektiv gründen, demonstrieren, kochen für eine Obdachlosenhilfe, Engagement in einem Nachbarschaftsnetzwerk, ein Amt im Gemeinderat.

Die meisten Leute haben wohl noch nie von der 4-in-1-Perspektive gehört und kennen nur 9-to-5-Jobs. Ich frage mich, wie meine Tätigkeiten über den Tag verteilt sind. Ich habe immer noch die Worte meiner Osteopathin im Ohr: »Warum arbeiten Sie nur so viel?« Sie hat ja recht, dass es meinem Rücken besser gehen könnte, wenn meine Priorität nicht der Job, die Kampagne, die Karriere gewesen wäre, sondern ich öfter vom Schreibtisch aufgestanden wäre, um neuen Sauerteig anzusetzen, endlich das Fahrrad zu reparieren oder zu kochen, anstatt mir ein Falafel-Sandwich vor dem Computer reinzumampfen. Aber es ist nicht leicht, aus dem Hamsterrad zu entfliehen, wenn man einmal drin ist. Soll meine Kollegin dann die Überstunden für mich machen?

Der einzige Weg, da rauszukommen, sagt Andrea, ist eine radikale Arbeitszeitverkürzung. »Wir müssen hinterfragen, warum es als ›normal‹ gilt, vierzig Stunden in der Woche für einen Brotjob zu arbeiten, anstatt in vielen unterschiedlichen Bereichen tätig zu sein, im Verein, in der Familie, für das Klima. Wer setzt diese Norm?« Mit einem Vollzeitjob sei es unmöglich, genug Muße für sich und genug Zeit für andere zu finden. Genau das mache aber eine sozial-ökologisch gerechte Gesellschaft aus. Eine Gesellschaft, in der alle vier Bereiche miteinander verknüpft sind, in der Erwerbs- und Sorgearbeit gerecht verteilt sind. Eine neue Zeiteinteilung, durch die eine andere Lebensweise, ein neues Ich, ein neues Politikverständnis entstehen könnte: Frigga Haug nennt es Demokratie von unten.

»Sind die Kids von Fridays for Future da auf dem richtigen Weg?«, frage ich.

»Ich denke schon, sie dürfen jetzt nur nicht aufgeben«, antwortet Andrea. »Der Wandel wird so oder so ihr ganzes Leben massiv bestimmen. Es ist gut, sich darauf einzustellen. Und sich ernsthaft zu fragen: Wie will ich wirklich leben? Wie kann ich meine ganze Schaffenskraft darauf ausrichten, sozialökologische Gerechtigkeit möglich zu machen? Fange ich einen Job bei einem Chemiekonzern an, oder finde ich einen anderen Weg, neue Materialien mit chemischen Methoden herzustellen? Geht das auch in einem Kollektiv, mit dem ich unsere Neuentwicklungen als Open Source, also zur freien Verfügung, bereitstelle? Man kann durchaus unternehmerisch und ökonomisch tätig sein, aber eben in einem anderen Frame.« Ich wünschte, ich hätte schon früher eine Person wie Andrea getroffen, die mir solche Perspektiven eröffnet.

*

Was hat es uns in den vergangenen Monaten ermöglicht, unsere Schritte zu gehen? Es war das Gefühl, finanziell abgesichert zu sein, und die Verbindung zu einer Gemeinschaft, die füreinander Verantwortung übernimmt. Wir wussten: Falls wir krank werden, gibt es da Menschen, die für uns Suppe kochen. Dieses Gefühl des Zusammenhalts wollen wir mit auf die weitere Reise nehmen. Unsere Freundin Leonie Sontheimer kommt uns besuchen, auch sie recherchiert viel zum Thema Klima, wir überlegen schon länger, uns als Kollektiv zusammenzuschließen. Theresa und ich wollen ihr von einer Idee erzählen, die wir nach dem Gespräch mit Andrea hatten: Wie wäre es, wenn wir uns als Gruppe gegenseitig ein gesichertes Grundeinkommen ermöglichen? Wir setzen uns ins Gras und skizzieren den Plan:

Jedes Mitglied des Kollektivs zahlt pro Monat 1.100 Euro auf ein gemeinsames Konto ein und bekommt 1.000 Euro zurück. Die Differenz von 100 Euro bleibt auf dem Konto, für den Augenblick, in dem jemand mal einen schlechten Monat hat, lieber ein unterbezahltes Herzensprojekt macht anstatt eines regulären Jobs, deshalb also nichts oder nur weniger beisteuern kann. Dann nehmen wir das gesparte Geld und zahlen dieser Person trotzdem ihre 1.000 Euro aus. Garantiert. Richtig loslegen wollen wir erst, wenn wir noch weitere Mitglieder fürs Kollektiv gefunden haben, damit es mehr Standbeine hat. Eine Gesamtzahl von zehn bis zwölf scheint uns optimal. Und auch dann wird es natürlich noch ein bisschen dauern, bis alles reibungslos läuft, Anfangsprobleme beseitigt und genug Beiträge angespart sind, aber funktionieren wird es, daran zweifeln wir nicht groß.

Das Sicherheitsgefühl, das wir die vergangenen Monate hatten, kam jedoch nicht nur daher, dass wir uns keine Sorgen um Essen, Miete oder Krankenversicherung machen mussten. Es kam auch durch die vertraute Gemeinschaft. Das Haus des Wandels war gleichzeitig unsere Absicherung und unsere Bezugswelt. Also schlagen wir Leonie vor, dass wir uns als Kollektiv regelmäßig treffen, persönlich oder per Onlinekonferenz: Wie geht es uns? Wie läuft es privat? Wie läuft es beruflich? Kann ich gerade 1.100 Euro zahlen oder eher nicht? Falls nicht: Können wir uns Jobs zuschanzen oder sonst wie helfen, damit es einfacher wird?

Je länger wir erzählen, desto besser gefällt Leonie die Idee. Sie ist direkt einverstanden, und mich überkommt dieses freudige Kribbeln, das sich immer dann in mir breitmacht, wenn etwas richtig Gutes passiert. Etwas, das die Zukunft schöner machen wird.

*

Da ist eine ganz große Dankbarkeit für die Zeit im Haus. Keine Ahnung, wie es uns in der erzwungenen Reisepause ergangen wäre, hätten uns die Bewohnerinnen nicht aufgenommen. So hat sich bewahrheitet, was Julia bei unserem ersten Gespräch unter dem Ginkgo gesagt hatte: Krise kann auch eine Chance zur Veränderung bedeuten. Wir haben das Gefühl, wieder auf festerem Boden zu stehen, resilienter zu sein angesichts der Probleme, und nicht nur das: Wir können auch wieder selbstbewusster in den Spiegel sehen, verspüren wieder eine Freude an dem, was wir tun. Doch wie Andrea auch noch mal meinte: Nur uns selbst zu kompostieren wird die Klimakrise, die Zerstörung der Wälder und Böden nicht stoppen. Dafür braucht es massiven politischen Druck. Mit diesem Gedanken packen wir unsere Rucksäcke, putzen unsere Zimmer und nehmen Abschied.

Zufällig sind wir in Berlin, als Fridays for Future vor dem Wirtschaftsministerium demonstriert. Wo vor einem Jahr noch Hunderttausende auf die Straße gingen, stehen heute nur ein paar Dutzend versprengt mit ihren Schildern auf dem weiten Platz.

Tadzio Müller steigt auf die Bühne, er ist ein Urgestein der deutschen Klimabewegung. »Könnt ihr euch an den 20.9. erinnern – wer von euch war dabei?«, ruft er dem versprengten Haufen zu, und viele applaudieren. »Genau! 1,4 Millionen Leute, wahrscheinlich die größte Demo seit Anbeginn der Bundesrepublik. Und könnt ihr euch noch erinnern, was dann am Nachmittag aus der Bundesregierung rauskam? Die haben auf uns geschissen.« Er meint das Klima-Paket, das das Kabinett von Angela Merkel am Tag der Demo verabschiedete und das in großen Teilen den Erhalt des Status quo zementierte.

Und heute, ruft Tadzio, habe das Wirtschaftsministerium beschlossen, den Kohleausstieg auf 2038 zu verschieben. Den Klimakiller Nummer eins also weiter zu fördern. »Dass eines der reichsten Länder der Welt erst in zwanzig Jahren aus einem der dreckigsten aller fossilen Brennstoffe aussteigt ... da kann man gar keine Worte für finden. Ist das eine Farce?! Ein Tritt in die Fresse!«, ruft Tadzio, seine Stimme überschlägt sich. »Das Gesetz zeigt, dass die auf eure Proteste einen Scheiß geben. Und da wollte ich euch mal fragen: How does that make you feel? Wie fühlt ihr euch dabei, dass die da drin euch komplett verarschen?«

Aus den Reihen vor dem Ministerium dringt schon die ganze Zeit ein unmerkliches Grummeln, jetzt rufen viele: »Scheiße!« Und die Demo, denke ich, fühlt sich an, als käme da etwas ins Rutschen, als wäre vielen das Demonstrieren nicht mehr genug, als hätten sie Bock, mehr zu machen. Die radikalisieren sich langsam, denke ich.

»Wie fühlt ihr euch, dass die eine Kriegserklärung an eure Zukunft abgeben?«, ruft Tadzio.

»Scheiße!«, antwortet das junge Publikum noch mal.

»Es ist total richtig, enttäuscht und wütend zu sein. Aber das reicht nicht. Wut ohne Strategie führt nur zu Magengeschwüren. Aktivismus ohne Strategie ist reine Hirnwichse. Dann können wir auch sagen: ›Wir sind hier, wir sind laut, damit wir uns besser fühlen.‹ Aber wir sagen ja: ›Wir sind hier, wir sind laut, weil ihr uns die Zukunft klaut!‹ Also müssen wir auch eine Strategie haben, wie wir verhindern können, dass sie uns die Zukunft klauen!« Das Publikum applaudiert – so laut wie bei keiner anderen Sprecherin an diesem Tag.

Ein paar Tage später treffen wir Tadzio in seinem Lieblingscafé in Neukölln. Wir kennen uns lose von Veranstaltungen, haben uns ein, zwei Mal zum Kaffee getroffen. Er ist ein Grenzgänger, nicht nur Aktivist für Klima, sondern lebt auch offen schwul und ist HIV-positiv, bündelt die Themen immer wieder zu radikalen Positionen. Und fast immer kocht er vor Energie.

»Wir befinden uns mitten in einem neuen Achtundsechziger-Moment«, sagt er mit blitzenden Augen. Weltweit organisierten sich Bewegungen, das feministische #MeToo, die antirassistische Black-Lives-Matter-Bewegung, die Klimabewegungen Extinction Rebellion und Fridays for Future – überall und in unglaublichem Tempo schlössen die Menschen sich zu Anti-Systemkämpfen zusammen.

Tadzio selbst demonstrierte schon als Schüler gegen Nazis und organisierte Proteste in der Uni, aber zum Aktivisten wurde er 1999 in Seattle, während der Blockade beim Gipfel der Welthandelsorganisation. Er war am Sonntagabend angereist, am Montag begegnete er einigen Demonstrantinnen, die ein Feuer aus falschen Dollarnoten anzündeten, und als einige begannen, echte Dollarnoten zu verbrennen, spürte Tadzio, dass etwas in der Luft lag. Am nächsten Tag fand das Arbeitstreffen statt, wegen dem er eigentlich angereist war. Doch nach zwei Stunden rannte er raus auf die Straße, überall in der Stadt wurden Blockaden gebaut, als Schutz für 60.000 Leute gegen Salven von Tränengasgranaten und Gummigeschossen der Polizei. Tadzio war mittendrin, auf der Straße mit den Genossinnen fand er sein »Paradise Built in Hell«, so etwas hatte er noch nie gespürt. Für einen Tag gehörte ihm und all den anderen Menschen die Stadt. Es war der Beginn einer neuen globalen Gerechtigkeitsbewegung und für ihn die Erkenntnis: Aktivismus kann die Welt verändern. Zwei Jahre später zog er nach Großbritannien, promovierte und besuchte die neuen Klima-Camps, auf denen Protest organisiert wurde. Das Know-how importierte er mit anderen Genossinnen später nach Deutschland, half die *Ende-Gelände*-Bewegung zu gründen, die jahrelang immer wieder erfolgreich Kohlegruben besetzte, und sagt heute: »Wir sind gescheitert.«

Unzählige Blockaden in den Tagebaugruben, die erfolgreichen Aktionen im Hambacher Forst, Millionen von Fridays-for-Future-Demonstrantinnen auf der Straße – all das hat politisch zu fast nichts geführt, wie Klima-Paket und Kohleausstieg 2038 zeigen würden. Wie schon früher seien die Profite der großen Energiekonzerne am Ende vorrangig gewesen, sagt Tadzio. Deshalb sei es an der Zeit, grundsätzlich zu überdenken, wie politischer Wandel funktionieren könne. Und er wisse auch, wo dafür Inspiration zu finden sei: Großbritannien. Das Land sei wie ein Dampfkochtopf. Wegen des britischen Wahlsystems hätten alternative Parteien neben den beiden etablierten fast keine Chance auf Einfluss und die Menschen deshalb gelernt, dass sie den Wandel selbst herbeiführen müssen. Die Road Protests in den 1990er-Jahren verhinderten den Bau unzähliger Straßen und bewahrten Wälder vor der Kettensäge. Den Klima-Camps, die Tadzio besucht hat, und einer Landbesetzung, die daraus hervorging, gelingt es bis heute, den Bau einer riesigen Erweiterung am Flughafen London Heathrow zu blockieren. Extinction Rebellion habe dazu geführt, dass die britische Regierung als Erste weltweit den Klimanotstand ausgerufen hat. Wenn wir verstehen wollen, wie es vielleicht ein paar Schritte in die richtige Richtung gehen könne, sollten wir nach Großbritannien reisen.

ZUKUNFTSMODELL

Der Zug gleitet die englische Küste entlang, Gischt spritzt an den felsigen Stränden empor, Kinder spielen Fangen auf dem Pier in einem kleinen Hafen. Seit ein paar Wochen hat das Auswärtige Amt die Reisewarnungen wegen Corona wieder aufgehoben, die Fallzahlen sind niedrig, präsent ist die Pandemie aber immer noch. Raphael hat für uns gutsitzende Masken besorgt, und als wir am Bahnhof Totnes aussteigen, sind wir froh, wieder richtig durchatmen zu können. Wir schultern unsere Rucksäcke und laufen in den kleinen Ort. Ich wollte schon lange mal herkommen, die Transition-Town-Bewegung hat hier ihren Anfang genommen, die Filme und Artikel über den Gründer Rob Hopkins haben mich immer von einem anderen Übermorgen träumen lassen. Die grundlegende Idee: dass es nicht reicht, von einer besseren Welt zu reden, dass neue Arten, zusammenzuleben und zu wirtschaften, schon heute erprobt werden können, um im Kleinen Modelle für die Zukunft zu entwickeln, die dann genutzt werden, um eine Transformation auch im Großen zu erreichen. Ein Bekannter, der in Totnes lebt, hat uns von einer Wohngemeinschaft in einer ehemaligen Mühle außerhalb des Ortes erzählt. Wir haben Glück, denn im Sommer sind einige Bewohnerinnen nicht da, ein Zimmer steht leer. Der Abschied aus dem Haus des Wandels ist uns schwergefallen, deshalb ist es jetzt umso schöner, in der Gemeinschaft an ein ähnliches Leben anzuknüpfen. Ein Mitbewohner ist ehemaliger buddhistischer Mönch, eine Mitbewohnerin hat ein Programm gestartet, in dem sie Schulmädchen über ihre Menstruation aufklärt, und die Hauptmieterin ist ausgebildete Zirkusartistin und Landwirtin. Sie spielt mit dem Gedanken, einen lokalen Adeligen zu daten, um ihm möglichst viele der umliegenden Ländereien abzuknöpfen, was nicht eiskalt rüberkommt, sondern ganz wunderbar, weil sie so laut und herzlich lacht, während sie es erzählt. Ein paar Tage nach uns zieht zufälligerweise noch jemand ein, Ronan, der mit seinen blonden Locken und stahlblauen Augen ein typischer Sonnyboy sein könnte. Aber irgendwie ist da auch eine Tiefe, die ich nicht oft wahrnehme bei solchen Männern.

Während unserer letzten Tage in Deutschland fragten wir im Freundeskreis herum, mit wem wir in Großbritannien über die Klimakrise sprechen sollten, und immer wieder fiel sein Name: Ronan Harrington. Wenn jemand ein gutes Gespür dafür habe, was politisch als Nächstes ansteht, dann er. Raphael und ich sind ihm schon einmal vor einigen Monaten zufällig begegnet, kannten ihn aber bisher nicht näher. Jetzt verbringen wir die Tage gemeinsam, essen zusammen vor dem Haus an dem aufgebockten Mühlstein, der zum Tisch umfunktioniert wurde, erkunden die umliegenden Hügel, schwimmen im River Dart, einem breiten Fluss, dessen Wasser an dieser Stelle schon recht salzig schmeckt, weil er unweit ins Meer mündet.

An einem Nachmittag liegen wir auf Kissen unter der kugelrunden Baumkrone einer Weide im Garten und unterhalten uns. Ich merke, wie Ronans Gegenwart, seine Intensität, mich immer ein bisschen verunsichert.

»Ich kann mir vorstellen«, sagt er, »dass viele der Leute, die ihr interviewt, einen tiefen Bruch in ihrem Leben hatten und sich deshalb mit der Klimakrise auseinandersetzen, mit den Grundlagen des Lebens – also damit, was es wirklich bedeutet, in dieser Welt zu sein?«, fragt er, und ich denke, tatsächlich trifft seine Vermutung zu. Da waren Julia, Antonia und Ayakha, deren Leben durch eine Krise in ein Vorher und Nachher geteilt wurden. Auch der Tod von Raphaels Vater hat sicherlich Anteil daran, dass er mit mir auf dieser Reise ist. Ich hatte irgendwie keinen solchen Moment, an dem es klick gemacht hat, nachdem sich mein Leben radikal verändert hätte. Ich war schon als Schulkind an den Themen interessiert, die mich heute noch umtreiben. Aber verkörpert habe ich viele meiner Werte trotzdem nicht. Corona war wohl der Anstoß, den ich brauchte, um endlich einmal ehrlich zu mir selbst zu sein.

»Meine Version lautet: Ich habe meinen Bruder verloren, als ich gerade vier Jahre alt war«, fährt Ronan fort. »Er wurde vor unserem Haus von einem Auto überfahren. Sie haben ihn in die Küche getragen, wo ich gerade stand. Sein Kopf war blutüberströmt. Meine Eltern sind sofort zum nächsten Arzt, und der Mann, der ihn überfahren hatte, blieb bei uns Kindern – es war alles ziemlich traumatisch.«

Im Irland der Neunzigerjahre dachte kaum jemand an Therapie, Ronans Vater ging nach drei Tagen wieder zur Arbeit, seine Mutter sprach nicht über den Verlust, Ronan blieb allein zurück mit seiner Trauer. Jeden Tag nach der Schule saß er stundenlang auf der Schaukel hinterm Haus, die Kopfhörer seines Walkmans auf den Ohren, und entfloh in eine bessere Zukunft: In diesem Gefühl von Machtlosigkeit erschuf er in seinem Kopf den Traum, irgendwann die Dinge selbstbestimmt in die Hand zu nehmen, und in den nächsten Jahren wuchs diese Überzeugung in ihm, später einmal ein politischer Anführer zu werden. Aber da war auch immer noch etwas anderes, das in ihm arbeitete, tief verborgen unter der Oberfläche.

Im Bachelor studierte er Psychologie, nahm parallel an Weltmeisterschaften im Debattieren teil und arbeitete sich tief in sozial-politische Themen ein. Im Anschluss bekam er eine Position bei einem Thinktank in Jerusalem, wo er spürte, wie die Spiritualität der Stadt auf ihn abfärbte, ihn berührte. Bald darauf arbeitete er für das irische Außenministerium, machte einen Master in postkapitalistischer Volkswirtschaftslehre am Schumacher College in Totnes und dann einen weiteren Master in Oxford, doch das Denken dort schien ihm unerträglich verkrustet. Er reiste nach Lateinamerika, wo er an einer Zeremonie teilnahm, während der er den halluzinogenen Pflanzensud Ayahuasca trank. »Das war eine einschneidende Erfahrung«, sagt Ronan heute. »Ich denke, Psychedelika helfen einem, über die unsichtbaren Normen unseres Lebens hinauszusehen. Sie geben einem, ich würde sagen, ein visionäres Verständnis von einem selbst und der Gesellschaft – und davon, was alles möglich ist.« Sein Leben teilte sich nach diesem Erlebnis in zwei Bereiche: Politik und Spiritualität. Auf der einen Seite arbeitete er für eine der renommiertesten Beraterfirmen Londons im Bereich strategischer Zukunftsprognosen, auf der anderen Seite engagierte er sich in der London Psychedelic Society, die sich dafür einsetzt, Substanzen wie LSD oder Magic Mushrooms zu enttabuisieren. Workshops und Events wollten zeigen, dass ein anderes Bewusstsein es ermöglicht, sich als Individuen und gesellschaftlich weiterzuentwickeln. Meditation, Spiritualität, innere Arbeit wurden ein fester Bestandteil seines Lebens, doch Umweltthemen hatten ihn bis dato nie sonderlich interessiert.

»Bis ich begriff: Fuck, wir befinden uns in diesem absoluten Apokalypse-Kollaps-Szenario.« Aufgewühlt, wie er war, suchte er nach einer angemessenen Form der Kritik am politischen System. Eine Petition gegen den Kollaps zu unterschreiben schien lächerlich, es musste radikal anders zugehen in der Politik.

Die Klimabewegung Extinction Rebellion (XR) besetzte im April 2019 zentrale Brücken über die Themse, legte tagelang Teile der Londoner Innenstadt lahm und brachte die britische Regierung dazu, den Klimanotstand auszurufen, als erste Regierung weltweit. Promis, Musikerinnen, Schriftstellerinnen schlossen sich der Bewegung an und wiederholten immer wieder ihre Message: *Tell the Truth. Act Now.* »Wenn wir nicht rebellieren, dann steht das Überleben der Menschheit auf dem Spiel.« Ronan nahm tagelang an den Protesten teil, begeistert von der Aufbruchsstimmung. Doch seine Zeit in politischen Institutionen und Beraterfirmen gab ihm auch eine gewisse Außensicht auf die Bewegung. Er nahm zwei Videos auf und veröffentlichte sie auf YouTube, um zu verdeutlichen: Extinction Rebellion habe ein Hippie-Problem. Yoga auf besetzten Brücken, die bunten Klamotten, die alternative Atmosphäre würden große Teile der Bevölkerung abschrecken. Drei Dinge seien wichtig in der Außenkommunikation, wenn auch der Mainstream zuhören sollte: Das Publikum muss dich mögen, weil du dich freundlich und verletzlich zeigst. Die Leute müssen sich mit dir identifizieren können, weil sie das Gefühl haben, dass ihr einen ähnlichen Hintergrund teilt. Und du musst Expertise auf deinem Gebiet vorweisen können. Es sei möglich, sagte er, alle hinter den Forderungen einer neuen Klimapolitik zu vereinen, schließlich betreffe sie jede Unternehmerin und jede Angestellte, jede Bäuerin und jede Schülerin, jede Krankenschwester und jede Mutter – man müsse nur die richtige Sprache finden. Im zweiten Video führte er den letzten Gedanken aus: Jemand, der die Sprache vieler Menschen spreche, sei Nigel Farage, der ultrakonservative Politiker und Brexit-Architekt. Farage verstehe das tiefsitzende Verlangen nach Zugehörigkeit, Stabilität, Familie, die Schönheit, die Tradition haben könne. Eine Schönheit, die Ronan auch immer entdecke, wenn er in seinem Heimatdorf zu Besuch sei. Die Kritik, dass die Klimabewegung zu *weiß* sei, hatte innerhalb von XR inzwischen dazu geführt, dass indigenen Stimmen, Schwarzen sowie Gruppierungen aus dem Globalen Süden mehr zugehört, mehr Raum gegeben wurde. Ronan fügte hinzu, dass es auch notwendig sei, der Arbeiterklasse, Nachbarinnen und Konservativen Anknüpfungspunkte zu bieten, um wirklich massentauglich zu werden. Doch was geschehe stattdessen: Die XR-Aktivistinnen würden sich über diese Leute lustig machen. »Vielleicht muss XR sich einmal fragen: Warum fühlen wir uns denen so überlegen?«, fragte Ronan.

Einer der Mitbegründer von Extinction Rebellion schaute sich die Videos an, kontaktierte Ronan und lud ihn ein, an der Kampagne mitzuarbeiten. Kurz darauf koordinierte er die Arbeitsgruppe für politische Strategie und stieg innerhalb weniger Wochen zu einer der zentralen Figuren in der Bewegung auf. Endlich konnte er die beiden Facetten seines Lebens vereinen. Denn XR war nicht nur politisch effektiv. Die Rebellion verkörperte gleichzeitig eine Kultur, die mit ihren Meditationsgruppen und ›Sharing Circles‹ zwar viele abschreckte, die Ronan aber auch so lange gesucht hatte: »Oberflächlich könnte man sagen, es war eine Anti-Burn-out-Kultur, die anerkennt, dass es in Umweltbewegungen immer zu wenig Ressourcen und zu viel zu tun gibt.« Um diesem Problem zu begegnen, verordneten sie sich selbst feste Urlaubszeiten, in denen niemand etwas für die Bewegung tun sollte. Außerdem trafen sich die ›Rebels‹ regelmäßig, um über Klimaängste zu sprechen, es bildeten sich Kreise, in denen getrauert werden konnte, ähnlich wie unser Feuer-Abend im Haus des Wandels, bloß institutionalisiert als Kernbestandteil der Rebellion. Arbeitstreffen wurden in einer Art abgehalten, dass alle auch mal sagen konnten: Ich bin heute nicht ganz bei der Sache, es geht mir nicht gut, damit gewisse Gefühle oder Stimmungen nicht erst unterdrückt werden müssen und sich dann passiv-aggressiv an anderer Stelle ihren Weg bahnen. Möglich war das, weil viele sich schon – wie Ronan – mit sich selbst auseinandergesetzt, einen Weg der inneren Arbeit beschritten hatten.

Raphael und ich haben noch in keiner Protestbewegung einen solchen Fokus auf Gefühle und Bedürfnisse erlebt. Aber wir können uns in etwa vorstellen, wie sich diese Kultur anfühlt. Das erste Mal, dass wir Ronan trafen, war auf einem mehrtägigen Fest zu Silvester – Tage, an denen wir in eine andere Welt eintauchten. Von außen hätte man sagen können: ein Festival auf einem englischen Anwesen inmitten romantischer Hügel und Wälder. Klar wurde getrunken und gefeiert, aber das war nicht das, was das Gathering ausmachte. Besonders war es, weil es ›co-created‹ war. Niemand hatte eingeladen und ein Programm verschickt, alles, was passierte, entstand aus der Kreativität der Gemeinschaft heraus: das Dinner im Dunkeln, die Musik, der Putzplan, die Workshops und geführten Waldspaziergänge, von denen jemand einen riesigen, schrumpeligen Pilz auf einem Moosbett mitbrachte und auf den Altar zwischen Kerzen, Räucherstäbchen und Fasanenfedern legte.

Zwei Workshops blieben mir besonders in Erinnerung. Einer ließ uns das Konzept von ›inneren Jahreszeiten‹ erkunden – die Einladung lautete, darüber nachzudenken, wie sich unser Energielevel übers Jahr verändert, und das Ergebnis mit dem Zyklus der Natur zu vergleichen. Ein großer Kreis auf dem Boden symbolisierte Frühling, Sommer, Herbst und Winter. Wir bewegten uns hindurch, um zu erkunden, wie sich jede Jahreszeit anfühlt. Ich merkte am Anfang, im Frühling, tatsächlich diese Vorfreude auf alles, was noch kommt, tanzte wie wild durch den Sommer, legte dann meine Hände auf den Bauch und spürte, wie die Aufregung einer wohligen Wärme Platz machte, und legte mich – im Winter – klein und müde auf den Boden. Hier wurde mir zum ersten Mal deutlich, dass wir nicht zwölf Monate im Jahr Höchstform bringen können, dass es gut ist, auch mal eine längere Auszeit zu nehmen. »Der Kapitalismus lässt uns an einen ewigen Sommer glauben und fordert diese Produktivität ein«, sagte die Leiterin. Eine regenerative Kultur könne sich am Wald gemäßigter Zonen orientieren, der im Winter alle Aktivität schlummern lässt, um Kraft für den nächsten Frühling zu sammeln.

Was mir noch in Erinnerung blieb: das DJ-Set vor Mitternacht am Silvesterabend. Ronan und seine Partnerin hatten den Saal für ein »Rave Ritual« vorbereitet, sie legte Musik auf, er führte uns auf einer Traumreise durch das vergangene Jahr, zu guten und schmerzhaften Erinnerungen. Während die Musik immer schneller wurde, die Bässe immer härter wummerten, forderte Ronan lauter und lauter, dass wir uns noch mal all den schwierigen Gefühlen stellen, die wir erlebt hatten, und kurz bevor das Crescendo seinen Höhepunkt erreichte, schrie er ins Mikrofon: »Und jetzt lasst es alles los! Schüttelt es raus! Lasst den Ballast gehen, damit ihr befreit ins neue Jahr starten könnt!« Ich erinnere mich, wie mein Herz wild pochte, ich tanzte nicht, ich stampfte den ganzen Stress der letzten Tage und Wochen in die Holzdielen. Andere um mich herum brüllten aus voller Brust, sanken auf die Knie und trommelten mit den Fäusten auf den Boden. Am Ende lagen wir alle verschwitzt und atemlos da und spürten nach. Der aufgestaute Frust – den ich manchmal gar nicht mehr wahrzunehmen vermag – war weg, an seiner Stelle machte sich Euphorie breit.

Das ist die Welt, die Ronan aus seinem Leben abseits der beruflichen Karriere kennt, und so fühlte er sich bei XR zu Hause, denn in dieser Bewegung war nicht nur wichtig, was getan wurde – sondern vor allem auch, wie. Monatelang gab er alles, war von morgens bis abends unterwegs. Während der Oktober-Rebellion im Jahr 2019 besetzte XR erneut Plätze, Straßen und Brücken. Raphael war damals für den SPIEGEL dort, und als er zurückkam, berichtete er, die Aktivistinnen hätten nicht einfach auf der Straße gestanden und Slogans gerufen, sondern sie seien präsent gewesen, mit allem, was sie hatten: mit ihrem Kopf, mit ihrem Körper, mit ihren Gefühlen. Zwei Wochen lang dominierten die Proteste die britischen Medien, es gab Blockaden überall auf der Welt, von Amsterdam bis Sydney. »Mittendrin zu sein, in dieser Energie, war eine wahnsinnige Erfahrung«, sagt Ronan. »Der Zusammenhalt und die Herausforderungen und dazu das Gefühl, wirklich Einfluss zu haben: Was für eine Pressemitteilung geben wir jetzt raus? Auf wen zielen wir ab? Mit wem in der Regierung verhandeln wir? Und ganz ehrlich: Da war auch die dunkle Seite, dieses Schatten-Element, das Gefühl der Macht – es war komplett berauschend, wie die beste Droge aller Zeiten.«

*

Flüsse wie der Dart sind nirgends so breit und mächtig wie kurz vor der Mündung, an dem Ort, wo sie aufhören, ein Fluss zu sein. Und genauso, wie der River Dart an dieser Stelle immer salziger wird, so passierten bei XR auf dem Höhepunkt der Macht immer mehr Fehler. Eines Morgens kletterte ein Mann im schwarzen Jackett auf das Dach eines Pendlerzuges, der gerade in die Station eingefahren waren. Das XR-Mitglied wollte den Zug am Weiterfahren hindern, dachte wahrscheinlich, das sei im Sinne der Blockade-Taktiken der Bewegung, die aber sonst vor allem auf Regierung und Unternehmen abgezielt hatten. Doch vor dem Zug drängten sich Menschen, die einfach nur zur Arbeit wollten. Auf einem Video ist zu sehen, wie der Demonstrant von oben herab gestikulierend auf diese Menschen herunterguckt, die ganze Szene wirkt überheblich, ganz dem Vorwurf entsprechend, den Ronan erhoben hatte. Erst schleudert jemand einen Kaffeebecher nach ihm, dann greift einer nach seinem Bein. Der Demonstrant wehrt sich, wird runtergezogen und landet in der Menge, die sich auf ihn stürzt. Das Video wurde über eine Million Mal geklickt.

Bald darauf gab Roger Hallam, einer der XR-Mitbegründer, mir und weiteren Kolleginnen, unter anderem von der ZEIT, Interviews. Darin verharmloste er den Holocaust, nannte ihn »just another fuckery in human history« – nur ein weiterer Scheiß in der Menschheitsgeschichte. Die Klimakrise würde viel schlimmer werden als das. Für Ronan war klar: Damit war seine Zeit bei Extinction Rebellion vorbei. Rückblickend sagt er: »Das Besondere an XR war der Versuch, Räume zu öffnen, in denen Entscheidungen getroffen werden können, die von Weisheit geprägt sind. Ich glaube, das gibt es, wirkliche Weisheit, und dass sie individuell oder kollektiv hervorgebracht werden kann – eine weise Entscheidung, Aktion oder Strategie. Bewegungen, die versuchen, das Unmögliche zu tun, einen systemweiten, kulturellen, tiefgründigen Wandel herbeizuführen, die müssen eine andere Message haben, anders organisiert sein, sonst wiederholen sie nur die alten gesellschaftlichen Strukturen und Muster. Sie müssen auf einer anderen Frequenz arbeiten, um etwas Neues übertragen zu können.« Er glaubt, dass die nächste Bewegung etwas Spirituelles haben wird, nicht im Sinne von Religion oder Sekte. Die soziale Bewegung der Zukunft werde die Verbundenheit allen Lebens auf der Welt anerkennen und damit den Menschen Werte anbieten können, nach denen sich viele sehnen: Sinnhaftigkeit, Zugehörigkeit, Gemeinschaft.

*

Seit Kurzem arbeitet Ronan für die Autoren des Thinktanks RethinkX, James Arbib und Tony Seba, die gerade ein Buch mit ihren gesammelten Prognosen veröffentlicht haben: *Rethinking Humanity*. »Es ist eine der wenigen Sachen, die ich in letzter Zeit gelesen habe, die so etwas wie Hoffnung vermitteln«, sagt Ronan. »Aber am besten lest ihr es selbst.« Fast zwei Stunden war ich gebannt von seinen Erzählungen, von den Anekdoten über die Rebellion, von seiner Klarheit. Wir haben einen riesigen Bogen gespannt in diesem Gespräch, jetzt plätschert die Unterhaltung immer träger dahin, wie der kleine Mühlfluss, neben dem wir liegen. Ich merke, wie meine Augen schwerer werden. Seit Tagen schon knallt die Sonne, eine Hitzewelle rollt über Großbritannien hinweg, an vielen Orten in ganz Europa werden Rekordtemperaturen gebrochen. Der Krug mit selbstgemachtem Eistee zwischen uns ist leer, und auch Ronan und Raphael sehen aus, als wären ihre Worte aufgebraucht. Ich bin dankbar für den Raum, der entstanden ist. Hätten wir uns in einem Straßencafé getroffen, einfach für ein Interview, wäre so eine Vertrautheit undenkbar. Es kommt auf das Setting an, also nicht nur darauf, was man tut, sondern mindestens so sehr darauf, wie man es tut. Zuerst schläft Ronan ein, dann Raphael. Schließlich mache auch ich die Augen zu.

*

Wir laden die PDF-Datei von *Rethinking Humanity* herunter. Das Buch handelt vom Dilemma technischen Fortschritts, das so alt ist wie die Menschheit – neue Erfindungen sind immer Segen und Fluch zugleich, je nachdem, wie sie genutzt werden. Von Ursula K. Le Guin haben wir gelernt: Zu den ältesten Kulturwerkzeugen der Menschheit gehört höchstwahrscheinlich der Beutel. Zweifelsohne war es also eine Revolution, als die Menschen vor 12.000 Jahren anfingen, sich statt vom Sammeln und Jagen vom Ackerbau zu ernähren, sich an einem Ort niederließen und schließlich erste Siedlungen bis hin zu Städten errichteten. Die Autoren Seba und Arbib zählen alles, was darauf folgt, zum ›Age of Extraction‹, ein deutscher Begriff für diese Wirtschaftsweise ist mir nicht bekannt, ›extractivismo‹ im Spanischen kommt am nächsten dran: Das Zeitalter des Extraktivismus. Fortschritt und Wohlstand würden seitdem darauf basieren, dass Ressourcen und Menschen ausgebeutet würden. Je mehr davon, desto besser. Wer Kontrolle über Land, Minen, Sklaven besaß, zog den größten Nutzen und galt als Sieger. Und es habe sich gezeigt: sehr zentralistisch organisierte Gesellschaften konnten das am besten, sie profitieren vom Vorteil der Größe, von Skalenerträgen, die im Ergebnis Königreiche und Imperien hervorbrachten, aus denen die heutigen Nationalstaaten wurden. Doch diese Epoche gehe zu Ende, nach Jahrhunderten der Ausbeutung stoßen wir an die planetaren Belastungsgrenzen. »Die 2020er-Jahre werden das disruptivste Jahrzehnt der Geschichte«, prognostizieren die beiden Autoren. Corona sei nur ein Vorgeschmack, die meisten Krisen stünden uns dieses Jahrzehnt noch bevor. Weitere Epidemien, der Zusammenbruch von Ökosystemen, Nahrungsmittelknappheit, Finanzkrisen, nichts, auf was unsere Gesellschaften gut vorbereitet seien. Doch auch neue Technologien würden zu Umbrüchen führen. Ein fundamentaler Fehler von Politik und vielen Analysen sei die Annahme, dass sich Wandel langsam und linear abspiele. Viele Technologien hätten das Gegenteil bewiesen. Ein Beispiel: das Smartphone.

Im Zeitalter des Extraktivismus mit seinem zentralisierten Gesellschaftssystem gab es einige wenige, die die Kontrolle über eine Buchdruckpresse besaßen oder später über Zeitungsverlage, Radio- und Fernsehstationen, allesamt große, teure Anlagen, die ihnen die Macht über den Informationsfluss gaben. Seit dem Aufkommen des Smartphones 2007 habe sich das radikal verändert: Jede Besitzerin wurde zur potenziellen Senderin, der Newsfeed wurde plötzlich auch auf Twitter bestimmt und nicht nur von Redaktionen. Das alte Monopol war gebrochen. Doch die Disruption durch das Smartphone geht darüber hinaus, denn es hat in kürzester Zeit verändert, wie wir mit der Welt in Kontakt stehen, wie wir unser Selbst dokumentieren, Liebespartnerinnen finden, wie wir navigieren, arbeiten, Essen bestellen. Es hat verändert, wie wir uns fühlen, wie Macht verteilt ist, welche Werte zählen.

In den nächsten zehn bis zwanzig Jahren seien technologische Durchbrüche auch in allen anderen Bereichen der Wirtschaft zu erwarten: Energie, Transport, Ernährung und Materialien. Erstens werde Solarenergie so billig werden, dass Strom fast kostenlos zur Verfügung stehe. In Verbindung mit Künstlicher Intelligenz, neuer Batterietechnik und dem Internet führe das bald zum Zusammenbruch des Automobilmarkts, denn warum sollte jemand noch ein eigenes Auto besitzen wollen, wenn es viel günstiger ist, sich ein selbst fahrendes E-Taxi zu bestellen? Außerdem könnten schon in wenigen Jahren mithilfe von Mikroorganismen problemlos Proteine hergestellt werden, die es in Geschmack und Textur mit Fleisch aufnehmen könnten. Steak gäbe es dann zu einem Bruchteil des heutigen Preises, weil nicht erst Wälder abgeholzt, Soja angebaut, Kühe gemästet und schließlich geschlachtet werden müssten. Stattdessen produzierten Maschinen Fleisch. Die Folge: Die Massentierhaltung und damit große Teile des Agrarsektors gingen pleite. Weniger Autos und unfassbar viel Fläche, die zukünftig nicht mehr als Ackerland für Viehfutter gebraucht würde und stattdessen aufgeforstet werden könnte – zwei riesige Chancen für ein stabileres Klima. Und das sei erst der Anfang. Mit der vielen billigen Energie, kombiniert mit Technologien, die die Bauteile unseres Universums – Moleküle, Photonen, Elektronen – neu zusammensetzen können, ließen sich Materialien synthetisieren, die stabiler und leichter seien als bisher Bekanntes, wodurch es überflüssig würde, riesige Minen anzulegen, Rohstoffe zu fördern und sie über weite Strecken zu transportieren. Im Grunde stünde die Verkehrung des alten Systems bevor: nicht mehr den Planeten ausbeuten, um Rohstoffe zu gewinnen, zum Schaden von Menschen und anderen Lebewesen, sondern stattdessen alle lebensnotwendigen Dinge zu einem Bruchteil des heutigen Preises vor Ort synthetisieren.

Doch diese Umkehrung stelle die bewährten Gesellschaftssysteme vor große Herausforderungen. Früher hätten Zeitungen und Fernsehsender rechtsnationalen Populisten wenig Platz eingeräumt, doch Twitter böte ihnen die Chance, sich selbst Reichweite zu verschaffen, auf die klassische Medien dann wiederum anspringen würden und ihrerseits berichteten. Globale Netzwerke wie Facebook ließen sich nur schwer von Nationalstaaten kontrollieren, die Folge: Konflikte und allgemeine Verunsicherung. Historisch gesehen, so Arbib und Seba, hätten Politiker oftmals auf solche Momente der Erschütterung reagiert, indem sie versuchten, die alten Mechanismen zu stärken – ein Zurück in die gute alte Zeit: mehr Zentralisierung, mehr Kontrolle, mehr Ausbeutung. Das könne zu Krieg und sogar Kollaps führen. Gesellschaften, die es schaffen würden, die Technologien zum Wohle aller zu nutzen, könnten allerdings etwas erreichen, was die Autoren das »Zeitalter der Freiheit« nennen: eine Welt, in der materielle Grundbedürfnisse gedeckt werden, ohne die bisherige Zerstörung; die Menschheit stehe an einer Weggabelung.

Der optimistische Ton des Buchs ist ansteckend, aber wir haben auch so unsere Zweifel. Erst mal ganz grundlegend an dem Framing, also dem Deutungsraster, das die Autoren größtenteils benutzen: Wohlstand wird vor allem über materiellen Komfort definiert. Doch auch unabhängig davon wurden in der Vergangenheit technologische Fortschritte oft als Lösung aller Probleme beschworen, was nur allzu oft im Desaster endete, schließlich ist jede Erfindung nur so gut, wie sie verwendet wird. Drohnen werden nicht nur zur Katastrophenhilfe in

Mosambik eingesetzt, sondern auch, um Menschen auf der Flucht an Grenzen auszuspähen. Und niemand kann die Richtung vorhersagen, die eine Veränderung durch Technologien bringt. Nur eines ist sicher: Durch jede Innovation wird die Welt ein Stück komplexer, und komplexe Systeme sind anfälliger für Krisen. Der Grundsatz der Komplexitätslehre lässt sich so zusammenfassen: Ein Fahrrad können die meisten Menschen allein und ohne Hilfe reparieren, ein Auto mit Verbrennungsmotor oder ein selbstfahrendes E-Auto nicht. Gleichzeitig verschwinden Technologien nicht, wenn wir sie ignorieren, und die beiden Autoren gehen auch auf die möglichen negativen Konsequenzen ein, was sie von vielen anderen Technik-Jüngern unterscheidet. Wir schreiben James Arbib und Tony Seba an, vereinbaren ein Treffen auf Zoom.

»Hi, James, wo erreichen wir dich gerade?«

»In der Nähe von London, Tony schaltet sich gleich aus San Francisco dazu!«

Wir warten noch kurz auf ihn, dann kommt Theresa ohne Umschweife zur Sache: »Immer wieder höre ich Leute sagen: Warum sollten wir uns jetzt einschränken, in ein paar Jahren gibt es sowieso eine Maschine, die das ganze CO_2 aus der Atmosphäre holt. Ihr erzählt auch einige unglaubliche Geschichten über Mensch und Technik. Aber liegt da wirklich die Hoffnung?«

»Ja, absolut, Technologie ist unser Rettungsboot«, sagt James. »Aber sie ist nicht die Lösung, sie kann uns nur helfen.«

»Was ist dann die Lösung?«, frage ich.

»Viele soziale Bewegungen der Vergangenheit scheiterten, weil das Produktionssystem immer noch auf Wachstum und Ausbeutung basierte«, sagt Tony. »»Lass uns weniger konsumieren! Zurück aufs Land! Lass uns gute Menschen sein!‹ All das konnte nicht funktionieren, weil die Bedingungen so waren, wie sie waren.« Doch jetzt komme ein Produktionssystem, das nicht mehr auf Ausbeutung, sondern auf Kreation beruhe, grundsätzlich dezentral aufgebaut sei, also aus lauter unabhängigen Knotenpunkten. Und das ermögliche es auch, zu einer neuen, freieren Gesellschaftsordnung zu kommen.

»Wie soll das genau aussehen?«, fragt Theresa.

Tony sagt, diese Frage würde ihnen auch immer wieder von den Mitgliedern verschiedener Regierungen gestellt. Aber so funktioniere das nicht. Im Gegenteil. Regierungen seien im alten System verhaftet. »Die können zum Beispiel die CO_2-Emissionen gar nicht runterfahren, weil sie von den fossilen Industrien gekapert worden sind«, sagt er. Nicht nur im direkten Gespräch mit Regierungen habe er das erlebt, auch als er den Weltklimagipfel in Paris besuchte. »Wir, die Menschen, müssen stattdessen anfangen zu experimentieren und die Welt wieder so sehen, wie sie ist.« Und das heißt: in ihrer ganzen Komplexität. Die alte Wissenschaft habe alles in immer noch kleinere Teile zerlegt und dabei die Beziehungen der einzelnen Teile aus den Augen verloren. »Wir haben die Welt bis aufs subatomare Level durchdrungen, aber den Blick verloren für die Verbindungen der Einzelteile und ihre Interaktionen.« Das müssten wir wieder lernen und uns die Technologien aneignen. Außerdem würden die Lösungen nicht zentral entworfen, sondern in einem unendlichen Trial-and-Error an unzähligen Orten entworfen. Das sei wichtig zu berücksichtigen, denn neben den Regierungen gebe es nämlich noch einen Player, der den Fortschritt bedrohe: »Eine andere Möglichkeit ist, dass wir den Sprung technisch machen, aber Konzerne sich das Patent auf die Technologien sichern: Stell dir ein Nahrungsmittelsystem vor, das von Facebook kontrolliert wird, es wäre die reinste Dystopie!« Dafür zu sorgen, dass Open Source sich durchsetzt, sei eine Art und Weise, auf diese Herausforderung zu reagieren, aber es ginge um viel mehr als das – wir müssten uns fragen, was wir wirklich wollen. »Was müssen wir loslassen? Was wäre, wenn wir das Wohl der Gemeinschaft wirklich einmal in den Blick nehmen? Wie fällen wir kollektiv Entscheidungen? Was bedeutet Freiheit? Ein Kreuz auf einen Wahlschein zu machen? Oder selbstbestimmt zu leben? Was bedeutet es, zu arbeiten?« Die bevorstehenden Veränderungen seien so tiefgreifend, dass die Art und Weise, wie wir uns in der Welt orientieren, sich ändern müsse: unser Verständnis von Wissen, wie wir Realität wahrnehmen und, ja, was »Verständnis« eigentlich bedeutet. Aber wenn das gelingt, trotz all der Gefahren, dann können die neuen Technologien einen wirklichen Nutzen haben. »Altes wird einfach verschwinden, und die Anzahl der Möglichkeiten explodiert. Gleichzeitig sind wir im Prinzip dazu gezwungen, das Flugzeug zusammenzuschrauben, während wir schon in die Luft steigen. Darunter geht es nicht«, sagt Tony. Am Ende unseres Gesprächs will James uns noch etwas mitgeben: »Das Einzige, was ich meinen Kindern versuche beizubringen, ist, dass Veränderung nichts Schlechtes ist. Es ist die einzige Konstante, die sie in ihrem Leben erfahren werden.«

Wir verabschieden uns und beenden das Zoom-Meeting. Das Gespräch klingt noch eine Weile nach. Eine Zeitreise in die Zukunft, die mehr Fragen aufwirft als Antworten bereithält. Zum einen zu den Veränderungen allgemein: Die des Klimas sind durchaus vorwiegend schlecht. Doch auch zur Technik-Euphorie, es gibt einfach zu viele Beispiele, bei denen ein sogenannter Rebound-Effekt eingetreten ist: Je effizienter wir durch neue Technik Rohstoffe nutzen können, desto mehr davon verbrauchen wir auch. Wieso produziert Tesla SUVs und keine Elektro-Busse für die Stadtwerke? Werden auch Menschen im Globalen Süden auf die neuen Technologien zugreifen können? Werden sie unvorhergesehene Probleme bringen? Alte Ungleichheiten verschärfen? Für manche Erdenbewohnerinnen gibt es hochkomplexe Immuntherapien für Krebserkrankungen, die Hälfte der Menschheit hat nicht mal Zugang zu medizinischer Grundversorgung. Doch wie gesagt, technischer Fortschritt verschwindet auch nicht, wenn wir ihn ignorieren, es geht darum, ihn zu gestalten. Bei einem Abendessen sprechen wir mit Ronan über das Thema, er sagt: »Ich glaube, Totnes ist in einer ganz guten Position, die erwähnten Herausforderungen anzunehmen, vielleicht findet ihr ja hier ein paar Antworten.«

*

Auch heute soll es über 30 Grad warm werden, Raphael und ich packen Wasserflaschen in unsere Rucksäcke und laufen los, um mehr über Totnes zu erfahren. Wir nehmen nicht die Straße, sondern den schmalen Weg durchs Tal. Haselnusssträucher wachsen links und rechts, ihre Spitzen berühren sich über unseren Köpfen und formen einen kühlen grünen Tunnel. Eichhörnchen turnen zwischen den Ästen umher, wir hören sie mehr, als dass wir sie sehen. Wir überqueren eine Hügelkuppe, hinter der sich Totnes vor uns erstreckt. 8.000 Einwohnerinnen, eine Einkaufsstraße mit Boutiquen, Buchläden und einigen Café-Kollektiven, ein kleines Gewerbegebiet und der

Fluss Dart, der sich durch die grünen Hügel der Umgebung schlängelt. Wir biegen am Fuße des Hügels direkt vor der Brücke links ab und kommen an eine asphaltierte Freifläche am Ufer, auf der die Stühle eines Cafés stehen, dazu ein Klettergerüst für Kinder und ein Dutzend großer, runder Blumenkästen, sicherlich zwei Meter oder mehr im Durchmesser. Die handgemalten Schilder, die darin stecken, laden alle ein, Gärtnerinnen zu werden: *Pick me, I am ripe! – For free, for all to share.* Drum herum wachsen prächtige Salatköpfe, zarte Fenchelpflänzchen, knallorange Ringelblumen.

Eine Frau mit einem Strohhut schließt gerade einen Gartenschlauch an einen Wasserhahn an. »Hi, wir sind auf der Suche nach Incredible Edible«, sagt Raphael. »Da seid ihr hier richtig«, sagt die Frau und stellt sich als Wendy vor. Ihre grauen Haare hat sie zu einem Zopf gebunden, blaue Augen lächeln uns an. Sie muss über achtzig sein, doch durch die weite, bunt gestreifte Hose und das rote T-Shirt wirkt sie jünger auf mich.

Incredible Edible ist ein Teil der Transition-Town-Totnes-Initiative, ein Puzzlestück unter vielen, das ein zukunftsweisendes Bild einer Kleinstadt zeichnet, in der viele gemeinsam an bezahlbarem Wohnraum, eigener Energiegenossenschaft, Gemeinschaftsgärten und der Unterstützung neuer Start-ups arbeiten. Es ist ein Versuch, Zukunftsmodelle zu entwerfen, also im Lokalen neue Wege erproben, um globale Alternativen für alle Lebensbereiche zu erschaffen.

Wendy reicht mir den Gartenschlauch und Raphael eine Grabegabel. Er soll Löcher in den ausgetrockneten, harten Boden der Beete stechen, ich anschließend gießen. Raphael balanciert mit einem Fuß auf dem Rand der Blumenkästen, mit dem anderen drückt er die Gabelzinken in die Erde, ich komme hinterher und wässere die Pflanzen. Beim letzten Blumenkasten angekommen, frage ich Wendy, was ich noch machen kann. Sie zieht gerade Erdbeerpflanzen aus einem Blumenkübel, zweigt ältere Triebe ab, trennt große Pflanzen an der Wurzel, um sie als neue Setzlinge zu verwenden, und lädt mich ein mitzumachen. Während wir da so mit den Händen in der Erde wühlen, erzählt sie die Geschichte dieser Beete, die ein bisschen der jüngsten Geschichte der Stadt entsprechen.

2008 zog ein Mann namens Rob Hopkins hierher, ein Unidozent und Gärtner, der sich kurz zuvor darüber Gedanken gemacht hatte, wie man die Prinzipien von Permakultur auf Städte und Gemeinden übertragen könnte. Permakultur kommt ursprünglich aus der Landwirtschaft, und ihre Grundsätze heißen *earth care. people care. fair share*: Mach es Erde und Menschen recht und teile gerecht.

Das Prinzip ist es also, einen Ertrag zu erwirtschaften und möglichst viele Synergien herzustellen. Alles, was ich tue, hat im besten Fall positive Auswirkungen auf ein anderes Element, was Ressourcen effizient nutzt und das ganze System stabilisiert. Hopkins fragte sich: Wie könnten Städte unabhängiger von einem zunehmend krisenanfälligen globalen System und gleichzeitig klimafreundlicher werden?

Totnes war ein perfekter Boden für diese Saat. Anfang des 20. Jahrhunderts hatte ein reiches US-amerikanisches Künstlerehepaar in der Nähe ein Landgut gekauft, das fortan alle möglichen experimentierfreudigen Charaktere anzog, ein College mit Kunst- und Transformations-Studiengängen kam dazu, und bald wimmelte es in Totnes vor Hippies, Alternativen und Vordenkerinnen. Wendy selbst hilft bereits seit 2011 Bauern dabei, ihre Erzeugnisse als Gemüsekisten zu vermarkten und auf Biolandwirtschaft umzustellen. Sie war zu dem Zeitpunkt schon in Rente und zeigte sich nach Hopkins' ersten Vorträgen motivierter denn je; sie pflanzte mit anderen unzählige Obstbäume, an denen spätreifende Birnen wachsen, damit im Winter weniger aus Ländern wie Chile importiert werden muss, dazu Nussbäume und die Beete, aus denen wir gerade Erdbeeren ziehen. Von den paar Beeten hier an der Flusspromenade wird niemand satt, denke ich. Aber es geht auch darum, durch das Gärtnern wieder ein Gespür dafür zu bekommen: Woher kommt mein Essen? Was wächst in unserer Region? Welches Gemüse hat gerade Saison? Das sei vor allem vor dem Hintergrund relevant, dass die Landwirtschaft nicht nur unter der Klimakrise leidet, sagt Wendy. Konventionelle Bewirtschaftung von Böden und die Rodung von Wäldern für Ackerflächen führen laut Weltklimarat zu einem Viertel der globalen Treibhausgasemissionen.

»Studien zeigen, dass ökologische Landwirtschaft die Weltbevölkerung nicht nur ernähren, sondern auch die Erde kühlen könnte. Also packen wir es im Urban Garden einfach mal an«, sagt Wendy.

2008 schlug die globale Finanzkrise zu, unzählige Britinnen und Menschen auf der ganzen Welt waren ruiniert, weil amerikanische Banker zu gierig waren und sich verzockt hatten, was den Transition-Initiativen einen zusätzlichen Schub gab. Immer mehr Städte machten mit, und bald ging es um viel, viel mehr als nur Landwirtschaft. Eine Gruppe in Brixton sammelte 130.000 Pfund ein, baute damit ein Solarkraftwerk, das nicht nur klimafreundlichen Strom produziert, sondern auch zu hundert Prozent den Bürgerinnen selbst gehört. »Wenn Tesco in meiner Stadt einen Supermarkt eröffnen will, dann behaupten sie, das bringt Jobs«, sagte Hopkins in einem Interview und rechnete vor, was das eigentlich bedeutet. In Totnes würden jährlich circa 30 Millionen Pfund für Lebensmittel ausgegeben, davon 22 Millionen in zwei großen Supermärkten. Die Gelder flössen damit letztlich in die Hände der superreichen Besitzer und verschwänden zum Teil auf Offshore-Bankkonten, sagt Hopkins. »Es ist wie Wasser, das uns durch die Finger rinnt, dabei könnte dieses Geld hier vor Ort bleiben.« Totnes, Stoud, Lewes und Bristol starteten eigene Währungen, um sich von den Schocks des globalen Finanzwesens zu entkoppeln, der ehemalige Bürgermeister von Bristol ließ sich sein Gehalt in Bristol-Pounds auszahlen, die nur lokal in achthundert Geschäften akzeptiert wurden, das Geld blieb also im Ort. Einige dieser Währungen scheiterten, andere werden bis heute rege genutzt.

Auch die New Lion Brewery, die 2013 in Totnes eröffnete, ist ein Paradebeispiel der Kreislaufwirtschaft. Um Transportwege und damit Emissionen zu sparen, sollten die Zutaten lokal angebaut und das Bier nur im Umkreis verkauft werden. Eine weitere Firma züchtete in der Stadt Speisepilze und fragte an, ob sie dafür die Brauabfälle als Substrat haben könnte; die Brauerei wiederum nahm es zum Anlass, ein Pilz-Bier herauszubringen, das *Mushroom Stout.*

Tausende solcher Verbindungen sind in den vergangenen Jahren gewachsen, wie ein Myzel verbindet es die Menschen in Totnes und darüber hinaus: Aus der ursprünglichen Transition Town haben sich solche und ähnliche Ideen um den ganzen Globus verbreitet. Weltweit gibt es mittlerweile unzählige Schulen, nachbarschaftliche Kooperativen und Städte, die sich dem Transition-Netzwerk angeschlossen haben und jeweils lokal angepasste Modelllösungen finden. Das Netzwerk ist immer noch eingebettet in das globale Wirtschaftssystem, aber es birgt gleichzeitig gute Voraussetzungen, um zukunftsfähige Ideen außerhalb des Systems zum Reifen zu bringen. Wendy gibt uns einen Karton voller Erdbeerpflanzen für den Garten der Mühle mit, und wir verabschieden uns, nicht nur von ihr, sondern ein paar Tage später auch von Totnes.

Wir packen unsere Rucksäcke und steigen in den Zug nach Bristol, um noch mehr über die Voraussetzungen zu lernen, die es braucht, um zukunftsfähige Ideen zum Blühen zu bringen. Die alte Hafenstadt schloss sich früh dem Transition Movement an, ist seitdem durch seine Initiativen weltberühmt geworden, war 2015 Umwelthauptstadt Europas und hat ein Programm namens *Green & Black Ambassadors*. Dessen Botschafterinnen haben sich der Aufgabe verschrieben, auch migrantischen Communitys den Zugang zur Natur zu ermöglichen. In den meisten Städten weltweit leben Gastarbeiterinnen, Geflüchtete, Schwarze Communitys in der Nähe von Industriegebieten, atmen den Feinstaub, ihre Kinder haben weniger Zugang zu Grünflächen und Naturschutzgebieten als andere Kinder, was sich nicht nur negativ auf ihre Gesundheit, sondern auch auf ihr Umweltverhalten auswirken kann. Der Begriff ›Environmental Justice‹ hat hier seinen Ursprung, und die Stadt Bristol will mit den Botschafterinnen genau da ansetzen. Eine, die mitten drinsteckt in den vielen Entwicklungen der Stadt, ist die Medizinerin Angela Raffle. Wir haben einen Text von ihr gelesen, der ein bisschen nach jener Weisheit klang, von der Ronan gesprochen hatte: Ein Wissen, das es möglich macht, einen systematischen, kulturellen, tiefgründigen Wandel herbeizuführen.

*

Dass Theresa und ich in Totnes ausgerechnet jemanden vom Incredible-Edible-Programm getroffen haben, war Zufall, und auch jetzt sind wir wieder auf einer Farm. Es scheint mir, als wolle jemand sagen: Für radikalen Wandel kommt ihr wirklich nicht darum herum, unmittelbar mit der Erde zu arbeiten. Doch mit Angela wollen wir weniger über ihre Arbeit mit Pflanzen sprechen als vielmehr über ihre Gedanken zur Zusammenarbeit mit anderen Menschen, darüber, wie man jenes Myzel zum Wachsen bringt, das neue Ideen in die Wirklichkeit trägt.

Das Wetter ist gestern umgeschlagen, es regnet in Strömen, als wir am Tor der Community-Farm ankommen. Der Bauernhof ist eine solidarische Landwirtschaft, ähnlich wie die, die uns im Haus des Wandels mit Gemüse versorgt hat. Der Unterschied zu anderen Betrieben ist, dass die Erzeugnisse direkt an die Mitglieder vermarktet werden. Alle, die eine Bio-Kiste beziehen, schaffen für den Betrieb den Freiraum, überhaupt ökologisch wirtschaften zu können und nicht mehr so abhängig von Subventionen oder den Weltmarktpreisen zu sein. Wenn die Ernte vertrocknet oder durch Hagel oder zu starken Regen zerstört wird, gibt es weniger in der Kiste, ist es ein tolles Apfeljahr wie dieses, gibt es für dasselbe Geld doppelt so viel Obst. Bäuerin und Community tragen also Risiken und Gewinne gleichermaßen, daher der englische Name ›Community Supported Agriculture‹, kurz CSA. Je nach Farm gibt es Unterschiede, diese hier in Bristol finanziert sich auch durch Investitionen der rund 500 Mitglieder, die dafür ein Stimmrecht bekommen. Es ist kein kleiner verwilderter Bullerbü-Bauernhof, wie ich ihn erwartet hatte, sondern eine große Anlage mit Traktoren, Gewächshäusern und einer Umgebungskarte: die *Forest School* befindet sich auf der anderen Straßenseite, das

Community Farming hinter dem Hügel, und der Treffpunkt für die *Wildlife Walks* ist gleich neben dem Tor. Wir sehen Angela von Weitem, sie trägt schwere Gummistiefel und eine knallorange Funktionsjacke. Als Erstes schlägt sie vor, dass wir uns ins Trockene verziehen und in eines der Gewächshäuser gehen. Wir legen unsere Rucksäcke ab und setzen uns zwischen leuchtenden Cosmea und Reihen von Frühlingszwiebeln auf den Boden. Sie erzählt uns mit sanfter Stimme eine Weile vom Transition Movement und seinen Erfolgen in Bristol.

An einer Stelle frage ich: »Was glaubst du, warum hat das so gut funktioniert? Was ist das Rezept?«

»Es hat tatsächlich nicht immer so gut funktioniert, aber es gibt da einen Typ in der Bewegung, einer von der Art, die immer sofort loslegen und machen«, sagt sie. »Irgendwann, noch vor dem Aufkommen der Transition-Bewegung, fragte er sich: Wie kommt es, dass alles, was ich anfasse, irgendwann auseinanderfällt und in Streit und Wut endet?« Die Frage habe ihn beschäftigt, bis er entschied, er müsse einen Schritt zurücktreten. Er nahm eine Auszeit, reiste um die Welt, um Projekte zu besuchen und sich dort zu erkundigen: Was ist so besonders an den Initiativen, die ihre von Euphorie geprägte Anfangszeit überdauern? Die Antwort, mit der er zurückkam, nannte er »unsichtbare zwischenmenschliche Technologie«, die er nach Bristol importierte und Interessierten in sogenannten Transition Trainings beibrachte. »Das war das Wichtigste, was ich gelernt habe, um den Hof in schwierigen Zeiten am Leben zu halten«, sagt Angela. Die Gruppe, die die Farm ins Leben rief, hatte am Anfang gerade genug Geld für die wichtigsten Investitionen: Gewächshäuser, Packstation, einen Traktor. Sie schafften es durch das erste chaotische Jahr, das Wetter im zweiten war schlecht, im dritten noch schlechter, die Ernte entsprechend niedrig. »Das war dann wirklich die Zeit der schlaflosen Nächte, alle waren richtig mies drauf – ständige Telefongespräche, Krisenmeetings, Streits, alles völlig unklar, wie es weitergehen sollte.« Angela war zur gleichen Zeit Mitglied eines Kreises von Leuten, die sich damit auseinandersetzten, wie man gut in Gruppen harmonieren kann. Das nächste Treffen war in London, und obwohl sie sich zerschlagen fühlte, Migräne hatte, tausend Sachen zu tun waren, spürte sie, dass sie da hinfahren musste. Dort redete sie sich den ganzen Frust und Kummer von der Seele: was auf der Farm los war, wie verzweifelt alle seien, dass sie drohten pleitezugehen. Eine Frau, die anwesend war, erzählte ihr daraufhin eine Geschichte: Früher sei die Frau oft in traditionellen Segelkanus die Strecke von Japan nach Hawaii gesegelt. Einmal habe sie kurz vor der hawaiianischen Küste Schiffbruch erlitten und sei zusammen mit ihrem Mitsegler ins Wasser gestürzt. Sie hielt sich über Wasser, doch der Mann geriet in Panik und drohte zu ertrinken. Sie spürte instinktiv: Wenn ich ihm zu nahe komme, wird er sich an mich klammern und, weil er größer ist als ich, uns beide ins Verderben reißen. Also begann sie, in großen Kreisen um ihn herum zu schwimmen und mit ihm zu sprechen. Langsam beruhigte er sich und bekam seine Atmung unter Kontrolle. Gemeinsam schwammen sie, bis sie endlich die Küste erreichten. »Es gibt nichts, wovor du dich in deiner Situation fürchten musst«, sagte sie zu Angela. »Denn das größte Versagen wäre gewesen, die Sache mit der Farm nicht versucht zu haben.« Angela begriff, dass ihre Angst, die Farm schließen zu müssen, der Gedanke, dass all das Geld und die Jobs verloren wären, sie lähmte, dass Angst in vielen Situationen lähmen kann. Und dass ihre größte Kraft darin liegen müsse, die Ruhe zu bewahren.

Sie fuhr zurück nach Bristol und setzte auf all das, was sie im Transition Training gelernt hatte: Jedes Meeting mit einem Check-in beginnen, also erst mal einen Raum aufmachen, in dem jede sagen kann, wie es ihr geht. Jeden Tag darauf achten, wie es den anderen geht. »Wirklich jeden Tag.« Wenn jemand sauer ist, sich hinsetzen und sagen: »Hey, ich spüre, dass du sauer bist. Gibt es etwas, was ich tun kann? Habe ich etwas getan, was dich verletzt hat?« Und dann auch den Schmerz aushalten, wenn man ein Feedback zu hören bekommt, das unangenehm ist. Außerdem: »Kümmere dich um die Energie, die du zu Gruppentreffen bringst. Urteile nicht über andere. Hab keine Angst vor dem Urteil anderer. Sei nicht zynisch.« Das System der gewaltfreien Kommunikation von Marshall Rosenberg sei eine Inspiration gewesen, genau wie die Ideen der Theorie U, einer progressiven Methode zur Gestaltung von Veränderungsprozessen in Gruppen, die jährlich in Onlinekursen gelehrt wird.

Mittlerweile ist die Farm in ihrem zehnten Jahr, und die Zusammenarbeit würde immer schöner und harmonischer ablaufen. Das Team sei glücklich miteinander, die Leute kämen gerne her. Und besser mit Problemen umgehen könnten sie auch.

Schon zwei Wochen, bevor die britische Regierung anfing, Corona endlich ernst zu nehmen, hätten sie auf der Farm angefangen, bestimmte Maßnahmen umzusetzen: Homeoffice für die Verwaltungsleute, weniger Besuch von Freiwilligen, Social Distancing in den Lagerhallen. Gleichzeitig wollten mehr und mehr Menschen Gemüsekisten, um nicht mehr in den Supermarkt gehen zu müssen. Innerhalb einer Woche verdoppelte sich die Auslastung der Farm, sie mussten sogar neue Leute einstellen: statt zwei Tage, an denen sie Kisten packten, waren es plötzlich vier, und die elf Auslieferungen pro Woche erhöhten sich auf neunzehn.

»Einige unserer Mitarbeiter, die auch in anderen Stiftungen und Organisationen arbeiten, sagten, dass so etwas vielerorts nicht möglich gewesen sei, weil sich die Mitarbeiter unter dem vielen Druck nur zerstritten hätten.«

Was sie auf der Farm da anwenden, die »unsichtbare zwischenmenschliche Technologie«, sagt Angela, sei eigentlich so alt wie die Berge. Im Grunde wisse jeder Mensch, worum es geht, wir alle seien in diesem Wissen schon auf die Welt gekommen. Freundlich sein. Sich gegenseitig zuhören. Vertrauen schenken, weil es Vertrauen schafft. »Es geht in unserer heutigen Zeit nur darum, diese Eigenschaften und Verhaltensweisen bewusster und intensiver umzusetzen.« Es sei aber auch nicht die einzige wichtige Arbeit. »Kennt ihr die Autorin Joanna Macy?«, fragt sie, und wir nicken. Angela sagt, Macy habe mal geschrieben: Neben der Erprobung zukunftsfähiger Modelle gebe es noch zwei weitere Dinge, die unsere Zeit erfordere: Widerstand leisten, um das zu beschützen, was von unserem Planeten noch heil ist, und den inneren, spirituellen Wandel vorantreiben – von dort komme die Kraft und der Mut zu handeln. Wir lassen das einen Moment einsinken. Es klingt nach klugen Worten.

Bevor wir rausgehen und Angela uns die Farm zeigt, schlägt sie noch vor, einen Check-in zu machen, ein bisschen spät, sagt sie, eigentlich mache man das am Anfang eines Treffens, aber warum nicht. Ich fange an, sage, dass ich heute Morgen noch gestresst war, weil uns jemand für ein weiteres Treffen abgesagt hat, jetzt aber zuversichtlich bin wegen dieses Gesprächs und den Blumen, die um uns herum wachsen. Theresa sagt, dass sie müde ist, weil die Nacht kurz war, aber auch froh, nach zehn Tagen in Totnes wieder unterwegs zu sein. Angela sagt, dass sie sich freut über unser Zusammentreffen.

Wir stehen auf, und während wir rausgehen, denke ich: Vielleicht haben Tony Seba und James Arbib recht und Technologien werden Treiber großer Veränderungen sein und sogar ein neues Gesellschaftssystem möglich machen. Die Anfänge davon könnten genau an Orten wie dieser Farm zu finden sein – nicht nur, weil die Menschen durch die Arbeit mit dem Boden geerdet sind, sondern weil sie sich auch auf das alte Wissen vom guten Zusammenleben besinnen. Ein Zitat des persischen Dichters Rumi geht mir durch den Kopf, das ich Tony und James mal schicken könnte: *Vielleicht suchst du in den Zweigen, was sich in den Wurzeln verbirgt.* Angela schiebt die Tür des Gewächshauses auf. Es hat aufgehört zu regnen.

REBELLION

Wir überqueren die Straße, und es fühlt sich an, als verließen wir sicheren Grund, als ließen wir ein Stück unseres alten Lebens hinter uns. Auf der anderen Seite stehen mehrere Holzbarrikaden, dazwischen ein Tor aus massiven Balken. Wir klopfen, bis jemand uns hört. Zum Glück stehen wir nicht allein da, mit uns ist eine weitere Gruppe angekommen. Der Aktivist, der ans Tor kommt, mustert uns kurz, nimmt eine schwere Kette weg und lässt uns rein. Wir folgen ihm durch das Camp, ein Dutzend hastig errichtete Hütten unter einem leuchtend grünen Blätterdach, zwischen den Baumkronen sind Seile und Netze gespannt. Wir gehen hindurch, spüren die Blicke der anderen, passieren die Barrikade ein weiteres Mal auf der anderen Seite und kommen an die Stelle, wo das große Treffen stattfindet: Waldbesetzerinnen aus aus mehreren Camps der HS2 Rebellion wollen hier für zwei Tage rund um eine Lichtung zusammenkommen. Unter einer Plane stehen Tische mit Essensvorräten. Jemand hat drei Kisten Rote Bete mitgebracht, sie sind noch voller Erde. Daneben hängt ein Topf über einem offenen Feuer, die provisorische Küche für über fünfzig Leute. Um ein weiteres Feuer stehen Bänke und Paletten im Kreis. Eine tätowierte Aktivistin sitzt da und spielt Ukulele, eine andere summt eine Melodie dazu. Viele tragen feste Kleidung und schwere Schuhe, andere haben das

Treffen zum Anlass genommen, sich aufzustylen wie für ein Sommerfestival: Ich entdecke immer mehr Leute mit bunter Schminke und Glitzer im Gesicht. Einer trägt einen langen schwarzen Mantel und einen schwarzen Cowboyhut, ein anderer einen orangenen Overall. An einem Baum lehnt eine Tafel, darauf steht mit bunter Kreide der Tagesablauf. Ein Punkt lautet: Training in gewaltfreier direkter Aktion. Es wirkt alles wie ein Piratenfest. Und ich werde das Gefühl nicht los, ein Eindringling zu sein, irgendwie fühle ich mich wie eine Undercover-Polizistin.

Wir gehen weiter Richtung Zeltplatz, überqueren eine Lichtung, auf der gerade eine Bühne zusammengezimmert wird; links liegt eine Zugstrecke, die London mit den Vororten verbindet, rechts die Landstraße, auf der wir gekommen sind. Das Waldstück ist vielleicht dreißig Meter breit und ein paar Hundert Meter lang. Unter einem Weißdorn finden wir zwischen zwei Zelten noch einen kleinen Platz, schlagen unser eigenes auf und verstauen unsere Sachen. Ich gucke Raphael an, auch er ist nervös.

»Sollen wir noch mal zurück?«, fragt er.

»Ja, lass mal gucken.«

Vor der Bühne haben sich dreißig, vierzig Besetzerinnen in einen großen Kreis gesetzt. Ich frage eine von ihnen, ob sie wisse, wo wir Larch finden, sie sagt, das sei der da vorne mit den grauen Haaren, der gerade anfängt zu sprechen.

Wendy, die Gärtnerin aus Totnes, hatte uns von ihm erzählt, dass er früher auch in der Transition Town gewohnt habe, sich jetzt aber der HS2-Rebellion angeschlossen hätte. Das Kürzel HS2 steht für »High Speed 2«, eine von der Regierung geplante Hochgeschwindigkeitszugstrecke, die London mit Städten im Norden wie Birmingham, Manchester und Glasgow verbinden soll. Die eingesparten Reisezeiten sind gering, die Baukosten könnten sich laut den letzten Schätzungen auf 106 Milliarden Britische Pfund belaufen, rund 120 Milliarden Euro – fast das Vierfache der ursprünglich veranschlagten Summe. Das Prestige-Projekt hat schon ein paar Regierungen überdauert, weite Strecken befinden sich aber immer noch in der Planungsphase. Obwohl die erwarteten Kosten explodiert sind, hält die Regierung am Bau der Trasse fest. Das Camp, in dem wir sind, ist Teil der Rebellion dagegen, und Larch Maxey sei jemand, der nicht nur rede, sondern auch handele, meinte Wendy.

Larch scheint einen Wortshop abzuhalten, wir gesellen uns zu dem Kreis. »Hallo zusammen, ich bin Larch, ich lebe seit fünf Monaten in den Camps, davor war ich Vollzeit bei Extinction Rebellion aktiv. Eigentlich engagiere ich mich seit siebenundzwanzig Jahren gegen die Klimakrise und überlege, was zur Hölle man dagegen unternehmen kann. Jetzt habe ich zum ersten Mal das Gefühl, wirklich etwas zu tun«, sagt er. »Bevor wir mit dem Workshop für gewaltfreie direkte Aktion beginnen, machen wir einen Check-in. Tut euch jeweils zu zweit zusammen, sagt, wie ihr gerne genannt werden wollt und wie es euch geht, und denkt dran: Hört aktiv zu, nicht unterbrechen, alles ist willkommen.«

Ich wende mich nach links und blicke in ein aufgewecktes Gesicht und merke, wie meine Neugier größer wird.

»Ich bin Kobe. Willst du anfangen?«, fragt er höflich.

Ich gebe mir einen Ruck und erzähle ihm, wie unwohl ich mich immer fühle in neuen Gruppen, wo ich niemanden kenne, erst recht in so einem Kontext, in dem alle anderen mehr Daseinsberechtigung zu haben scheinen als ich, schließlich habe ich noch nie einen Baum besetzt und bin gerade erst angekommen. Ja, und wie ich überall feministische Aufnäher gesehen und mir instinktiv die Haare hochgebunden habe, damit man meinen Undercut sieht, und wie lächerlich ich mich dabei finde. »Wir sind hier, weil wir ein Buch schreiben«, schiebe ich noch hinterher. Er guckt mich die ganze Zeit mit diesem weichen Blick an, jetzt nickt er interessiert.

»Cool, ihr schreibt ein Buch?«

Wir reden ein bisschen über unsere Reise von Südafrika bis nach Brandenburg, bis ich ihn erinnere, dass er jetzt an der Reihe ist. Kobe ist allein hier, aus einem Vorort von London mit dem Zug hergekommen, wo er diesen Sommer die Black-Lives-Matter-Demonstrationen koordiniert hat.

»Ich studiere Biologie und hab auf Social Media von HS2 erfahren. Da dachte ich, ich gucke mal, wie hier der Protest organisiert ist.«

Ich merke, wie ich aufatme und durch diesen Austausch mit Kobe mich ein bisschen mehr im Camp angekommen fühle, als eine Interessierte unter vielen. Wir gucken uns noch einmal tief in die Augen, und es geht weiter.

»Der Workshop besteht aus zwei Teilen: einem informativen und einem praktischen. Er wendet sich genauso an die alten Hasen wie an Neuankömmlinge«, fährt Larch fort. »Also, um was geht es bei HS2?« Dann holt er aus: Wir befänden uns mitten in einem Klimanotstand, doch die Regierung unternehme zu wenig, und nicht nur das, sie drücke auch HS2 durch. Auf den ersten Blick erscheine eine Zugtrasse eine gute Idee, doch in der derzeitigen Situation mache das Projekt alles nur noch schlimmer, da der Bau durch Stahl und Beton immense Mengen CO_2 emittiere, statt Kohlendioxid einzusparen. Großbritannien dabei zu helfen, das Ziel des Pariser Klimaabkommens zu erreichen, war aber der oberste Grund, mit Steuergeldern die Bahnlinie zu finanzieren, die letzte Einschätzung des britischen Climate Change Committee laute jedoch: HS2 wird keine Anreize für eine Mobilitätswende setzen können, da die Tickets zu teuer werden. Stattdessen bedrohe die Trasse nun über einhundert alte Waldbestände, sagt Larch. Bei der BBC und im *Guardian* habe ich darüber Berichte gelesen, wie schwierig sich die Wiederaufforstung in heißen Sommern gestaltet; viele der von HS2 gepflanzten Setzlinge seien vertrocknet. Auch der Versuch scheiterte, den nährstoffreichen Waldboden sozusagen umzuziehen – er lebt von den Milliarden Verbindungen zwischen Baumwurzeln und Myzel, doch vor allem das Pilzgeflecht wird durch die Bauarbeiten irreversibel zerstört. »Dagegen müssen wir etwas machen. Die Geschichte zeigt: Gewaltfreie direkte Aktion ist ein effektiver Weg, um Wandel herbeizuführen.«

Direkte Aktion ist eine Form des kreativen Widerstands, die nicht mehr auf Appelle an die Politik setzt, wie etwa Menschenketten, klassische Demonstrationen oder Petitionen, sondern auf Irritation der Politik und der Konzerne. Larch sagt, alle erfolgreichen sozialen Bewegungen zeichneten sich durch vier Strategien aus: Erstens müssten sie massive Störungen im Wirtschaftsablauf produzieren, damit die Regierung zuhört. Zweitens hätten sie ein Element der Opferbereitschaft – wer bereit sei, seine Gesundheit oder Freiheit für etwas aufs Spiel zu setzen, dem schenke die Öffentlichkeit Gehör. Drittens gehe die gewaltfreie direkte Aktion respektvoll vor: Nicht die Polizei und Sicherheitsleute seien die Gegner, sondern das Unternehmen, in diesem Fall die *HS2 Ltd*. Das sei nicht für alle möglich, zum Beispiel für Aktivistinnen, die mit dem strukturellen Rassismus der Polizei zu kämpfen hätten. Aber dann, wenn es möglich ist, könne es hilfreich sein: Sich beispielsweise mit den Bauarbeiterinnen gut zu stellen, statt gegen sie zu agieren, sei eine Möglichkeit, Informantinnen zu gewinnen, die einen warnen, wenn zum Beispiel Räumungen bevorstehen – viele ihrer wichtigsten Informationen kämen genau aus solchen Quellen. Viertens seien gewaltfreie Aktionen erfolgreich, weil sie die Regierung vor ein Dilemma stellen: entweder die Störungen in Kauf nehmen oder aber Gewalt einsetzen, um sie räumen zu lassen, was Bilder produziere, die dem Ansehen der Politik schaden. Larch nennt Aktionsformen, die ich auch bei den Protesten von Extinction Rebellion in Berlin gesehen habe: Blockaden strategischer Verkehrspunkte, das Ausrollen von Bannern an öffentlichen Plätzen und sogenannte Glue-ons, also die eigenen Hände mit Sekundenkleber an Hauswände, Fensterscheiben oder den Boden ankleben. Blockaden und Waldbesetzungen seien die Hauptaktionsformen der HS2-Rebellion. »Wir wissen, was wir hier tun, unsere Taktik ist gut erprobt, aber natürlich kann einem das alles trotzdem eine Scheißangst machen«, ruft Larch mit lauter Stimme, weil auf der Straße gerade ein LKW vorbeidonnert. »Bei jeder Aktion herrscht Nervosität und Angst, und deshalb werden wir das heute mal üben, um besser vorbereitet zu sein.«

Also los, das erste Szenario: Blockade einer Baustellenzufahrt, der Lastwagenfahrer steigt aus und brüllt uns an. Das zweite Szenario: Wir liegen auf der Straße und lassen uns von der Polizei wegtragen. Als Larch fertig gesprochen hat, teilt sich die große Gruppe in kleinere auf, die noch einmal in Lastwagenfahrerinnen, Polizistinnen und Aktivistinnen unterteilt werden. Die Lichtung wird zur Bühne für ein riesiges Rollenspiel, an jeder Ecke liegen Leute im Laub, lassen sich wie ein nasser Mehlsack hängen, wenn die imaginäre Polizei sie wegtragen will. Es wird mindestens genauso viel gelacht wie geschrien. Und ich fühle mich danach leider nur bedingt besser vorbereitet, es ging alles sehr schnell, und einem Polizisten gegenüberzustehen ist doch nochmal etwas anderes als einer queeren Frau mit Glitzer im Gesicht.

*

An dem Tisch mit den Lebensmitteln im Küchenzelt kommen wir mit Larch ins Gespräch. Wir nehmen uns jeweils einen Teller mit Reis und setzen uns zusammen etwas abseits unter eine Birke und einen Ahorn ins Laub. Dann erzählen Theresa und ich kurz davon, dass wir gerade aus Totnes kommen.

»Wir haben gehört, dass du dich da früher auch engagiert hast. Warum bist du weg?«

»Gute Frage«, sagt er. »Vor allem, weil Totnes ein gutes Beispiel für die Arbeit ist, die ich lange gemacht habe.« Mehr als zwei Jahrzehnte habe er damit verbracht, an Lösungen und Alternativen zu arbeiten, in Totnes, als Dozent an einer Uni, als Direktor verschiedener Umwelt-NGOs. Er habe sogar einen Gesetzestext verfasst, der vom Landesparlament in Wales verabschiedet wurde. »Und während ich das alles gemacht habe, produzierte die Menschheit fast fünfzig Prozent aller Emissionen, die sie jemals erzeugt hat.« Irgendwann war für ihn der Punkt erreicht, an dem er für sich entschlossen hat: Wir haben keine Zeit mehr, weiter über Alternativen nachzudenken. Das Wichtigste sei jetzt, weitere Emissionen zu verhindern, bevor das Klima endgültig aus dem Gleichgewicht gerät. Dreihundertfünfzig Millionstel Kohlenstoffdioxid, also 350 ppm in der Atmosphäre, das gelte in der Wissenschaft als sicheres Level. »Jetzt stehen wir irgendwo bei vierhundertvierzehn«, sagt er. Um einen weiteren Anstieg zu verhindern, scheine es erst mal nicht logisch, gegen den Bau einer Zugstrecke zu demonstrieren – doch das Projekt repräsentiere so viel, was im Großen und Ganzen falsch laufe: Vor dem Bau wurden die Dörfer entlang der Strecke in einer öffentlichen Befragung nach ihrer Meinung gefragt. Das Ergebnis: Ausnahmslos jedes Dorf lehnte den Bau ab, doch das Ergebnis wurde genauso ignoriert wie die Kampagnen großer Naturschutzorganisationen. Kaum ein Land der Welt hat in seiner Geschichte so viel seiner Biodiversität verloren wie Großbritannien. Die geplante Zugstrecke führt laut einer Studie des Woodland Trust durch einhundertacht Wälder, die einen besonderen Status genießen, weil sie mehr als vierhundert Jahre alt sind. Gegen das durchführende Unternehmen gibt es Vorwürfe, die von Verschwendung bis Korruption reichen, genau wie gegen involvierte Politikerinnen. Ein Parlamentarier, der die Vorwürfe als Teil eines Komitees untersuchte, sagte: Zahlungen an Mitarbeiter fänden in einer Höhe statt, die an einen vorsätzlichen Missbrauch öffentlicher Gelder grenze. Laut aktuellen Schätzungen würde die Zugstrecke jede britische Steuerzahlerin knapp dreitausendfünfhundert Pfund kosten. Dazu das ganze CO_2, das der Bau emittiere. Entsprechend kritische Berichte wurden geschrieben und immer wieder juristische Klagen angestrengt. Alles umsonst. Der Wille, das Projekt durchzuziehen, blieb größer. »Wenn man also an der Oberfläche kratzt, merkt man schnell, es geht da nicht um einen Zug, sondern um ein System. Und dieses System macht unseren Planeten kaputt«, sagt Larch. Der Widerstand gegen HS2 begann vor fast einem Jahrzehnt mit Kampagnen und Klagen, doch es half alles nichts. Vor drei Jahren schlug eine Grünen-Politikerin neben einer Baustelle ein Protest-Camp auf, sie und andere begannen mit Blockadeaktionen. Das war der Beginn der Rebellion. Ein Grund, warum Larch erst vor Kurzem dazugestoßen ist: Damals waren seine zwei Kinder noch kleiner, doch mittlerweile seien sie beide alt genug, einer seiner Söhne sogar mit ihm im Camp. »Und ich habe das Gefühl, ich lebe meine wahre Bestimmung.«

Er drückt es so aus: »I am Nature defending itself«, er fühle sich wie die Natur selbst, die sich hier verteidigt. Wir fragen ihn, wie es die nächsten Tage weitergeht. Er bietet uns an, uns mitzunehmen, wenn er am nächsten Tag zurück ins Denham-Camp fährt, wo er in einem Baumhaus wohnt. Eine Aktion sei auch geplant.

*

Die Sonne geht langsam unter, Theresa sitzt im Küchenzelt und schneidet Rote Bete für ein veganes Gulasch. Ich merke, wie mir die Kälte in die Knochen kriecht. Nach und nach sammeln sich alle vor der Bühne, Theresa kommt auch dazu, und ein improvisiertes Programm nimmt seinen Lauf. Eine Transfrau spielt Geige und singt dazu, der Typ mit dem schwarzen Mantel schlägt eine Trommel, ein anderer trägt Gedichte vor, die er geschrieben hat, während er oben in einem Baum saß und darauf wartete, dass die Polizei ihn räumt. Seine Stimme ist laut und dröhnend, es geht um eine große Zerstörungsmaschine und was sie in der Welt anrichtet; in der einen Hand schwenkt er eine Bierflasche. Je später es wird, desto betrunkener wird die Meute, bis einer von ihnen von der Bühne ruft: »Ich zeige euch jetzt mal, wie Motten fliegen!«, nur um eine Sekunde später wie ein Stein auf dem Boden der Lichtung aufzuschlagen. Einige rennen hin, richten ihn wieder auf. Er klopft sich die Jeansjacke ab und grinst breit. Wir gucken dem Spektakel eine Weile zu, finden nicht richtig einen Platz darin und gehen bald schlafen.

Den nächsten Tag über bleiben wir noch bei dem Treffen. Die Geigenspielerin hält einen Vortrag über die Diskriminierungen, die sie in Großbritanniens privatisierten Gefängnissen erlebt hat. Im Anschluss nehmen wir an einem Workshop zum Thema körperliche Nähe und Konsens teil, der abgehalten wird, damit in den Camps persönliche Grenzen besser kommuniziert werden können, und sitzen schließlich in einer Runde, in der mehr gelacht wird als während des kompletten Abendprogramms. Alle Teilnehmerinnen hängen der Workshopleiterin, die sich als Mango vorstellt, an den Lippen. Sie hat einen Auftritt wie eine Stand-up-Comedian, tatsächlich geht es aber um die Frage, wie ein Protestcamp für alle ein sicherer Ort sein könne. »Für mich ist es oft schwierig, mich an Orten zu bewegen, wo die meisten *weiß* sind«, sagt sie, während sie mit ausgebreiteten Armen in Baggyhose und Chucks auf einer Palette steht. »Aber hier kann ich auch als Schwarze queere Frau gechillt sein, weil viele von euch, die ich kenne, sich schon genug mit dem Thema auseinandergesetzt haben.« Es fällt leicht, ihr zu folgen, ihr zuzuhören, ihr zuzusehen, wie sie mit ausladenden Gesten alle Ungerechtigkeiten und Diskriminierungen in der Luft zusammenschnürt zu einem Paket, das sich so anfühlt, als sei es zu handlen. In einem Moment unterbricht sie ihren Vortrag kurz, eine blonde Frau läuft mit ihrer kleinen Tochter am Rand der Lichtung vorbei, ich hätte sie gar nicht wahrgenommen. Aber Mango ruft: »Hey, Mama, wie geht's uns heute?« Dann wendet sie sich wieder an uns: »Habt ihr gesehen? Sie hat keine Zeit, mit uns zu lachen, sie ist *on duty*, denn mit Kind auf einem Protestcamp zu sein ist ein Rund-um-die-Uhr-Job.« Es ist ihr Beispiel dafür, wie Benachteiligungen vielerlei Form annehmen können. Mangos Sätze sind nahbarer als die -ismen, diese riesigen Komplexe von Rassismus, Sexismus, Ableismus, Klassismus. Intersektional denken und sehen, wie verschiedene Diskriminierungen zusammen wirken, das ist es, was gebraucht werde, sagt sie. Alle ihre Aussagen sind verbunden durch den Kerngedanken: Reflektiert die eigenen Privilegien und setzt euch damit auseinander, wie sie euer Handeln beeinflussen. Die meisten der HS2-Securitys seien zum Beispiel weniger gut ausgebildet als der Großteil der Besetzerinnen, außerdem oftmals Immigranten – sie zu hassen mache keinen Sinn, eigentlich seien sie Verbündete in einem gemeinsamen Kampf gegen die Ausbeutung der Welt. Zuzuhören, wie Mango spricht, ist faszinierend, genau wie das Leben im Camp, diesen Ansatz, der letztlich sagen will: Was helfen Solarpaneelen auf jedem Dach, wenn sie eine Gesellschaft am Laufen halten, die weiterhin strukturell rassistisch, klassistisch und sexistisch ist?

*

Der junge Typ mit den roten Haaren, der gestern demonstrieren wollte, wie Motten fliegen, steht am Küchenzelt, und wir kommen ins Gespräch. Er ist noch ein bisschen lädiert.

Eigentlich, sagt er, trinke er keinen Alkohol, aber der Abend sei so witzig gewesen. Die Bewohnerinnen im Camp haben alle Spitznamen, sie heißen River, Carrot oder Swan. Seiner ist Mothman – Mottenmann. »Alle feiern immer Bienen und Schmetterlinge ab«, sagt er, »dabei sind Motten genauso cool.« Er erzählt, wie er als Fünfjähriger eine Sammlerphase gehabt habe, das Regal in seinem Kinderzimmer sei voll gewesen mit Tannenzapfen, Blättern und Steinen. Einmal hätten seine Eltern den Garten umgegraben und dabei diesen Kokon gefunden. »Wisst ihr, manche Mottenarten spinnen beim Verpuppen so einen Kokon aus Seide um sich herum. Und ich war nur so: ›Wow, das ist ja Wahnsinn!‹« Am nächsten Morgen schlüpfte die Motte, sie war fast so groß wie seine Hand, mit goldschimmernden Flügeln und kleinen pinken Stellen. »Ich hatte gedacht, ich kenne schon alles, was unser Garten zu bieten hat – und dann habe ich kapiert, dass da noch eine ganze Welt voller Tiere wartet.« Es ist ein bisschen wie Raphaels und meine Erfahrung im Haus des Wandels, unsere Arbeit am Kompost und die regelmäßigen Waldspaziergänge – immer wieder entdeckten wir Wunder, die wir nicht in Deutschland erwartet hätten. Mothman hörte seit seiner Entdeckung nicht mehr auf, über alle möglichen Tiere zu lesen und sie zu studieren, seine größte Begeisterung blieb aber die für Motten: Genau wie Bienen gehören sie zu den Bestäuberinsekten, spielen als solche eine zentrale Rolle in vielen Ökosystemen. Sie schlüpfen früh im Jahr, stellen damit für viele Vögel eine wichtige Eiweißquelle während der Brutzeit dar. Doch die globale Erwärmung bringe die 2.600 Mottenarten, die in Großbritannien leben, aus ihrem Rhythmus. Wie sich das genau auf die komplexen Beziehungen mit anderen Tieren auswirke, könne noch niemand genau sagen. Und zur Klimakrise komme jetzt noch die Zerstörung durch HS2 dazu. Wälder seien nicht nur als einzelne Ökosysteme wichtig, sondern wichtig sei auch, dass sie einen grünen Korridor quer übers Land bilden, in dem sich Tiere und Pflanzensamen über große Strecken bewegen und austauschen können. Jeder Baum weniger reiße ein Loch in diese Korridore. »Aber die von HS2 geben einen Scheiß darauf«, sagt Mothman. Die Zugtrasse gefährde so unterschiedliche Tiere wie Fledermäuse, die Schleiereule, den Dohlenkrebs, Birken-Zipfelfalter oder Sumpfmeisen, weil sie die Hochgeschwindigkeitsstrecke teils nicht mehr kreuzen können oder weil ihnen Hecken und alter Baumbestand als Brutstätten fehlen. Unzählige ökologische Gutachten stünden noch aus, und trotzdem seien die Rodungen bereits in vollem Gang. »Erst diese Woche wurden wieder ein paar riesige alte Eichen entlang der Straße gefällt. In einer einzigen können bis zu 2.000 Tiere leben.« Während er das erzählt, merke ich, wie sich wieder dieser Kloß in meinem Hals festsetzt, dieses trauige Gefühl der Hilflosigkeit, das immer kommt, wenn ich so etwas erfahre. Ich gucke Raphael an und sehe, dass es ihm genauso geht. Dieser Irrsinn muss doch einfach mal irgendwann ein Ende haben, denke ich.

*

Theresa und ich fahren abends mit Larch und einigen anderen in einem verbeulten Bus nach Denham, parken vor dem Eingang des Naturschutzgebiets, ziehen unsere Stirnlampen auf und laufen mit den Rucksäcken in den dunklen Park. Kaum jemand spricht, während wir unter den Bäumen die Wege entlanggehen. Auf einmal sehe ich in einiger Entfernung eine Taschenlampe aufblitzen: »Ist das auch einer von euch?«, frage ich Larch. Er antwortet nicht, sondern läuft weiter den Pfad entlang, dann über eine Holzbrücke. Der Weg nach links ist mit Metallzäunen verstellt, Larch geht ein Stück weiter, nimmt einen Trampelpfad, und auf einmal sehe ich vor uns einen Stützpunkt, und es dämmert mir: Das war keine Besetzerin, das war Security. Drei Meter hohe Zäune umgeben den Compound, darauf Flutlichtscheinwerfer, dahinter Sicherheitsmänner, die unsere Bewegungen aufmerksam registrieren. Funkgeräte fangen an zu knistern. Wir drücken uns den Zaun entlang und kommen auf der anderen Seite an einer Holzbarrikade raus: Das Denham Nature Protection Camp, wo Larch und ein Dutzend andere Waldbesetzerinnen leben. Jemand schiebt eine Tür auf, wir passieren die Barrikade, in der Dunkelheit kann ich dahinter vieles nur schemenhaft ausmachen. Alle sind müde von dem zweitägigen Treffen, und Larch zeigt uns ein Baumhaus, in dem wir übernachten können. Eine Holzplattform, die sich auf drei Bäume stützt, darüber gespannte Plastikplanen. »Wenn die Polizei räumt, rückt sie meist morgens um fünf Uhr an. Seid einfach höflich und sagt, dass ihr euch freiwillig entfernen wollt, dann machen sie meist Platz, nehmt eure Sachen und zieht euch zurück«, sagt Larch und verabschiedet sich. Theresa und ich tauschen einen Blick aus, um uns zu versichern, dass wir das wirklich machen wollen. Dann klettern wir hoch. Eine der beiden Matratzen im Baumhaus ist voller Hundehaare und riecht streng, die andere ist nur fünf Zentimeter dick. Wir holen unsere Isomatten raus, legen sie darauf, rollen unsere Schlafsäcke aus, kriechen rein. Theresa lächelt mich noch mal erschöpft an, ich lächele zurück. Wir knipsen unsere Lampen aus und schlafen ein.

*

Ein Klopfen weckt mich. »Viel zu früh«, denke ich, kuschele mich instinktiv nochmal in meinem Schlafsack ein. Dann wird mir bewusst, dass gar niemand geklopft hat. Was hat mich geweckt? Ich öffne die Augen. Oben von den Planen tropft es alle zwei Sekunden in eine Pfütze direkt neben meinem Gesicht. Es hat über Nacht angefangen zu regnen. Raphael ist schon aufgestanden, ich hoffe, er hat einen Kessel heißes Wasser aufgesetzt. Meine Kleider sind klamm und feucht, ich ziehe sie an und hangele mich von Stufe zu Stufe den Baum runter, muss mich unten erst mal neu orientieren. Gestern im Dunkeln sah alles ganz anders aus. Die Komposttoilette ist gut ausgeschildert, aber das Küchenzelt nicht. Ich folge einem der kleinen Pfade, die zwischen knorrigen Wurzeln durchs Camp führen. An einem Baumstamm hängt ein Bilderrahmen, im Vorbeigehen überrascht mich mein Spiegelbild. Ich gucke verdutzt in mein verschlafenes Gesicht. Seit drei Tagen habe ich mich nicht selbst gesehen und merke, wie das etwas mit mir macht. Irgendwie gibt das Leben hier draußen eine neue Freiheit, einfach ich zu sein. Ich überlasse dem Spiegel wieder die Aufgabe, das grüne Dickicht zu reflektieren, und laufe weiter. Auf fast jedem größeren Baum thront eine Holzkonstruktion. Ich laufe vorbei an einer kleinen Hütte mit Solardach und bleibe am schmalen Fluss stehen, der das Camp vom HS2-Komplex auf der gegenüberliegenden Uferseite trennt. Zwei Männer in orangen Warnanzügen halten dort hinter dem Zaun Wache.

Ich laufe den Fluss hoch, da kommt mir Raphael entgegen.

»Guten Morgen!«, murmel ich, »gibt's schon heißes Wasser?«

»Nein«, sagt er und grinst, »ich hab Eiskaffee gemacht: Instantkaffeepulver mit Hafermilch.«

Ich muss lachen und schüttele den Kopf, so kann ich auf keinen Fall in den Tag starten. Ich finde das Küchenzelt, außer mir ist niemand darin, viele bleiben nachts wach und legen sich erst schlafen, wenn klar ist, dass für heute keine Polizei im Anmarsch ist. Ich finde ein paar Stöcke, die halbwegs trocken geblieben sind, und nehme mir vor, später einen großen Stapel Feuerholz aufzuschichten, damit die Suche nicht jedes Mal von vorne beginnt. Ich baue aus allen Zweigen ein kleines Tipi in der Feuerschale und zünde ein Stück Papier an. Ein paar Minuten später steht der verrußte Kessel auf dem Rost, und meine Augen tränen vom Qualm. Es fühlt sich trotzdem gut an. Am Eingang hat jemand einen Pappkarton befestigt, auf dem mit grünem Filzstift geschrieben steht: *In Solidarity with Amazon Earth Defenders.* 2019 wurden weltweit zweihundertzwölf Morde im Zusammenhang mit Umweltschutz dokumentiert, die meisten davon in Lateinamerika, dreiunddreißig alleine im Amazonasgebiet. Es ist etwas anderes, denke ich, den Regenwald gegen Holzfäller, Bulldozer und Soldaten zu verteidigen und dabei buchstäblich sein Leben zu riskieren oder sich dafür zu entscheiden, hier ein paar Monate in den Denham Country Park zu ziehen. Als das Wasser gerade zu kochen beginnt, kommt ein Rotkehlchen geflogen, landet auf einem Mülleimer, hüpft von da auf einen Stuhl, flattert auf die Apfelkiste und legt den Kopf schräg. Ich beobachte es eine Weile, doch bald ist unsere Zweisamkeit vorbei, nach und nach kommen andere in das Küchenzelt und freuen sich über den dampfenden Kessel. Der Tag nimmt seinen Lauf, es steht »Containern« in den Mülltonnen des nächsten Supermarkts auf dem Plan, dann Klettertraining, und außerdem soll später ein Ökologe ins Camp kommen, der mit der Gruppe die Umgebung nach Nistlöchern von Fledermäusen oder Anzeichen für andere bedrohte Tierarten absuchen und so Beweise für ein mögliches Gerichtsverfahren gegen die Bauarbeiten sammeln will. Larch hatte uns gesagt, wir könnten mit einer Aktivistin sprechen, die sich Blackbird nennt, wenn wir noch mehr wissen wollen. Sie hat uns vorhin kurz begrüßt, und seit ich sie am Wochenende zum ersten Mal gesehen habe, habe ich irgendwie Respekt vor ihr. Sie ist vielleicht zehn Jahre älter als die meisten anderen, Mitte dreißig, steht aufrecht, mit beiden Beinen auf dem Boden, und strahlt eine gewisse Ruhe aus. Sie hat erst am späten Nachmittag Zeit für uns, aber wir könnten schon mal am Klettertraining teilnehmen. »Klettern ist immer noch ein Männer-Ding hier«, sagt Blackbird, »und ich hab so keine Lust mehr, Männern zuzuhören.« Deshalb hat sie dafür gesorgt, dass heute keine cis-Typen das Sagen haben. Eine Gruppe übt schon in der Nähe unseres Baumhauses, wir stehen mit ein paar anderen im Kreis um zwei Eschen, von deren Wipfeln ein Seil herunterhängt. Ich sehe nicht, wo es befestigt ist, weil es durch ein Loch in der Plattform führt, auf der wir Blackbird später treffen sollen – also wenn wir gelernt haben, wie man da hinaufklettert. Der Gurt ist nagelneu, aber zwei Nummern zu groß für mich. Broccoli leitet das Training – Latzhose, Pferdeschwanz, studiert eigentlich in London – und ist wie viele seit dem Lockdown im Frühling regelmäßig in den Camps. Sie zeigt uns, wie wir mit dem Messer ein dünnes Seil in Stücke schneiden und daraus Schlaufen machen, die wir später wie eine Art Trittleiter verwenden sollen. Es erinnert mich an die Zaubertricks, die ich als Kind gelernt habe, wie wir da so sitzen mit unseren Seilen, und ich versuche mir zu merken, welches Ende durch den Knoten muss. Nach einer Weile habe ich den Dreh raus. Die fertigen Schlaufen wickeln wir dreimal um das Seil am Baum, »ja, noch einmal durch, genau, fertig ist dein Prusikknoten«, sagt Broccoli. Ein Kinderspiel. »Nur nicht vergessen, die Stränge so zu ordnen, dass sie sauber nebeneinanderliegen, bevor du zuziehst. Da hängt später dein Leben dran!« Alles klar, denke ich, kann losgehen. Als ich gerade meinen linken Fuß in die Schlaufe stecke und mich am Seil hochziehen will, höre ich jemanden hinter mir auf Deutsch sagen: »Kommt ihr da auch wieder runter, wenn ihr oben seid?« Ein Typ in Lederjacke steht breitbeinig hinter mir und grinst. »Ich frag nur, weil wir im Hambi oft das Problem hatten, dass Journalisten oben im Baumhaus Höhenangst bekommen haben und wir sie retten mussten. Irgendwann haben wir dann einen Rollstuhlzugang gebaut, mit dem man Fotografen und so einfach wie im Aufzug hochziehen konnte, weil es uns zu doof war.«

»Easy«, sage ich und gucke hoch zur Plattform zehn Meter über mir. Macker, denke ich und schiebe die andere Schlaufe nach oben, damit ich auch mit dem rechten Fuß vom Boden abheben kann. Es ist leichter als gedacht, Schlaufe für Schlaufe, Stufe für Stufe klettere ich das Seil hinauf. Ein paar Minuten später sitzen Raphael, Blackbird und ich auf drei Brettern in windiger Höhe, die Füße baumeln in der Luft, der Baumstamm ächzt hinter uns. Von der Plattform hat man einen viel besseren Überblick, wer ins Camp kommt, wer geht, was die Security auf der anderen Seite des Zauns so treibt. Wie sich die Weide gegenüber im Wind wiegt, die Blesshuhnfamilie gegen den Strom schwimmt und die Bäume flussabwärts ein einziges Meer aus Grün bilden. Ich sehe von hier oben zum ersten Mal die Schönheit dieses Naturschutzgebietes und nicht nur die Barrikaden und matschigen Geheimwege und muss daran denken, was Rebecca Solnit mal über erfolgreiche Umweltproteste geschrieben hat: Sie sehen aus, als wäre nichts passiert – die Mine nicht eröffnet, das Land nicht mit Teer versiegelt, das Grundwasser nicht mit dreckigen Fabrikabfällen verunreinigt, der Flughafen nicht erweitert, die Zugstrecke nicht gebaut. Wenn die Aktivistinnen HS2 erfolgreich stoppen, können die Blesshühner weiterhin ihre Küken auf diesem Fluss aufziehen. Wenn nicht, wird sich bald niemand mehr daran erinnern, dass es hier einmal Blesshühner gab.

Bevor wir Blackbird zu HS2 fragen, machen wir einen kurzen Check-in: Wie geht es dir gerade? Blackbird sagt, wie dankbar sie für diese Flucht in die Baumkronen mit uns ist. »Da unten ist immer so viel los. Es tut mir gut, mal durchzuatmen.« Raphael meint, dass es sich gut anfühlt, dass wir bisher überall in England so offen empfangen wurden und dass er sich darüber freut, wie nahtlos die Reise abläuft. »Ich bin immer noch hibbelig vom Adrenalin«, sage ich. Vor ein paar Stunden hätte ich nicht gedacht, dass ich jetzt hier oben auf der Plattform sitzen würde. »Ich bin auch nicht frei von Höhenangst«, sagt Blackbird mit ihrer angenehm ruhigen Stimme. »Irgendwann geht's besser, aber die ersten Nächte im Baumhaus waren der Horror.« Sie trägt ihre dunkelbraunen dicken Haare zu einem Dutt auf dem Kopf, um den Hals eine Kette mit einem Stein, der aussieht, als hätte sie ihn im Wald gefunden. Sie fängt an zu erzählen, wie sie von der Grünen-Politikerin, von der wir bereits gehört haben, zum ersten Mal von den Protesten gegen HS2 erfuhr. In dem Vortrag ging es um die Bohrungen an der Harvel Road, die für den Bau der Zugtrasse gemacht werden sollen, tief in den Kalkstein hinein. Das Grundwasser, das darunter liegt, versorgt etwa ein Drittel von London. Käme es zu Problemen durch die Bauarbeiten, wäre also das Trinkwasser von 3,2 Millionen Menschen in Gefahr, so die Bedenken. »Ich habe diese Zahlen gehört und dachte nur: Was? Warum machen sich da nicht mehr Leute Sorgen? Es geht um unser Wasser!«

Sie kam immer öfter zu Besuch in die Camps, doch eigentlich sei sie nie gern unter Leuten gewesen, und sich einer Besetzung anzuschließen sei für sie eine schreckliche Vorstellung gewesen, auch wegen der gemeinsamen Mahlzeiten. »Ich hatte früher viele Essstörungen«, sagt sie und erzählt, wie sie sich jahrelang an der gesellschaftlichen Erwartung einer Körpernorm abgearbeitet habe. »Ja, es ist verrückt«, sage ich, »dass uns an jeder Ecke vermittelt wird, wie wir auszusehen haben, was wir essen dürfen, um erfolgreich oder beliebt zu sein.« Blackbird stimmt mir zu und erzählt, dass sie nach dem Geografie-Studium unzählige Jobs gemacht habe, die meisten nicht länger als vier Monate, viele endeten im Burn-out: Kellnern, Putzen, psychosoziale Betreuung, Verwaltungsarbeit bei der britischen Gesundheitsbehörde NHS. »Ich hab mich nie besonders widerstandsfähig gefühlt«, sagt sie und klingt irgendwie, als hätte sie ihren Frieden damit gemacht. Ich könnte Blackbird ewig zuhören, wie sie so selbstverständlich über etwas spricht, für das es sonst zu selten einen Raum gibt. Scham. Zweifel. Selbsthass. »Über die Jahre wurde es besser, aber dann kam der Lockdown Anfang 2020. Ich hab mich schon eingesperrt in meiner kleinen Wohnung gesehen, wo ich nichts Besseres zu tun gehabt hätte, als zu essen.« Es sei keine Option gewesen, wieder in alte Muster zu verfallen, wieder eine Stresssituation durch Essen kontrollieren zu müssen. Sie trat die Flucht nach vorn an und zog ins Camp. Es sei ungewöhnlich, in unserer individualistischen Gesellschaft in Gemeinschaft zu leben. Radikal habe sich das angefühlt, diesen Schritt zu gehen. Und es tat ihr gut. »Zu Hause habe ich mich oft so abgeschnitten von der Welt gefühlt, wenn ich Nachrichten geguckt habe, total machtlos«, erinnert sie sich. Im Camp hatte sie Leute, mit denen sie ihren Frust über die britische Politik, über Corona und Brexit, ihre Wut über die Brände in Kalifornien und die Rodungen von HS2 teilen konnte. »Hier fühle ich mich gebraucht. Hier kann ich was tun. Und es ist wirklich anders, mit dem ganzen Körper das zu verarbeiten, was da draußen alles passiert, als nur gedanklich. Ich meine, wir versuchen ja alle nur, irgendwie durch die abgefuckteste Situation zu kommen, die man sich vorstellen kann, oder?«

Wie schnell das Vertrauen innerhalb der Gruppe gewachsen ist, hat Blackbird selbst überrascht. Sie erzählt uns von einem Abend, als eine Abiturientin am Feuer den anderen ihr ganzes Herz ausgeschüttet hat, anfing zu weinen und gar nicht mehr aufhören konnte und wie alle bei ihr blieben und gemeinsam über ihre Probleme redeten. »Es war eine unglaubliche Unterhaltung, und ich dachte mir irgendwann: ›Wow, wie hätte sich mein Leben entwickelt, hätte ich in ihrem Alter so etwas erlebt, anstatt allein zu sein, aus Frust zu fressen, durch all diese Schmerzen zu gehen?‹« Früher habe sie sich so gefühlt, als sei sie für andere eine Last, wenn es ihr nicht gut ging, wenn sie getröstet werden musste. Mittlerweile habe sie begriffen, dass daraus auch eine Stärke erwachsen ist. Sie hat ein gutes Gespür für die Unsicherheiten der anderen und versteht, wie sie mit Empathie helfen kann, sodass sie für viele im Camp eine wichtige Stütze geworden ist. »Auf eine Art kann ich meine Unsicherheiten also für etwas Nützliches einsetzen.« Und auch sie selbst kann mit ihren schwierigen Gefühlen im Wald besser umgehen, die Wut führt nicht mehr zu einem Fressflash.

»Woher, glaubst du, kommt deine ganze Wut?«, fragt Raphael. »Ich würde mal sagen, da staut sich bei vielen Frauen in dieser patriarchalen Gesellschaft etwas an«, sagt sie und spricht jetzt deutlich schneller. »Es steckt auf jeden Fall noch mehr Wut in mir, darüber, wie die Mächtigen ihre Macht missbrauchen, über die soziale Ungleichheit, die Zerstörung der Natur – die Respektlosigkeit, einen sechshundert Jahre alten Baum zu fällen, muss man erst mal haben. Ich finde das immer wieder schockierend.« Doch anders als früher habe sie jetzt ein Ventil für diese Wut, richte sie nicht mehr gegen sich selbst. Natürlich sei es krass, sich immer wieder mit der Polizei und der Security anzulegen, den eigenen Körper vor einen laufenden Bagger zu stellen, in der Kälte in einem Baumhaus auszuharren. Aber es fühle sich richtig an, ihrer Wut so Ausdruck zu verleihen, sich nicht mehr selbst zu zerstören, sondern stattdessen die Zerstörung der Welt da draußen zu stoppen.

*

Ich schrecke auf, es ist mitten in der Nacht. Die Plastikplanen über mir blähen sich wie Segel, eine Böe fährt hinein, die Planen schlagen mit lautem Knall um. Neben meinem Kopf klafft eine Lücke, ich sehe, wie draußen der Wind an den Blättern zerrt. Ich versuche zu schlafen, wache immer wieder vom Geräusch der Planen auf, der Wind bläst mir durch die Lücke ins Gesicht. Ich merke, wie ich davon Kopfschmerzen bekomme, ziehe meine Jacke an und die Kapuze über den Kopf. Es hilft nicht. Ich liege wach da, starre in die Dunkelheit. Zyklon Idai fegte mit fast zweihundert Stundenkilometern über Antonias Dorf hinweg, ich kann mir immer noch nicht vorstellen, wie das gewesen sein muss. Am nächsten Morgen stehe ich früh auf, der Wind ist weg und hat die Wolken mitgenommen. Theresa schläft noch, ich schlüpfe in meine Schuhe, klettere aus dem Baumhaus, gehe den Trampelpfad am Fluss entlang und komme zum Küchenzelt. Das Feuer brennt schon, ein Typ sitzt in einem verbogenen Stuhl, rollt sich einen Joint. Ich habe noch keine Lust, mich zu unterhalten, mache mir einen Kaffee und gehe ein Stück weiter das Ufer entlang. An einer Stelle hat jemand eine alte Bahnschwelle in die Uferböschung eingegraben, sodass man darauf sitzen kann. Neben mir wächst ein Brombeerbusch, Efeu rankt sich einen alten Baum hoch, vor mir im Fluss schwimmen zwei Haubentaucher und genießen die ersten Sonnenstrahlen des Tages. Am anderen Ufer liegt ein Golfplatz. Ein Mann im marineblauen Pullover legt sich einen Ball zurecht, stellt sich auf zum Probeschlag: den Körper leicht vorgebeugt, Augen auf dem Ball, hebt er den Schläger hinter den Rücken, beim Schwung dreht er Hüfte und Schultern, streckt dann Arme und Handgelenke durch. Der gestutzte Rasen, die angelegten Teiche, der Versuch des Golfers, immer wieder möglichst perfekt die gleiche Bewegung auszuführen, wie ein Roboter – aus der Perspektive des Camps wirkt diese Anstrengung, alles einer künstlichen Regelhaftigkeit zu unterwerfen, bizarr, und auch wenn sich der Gedanke rebellischpubertär anfühlt, ist er nicht falsch. Ich frage mich schon lange, wie viel Regeltreue in einer Welt wie dieser noch angezeigt ist.

Als die Alternative für Deutschland (AfD) einmal in Berlin protestierte, lief ich bei der Gegendemonstration mit. Auf Twitter gab es anschließend die Diskussion, ob Journalistinnen das dürfen – sind wir nicht zur Objektivität verpflichtet? Der Vorwurf, kein richtiger Journalist zu sein, traf mich, gleichzeitig dachte ich mir: Die Aufgabe von Journalistinnen ist es, die Demokratie zu beschützen. Die AfD ist eine antidemokratische Partei, immer wieder droht sie Journalistinnen. Ich sehe da keinen Widerspruch, kann ich doch faktentreu berichten und mich trotzdem auch darüber hinaus einbringen – genau diese Auffassung vertrat ich in einem Interview mit einem Branchenmagazin und wurde nachher dafür kritisiert. Es ging so weit, dass mir bei einem Mittagessen in der Kantine einer großen Redaktion Skepsis entgegenschlug: Raphael, was bist du eigentlich für einer? Kann man dir trauen? Oder handeln wir uns Ärger mit dir ein? Objektivität ist im Journalismus manchmal ein anderes Wort dafür, nichts mit alldem zu tun zu haben, außer- und oberhalb der Welt zu stehen. Bei der AfD lässt sich noch das Argument vorbringen, dass man die eigene Glaubwürdigkeit gegenüber ihren Wählern verliert, aber bei der Klimakrise? Dabei herrscht unter Journalistinnen noch weitgehend Konsens, dass die Demokratie zu schützen ist, beim Schutz der globalen Lebensgrundlagen gilt das schon nicht mehr. Wieso? Unablässig wächst die wissenschaftliche Beweislast für die Zerstörung. Jeden Tag zeigt sich, dass sie jede Einzelne von uns betrifft. Ja, heißt es dann oft ausweichend, ein guter Journalist macht sich mit nichts gemein, auch nicht mit einer guten Sache. Nicht nur, dass der Urheber des Satzes da unvollständig zitiert wird, nein, ich stelle mir vor allem die Frage: Können wir es uns in unserer Situation noch leisten, alte Glaubenssätze und Regeln zu befolgen angesichts dessen, wohin sie geführt haben? Sind sie nicht längst überkommen? Wie Larch schon sagte, fünfzig Prozent aller Emissionen sind in den vergangenen drei Jahrzehnten produziert worden, also zum Teil in meiner Zeit als Journalist, aber vor allem vor den Augen all jener, die heutzutage in den Führungspositionen der großen Medienhäuser sitzen. Ich habe bei vielen Themen schon länger das Gefühl, dass unser Verhalten zu zurückhaltend ist, aber auch ich habe mich immer wieder einzwängen lassen in dieses unsichtbare Korsett aus Gepflogenheiten und vermeintlichem Anstand, habe weitergemacht, weil ich dachte, so läuft das Spiel halt: immer höflich, immer wohltemperiert, das Maß der eigenen Gefühle ignorierend angesichts der weltweiten Zerstörung. Kurz vor seinem Tod schrieb der Autor Roger Willemsen: »Das Gefühl ist ein schlechter Ratgeber, sagen wir immer noch – als ob der gesunde Menschenverstand ein besserer wäre!«

Das System, in dem wir leben, bricht alle Regeln des Zusammenlebens. Vielleicht ist es deshalb an der Zeit, seine Regeln zu brechen. Vielleicht ist es Zeit, meinem Gefühl zu Vertrauen und es in Aktion zu verwandeln.

Es ist kurz vor zwölf. Wir schlüpfen durch die Frontbarrikade, folgen einem schmalen Weg durch den Wald. Die anderen sind schon los zum Treffpunkt, wir sind die Letzten. An der Stelle, an der der Trampelpfad in einen befestigten Weg mündet, bleibt Theresa kurz stehen und legt ihre Hand auf die Borke einer Birke. Sie ist ganz rissig, Efeu rankt sich daran hoch, seine Sprossachsen armdick, und als ich näher komme, verschwinden Insekten in den Falten der Rinde. »So eine alte Birke habe ich noch nie gesehen«, sagt Theresa. »Das sind eigentlich Pioniergewächse, die ersten, die irgendwo wachsen, wenn wieder etwas verwildert.« Verwildern, denke ich im Weiterlaufen, ist ein gutes Wort für das, was in den Camps mit einem passiert. Hinter einer Brücke liegt ein weiterer Teil des Golfplatzes, wir laufen darüber und folgen einer Landstraße. Riesige Lastwagen donnern an uns vorbei, dann sehen wir sie: die HS2-Baustelle an der Harvel-Road, wegen der befürchtet wird, Londons Trinkwasser könnte verschmutzt werden. Endlos lange Gittermattenzäune schirmen die betonierte Trasse ab, Bagger und Bulldozer wirbeln Staub auf. Wir passieren das Tor, das aus der Baustelle auf die Landstraße führt, sehen Security-Männer da stehen, spüren ihre misstrauischen Blicke auf uns. Wir folgen einer kleineren Straßenabzweigung und kommen zu einer geschlossenen Gaststätte. Auf dem Parkplatz davor sitzen in kleinen Gruppen die anderen. Knapp dreißig Aktivistinnen insgesamt, alle tragen ihre Corona-Maske, die heute vor Viren und der Identifizierung durch Videoaufnahmen gleichermaßen schützen soll. Der Plan: die Baustelle besetzen, um die Arbeiten zu blockieren, und Bilder der Aktion produzieren, um auf Social Media weiter auf die Zerstörung aufmerksam zu machen.

Wir laufen die kleine Straße zurück, biegen vor der Landstraße auf ein Feld ab, das in Richtung der Baustelle liegt. Alle bekommen einen weißen Maleranzug zum Überziehen. Einige ziehen noch Plastiktüten über ihre Schuhe, um später auf Filmaufnahmen nicht an ihren Schuhen erkannt werden zu können. Dann geht es los. In einer Reihe laufen wir über eine langgestreckte Heide, Brombeerranken bedecken den Boden, ihre Dornen verfangen sich in den weißen Anzügen, ich bleibe ständig hängen und fluche still in mich hinein. Trabend erreichen wir ein Waldstück, schlagen uns durch das Gehölz, laufen weiter, weichen dem herumliegenden Totholz und niedrig hängenden Ästen aus, dann kommt von vorne ein Handzeichen: Hinknien! Der Lärm der Baustelle dringt schon herüber, wir sind ganz nah, nur eine umgestürzte Robinie gibt uns Sichtschutz. Theresa und ich sind im vorderen Drittel der Reihe, ich blicke die Gruppe entlang. Zwischen den Kapuzen der Anzüge und den Masken gucken nur die Augen hervor. Alle sehen gleich aus, und alle scheinen entschlossen, die Aktion durchzuziehen. »Los!«, zischt der Vorderste und rennt durch das letzte Stück Wald, und wir hinterher, ab dem Waldrand steigt die Wiese steil an, obendrauf steht ein drei Meter hoher Zaun. Die Bauarbeiter sehen uns sofort, schlagen Alarm. Neben mir zündet jemand eine Rauchbombe, dann noch eine. Gelber und pinker Nebel hüllen uns ein. Ich erreiche den Zaun, kralle meine Finger hinein, ziehe mich hoch. Die senkrechten Metallstäbe sind dick und stehen nah beieinander, zu nah, um sicheren Halt mit den Schuhen zu finden. Ich keile meine Schuhspitze quer hinein, drücke mich hoch, bekomme die Oberseite des Zauns zu fassen, ziehe mich weiter hoch, schwinge ein Bein hinüber. Die Spitze des Zauns sticht in meine Hände, ich habe Angst, abzurutschen und mir die Arme oder Oberschenkel aufzureißen. Plötzlich fängt der obere Teil des Zauns an, nach außen zu kippen. Mir entfährt ein überraschter Schrei. Ich bekomme das zweite Bein rüber, springe ab und lande hart in der aufgebrochenen Erde, stütze mich mit den Händen ab, stehe auf und drehe mich um.

*

Der obere Teil des Zauns neigt sich immer weiter, ich merke, wie die Zaunspitzen meine Jeans zerreißen. »Raphael!«, rufe ich. Er hört mich, kommt gelaufen, stellt sich mit dem Rücken aufrecht gegen den Zaun, ich setze meinen Fuß auf seine Schulter und schwinge das zweite Bein über den Zaun. Mit einem Satz lande ich in der Baustelle. Eine andere Aktivistin hängt noch im Zaun, sie tut es mir gleich, stellt ihre kantigen Schuhsohlen auf Raphaels Schultern, sodass er vor Schmerz das Gesicht verzieht. Ich rapple mich auf, drücke mit meinen Händen von unten gegen ihre Schuhe, sie nutzt den Halt, schafft es rüber. Jede, die drüben ist, hilft Nachzüglerinnen, dann rennen wir auch das letzte Stück zur Trasse hoch. Oben stehen ein Bagger und zwei riesige Lastwagen, randvoll beladen mit Erde, ihre Reifen reichen mir bis zum Kinn. Einige rennen direkt weiter, klettern an den Maschinen hoch, steigen auf die Ladeflächen und Fahrerkabinen. Die Männer darin gucken verdutzt. Jemand zieht mehrere Banner aus seinem Rucksack und schmeißt sie zu jenen ganz oben, zwei Leute neben mir umarmen sich lange, die Augen geschlossen, ich gucke zu Raphael. Sein Atem geht schwer, er sieht nervös aus, lächelt aber. Ich merke, dass mein Mund trocken ist, und trinke einen Schluck, die Flasche ist fast leer, und wer weiß, wie lange die Aktion noch dauert. Bisher habe ich immer nur über Waldbesetzungen berichtet, bin im Hambacher Forst in meiner Rolle als Reporterin geblieben, habe andere gefragt, wie es ihnen dabei ging, auf das Betriebsgelände von RWE zu laufen, Braunkohlebagger zu stoppen und sich von der Polizei in Handschellen abführen zu lassen. Ich merke, wie ich auch deshalb unruhig bin, weil ich die Gesetzeslage hier gar nicht gut kenne. Irgendwo auf halber Strecke zwischen Treffpunkt und Wald hat uns ein Aktivist kurz erklärt, dass eine gerichtliche Verfügung Demonstrationen auf diesem Gebiet verbietet, auf Zuwiderhandlung stünden bis zu zwei Jahre Gefängnis, aber unsere Aktion sei genau deshalb so wichtig, nicht nur als Protest gegen den Bau von HS2, sondern auch gegen ein noch drakonischeres Gesetz, das Proteste noch mal zusätzlich erschwere und Unternehmensrechte über die Rechte der Natur stelle. In der Ferne sehe ich zwei Security-Männer, die näher kommen, ganz in Orange, dazu Handschuhe, Schutzbrillen und vor der Brust eine kleine schwarze Kamera. Einige Meter vor uns bleiben sie stehen.

»Hey, ihr da«, ruft einer. »Runter von den Maschinen.«

»Was?«, ruft jemand von oben runter.

»Ich habe gesagt, runter von den Maschinen. Zu eurer eigenen Sicherheit, die Motoren sind heiß.«

»Für deine eigene Sicherheit, hör auf, für HS2 zu arbeiten!«, kommt die Antwort von oben.

»Ich meine es ernst!«

»Wir auch, wir sind hier für die Sicherheit unserer Zukunft.«

»Lass ihn doch mal sprechen«, ruft ein anderer Besetzer dazwischen. »Und dann geben wir ihm eine angemessene Antwort.«

»Kommt da runter, damit niemand verletzt wird«, ruft der Security-Mann.

»Okay, sollen wir uns in Arbeitsgruppen aufteilen, um eine Antwort zu überlegen? Oder sollen wir erst mal mit einem Check-in anfangen?« Die Gruppe bricht in Gelächter aus.

»Ich fühle mich ganz beflügelt heute«, ruft einer oben auf dem Laster.

»Ich fühle mich richtig heiß«, ein anderer und lüftet seinen weißen Anzug.

»Ich fühle mich ganz niedergeschlagen hier unten«, ruft ein weiterer.

Der Security-Mann ruft dazwischen: »Ich will euch nur klarmachen, dass das hier eine Baustelle ist.«

Einer der Besetzer scheint sich an Larchs Worte zu erinnern. Nicht die Arbeiterinnen sind das Problem, sondern das Projekt. Er geht zu dem Security-Mann, hört sich seine Bedenken an, verstrickt ihn in ein Gespräch, aber der bleibt bei seiner Meinung und ruft den Leuten auf dem Bagger erneut zu: »Kommt jetzt da runter!« Die Aktivistinnen tun so, als hörten sie nichts, und stimmen ein Lied an. Die Security gibt auf und zieht sich zurück.

*

Mein Puls beruhigt sich, ich gucke hoch zur Oberkante des Lastwagens. Eine der Aktivistinnen hat angefangen, auf ihrer Ukulele zu spielen, singt dazu:

»And I pray, oh my god do I pray
I pray every single day
For a revolution.«

Links neben ihr tanzt eine andere im weißen Anzug, lässt Arme und Hüften weit kreisen, rechts von der Sängerin steht ein Typ mit schwarzer Gesichtsmaske, reckt die rechte Faust in die Luft, hält darin die Ecke eines Banners fest: *Wir haben keine Angst vor dem Gefängnis!* Das Banner ist zur Fahrerkabine gespannt, wo sein Kollege es festhält, vor ihm sitzen zwei weitere, der eine lässt die Beine von der Kabinenseite baumeln, klopft den Takt des Liedes auf dem Kabinendach mit, der andere guckt die Trasse entlang, ob weitere Wachleute kommen. Auf der Leiter der Beifahrertür sitzt eine Aktivistin mit Trillerpfeife um den Hals und hält sich den Kopf, als könne sie es alles nicht glauben.

Ich gucke runter zum Eingang der Baustelle, wo das Tor ist, an dem Theresa und ich auf dem Hinweg vorbeigekommen sind, und sehe drei schwarze Pick-ups anrollen. Auch andere haben sie gesehen. »Die können uns nicht viel, dafür sind wir zu viele«, sagt eine neben mir. Trotzdem kommt Bewegung in die Gruppe.

Die Pick-ups halten, mehrere Wachleute steigen aus. Sie tragen schwarze Uniformen, einer ist sogar komplett vermummt: Sturmmaske, schwarze Kappe und Sonnenbrille. Anders als die Orangenen haben diese Wachleute die Lizenz, Gewalt gegen uns anzuwenden, flüstert mir einer zu. Es fühlt sich an, als kondensierte auf diesem Stück Asphalt zwischen dem Bagger und den beiden LKW in diesem Moment die ganze Welt: die tödliche Umweltzerstörung, der überlebenswichtige Widerstand dagegen. Ich merke, wie Nervosität in mir hochsteigt. Ich bin beeindruckt von der Aktion, aber das Ganze scheint mir auch einigermaßen unorganisiert. Ein Rückzugsplan ist nicht abgesprochen, und ich habe mich ziemlich weit aus meiner Komfortzone entfernt. Aber vielleicht ist das genau der Ort, an dem man sein muss, wenn man etwas verändern will.

*

Unsere Gruppe und die neuen Wachleute stehen sich gegenüber, die Situation heizt sich auf. »Ihr nehmt Geld von einer kriminellen Organisation!«, ruft einer der Besetzer.

»Und ihr habt eine Straftat begangen, guckt euch den zerstörten Zaun an«, gibt einer der Schwarzgekleideten zurück.

Auf seinen Unterarmen prangen zwei große Tattoos: ein Strauß Rosen und ein großer Buddha-Kopf. Sein Auftreten und die Motive, das passt vorn und hinten nicht zusammen.

»Habt ihr Beweise, dass wir das waren? Es war windig gestern Nacht, oder?«

»Ist mir egal. Wir werden euch festnehmen. Ich habe da kein Problem mit«, sagt der Wachmann. »Ich mache hier nur meinen Job.«

»Das haben schon viele Menschen im Lauf der Geschichte gesagt, und es war nicht unbedingt gut«, schallt es zurück. Eine Aktivistin tippt mich an, lehnt sich zu mir rüber: »Weil sie uns wahrscheinlich den Weg abschneiden werden, den wir gekommen sind, wurde vorgeschlagen, dass wir durchs Haupttor rauslaufen. Weitergeben.« Ich sage es Raphael, der den Kopf schüttelt und anscheinend das Gleiche denkt wie ich: Der Plan ist idiotisch. Von wo wir uns befinden können wir in alle Richtungen abhauen, aber unten am Ausgang der Baustelle stehen zwei Tore hintereinander. Sie könnten uns durchs erste durchlassen und es dann hinter uns schließen, und wir säßen in der Falle. Doch scheinbar setzt sich die Idee durch, wir müssen dem Plan wohl oder übel vertrauen.

*

Langsam formiert sich die Gruppe zu einem Zug, einige laufen mit einem Banner vorneweg, die anderen hinterher. Theresa und ich halten uns in der Mitte, ich schwitze vor Hitze und Aufregung. Die Straße führt bergab, nach zweihundert Metern sind links und rechts keine offenen Flächen mehr, stattdessen Abhänge und dann hohe Zäune. Die Security läuft vor und hinter uns, ihre Funkgeräte knacken hörbar, Befehle werden gegeben, die ich nicht verstehen kann, schon jetzt könnten sie uns einkesseln. Adrenalin pumpt durch meine Adern. Wir rücken näher zusammen, haken uns unter. Jemand spielt auf der Ukulele einen Song, den ich nicht kenne, die anderen stimmen ein. Wir biegen um eine Kurve und dann um noch eine, und ich merke, wie mein Herz immer schneller schlägt. Dann sehen wir das Tor. »Da sind ja noch viel mehr Arbeiter«, sagt Theresa.

»Ja, und bei den Zäunen kommen wir hier kaum raus«, antworte ich.

*

Schritt für Schritt kommen wir näher. Ein Security öffnet das erste Tor. Wir kommen näher, laufen hindurch, dann immer weiter zu auf das zweite Tor, es ist geschlossen, schneidet uns den Weg nach draußen ab. Die Gruppe rückt noch ein bisschen enger zusammen, geht stur weiter geradeaus. Ein Wachmann geht zum Riegel des zweiten Tors, schiebt ihn zurück und stößt es auf. Wir laufen durch, sind runter vom Gelände. Meine Fresse.

*

Wir sammeln uns auf der gegenüberliegenden Straßenseite. Ich kann immer noch nicht fassen, wie das geklappt hat, und frage einen von denen, die vorneweg gegangen sind. »Wir waren zu viele. Hätten die uns vorne am Tor festgesetzt, hätte es Stunden gedauert, bis die Polizei genug Leute zusammenbekommen hätte, um uns alle festzunehmen. In der ganzen Zeit wäre die Baustelle blockiert gewesen.« Krasser Move, denke ich und merke, wie die Euphorie mich packt, ich sehe die ganzen lachenden Gesichter, die Gruppe jubelt, alle schlagen ein. Wir stellen uns auf für ein Gruppenfoto. Siegerpose. Danach scheint es, als hätten einige immer noch nicht genug. Sie pöbeln in Richtung der Tore: »Fuck HS2!«, brüllen sie. Die Security sieht plötzlich ganz klein aus, hat jetzt nichts mehr zu tun. Die Bauarbeiten für eine Weile blockiert, gute Fotos und Videos für die Öffentlichkeitsarbeit produziert, keine Verhaftungen – es ist gut gelaufen für die Waldbesetzerinnen, aber auch die Wachleute sind fair geblieben. Ich sage zu jemandem neben mir, dass ich mich gern dafür bedanken würde. »Mach das doch«, sagt die Person, und ich gehe rüber zum Tor, zu dem Typ mit dem Buddha-Tattoo auf dem Arm. »Danke für Ihr professionelles Verhalten«, sage ich. Er nickt, sein Gesicht eine starre Maske, aber ich habe das Gefühl, dass ich ihn erreicht habe.

*

Die Polizei ist jetzt nicht mehr zu erwarten, die Gruppe läuft die Straße entlang, vorbei an weiteren HS2-Compounds über ein Feld. Wir verschwinden in einem Waldstück und kommen nach einer Weile an einem See heraus. Wie die anderen ziehe ich meinen weißen Anzug aus, dann meine Klamotten, lasse sie auf einem Haufen am Ufer liegen und wate in den See. Das Wasser ist eiskalt. Ich springe mit dem Kopf zuerst hinein, die Kälte spült über mich drüber, prustend komme ich an die Oberfläche, lasse mich ein bisschen treiben und schwimme dann zurück zum Ufer. Selten habe ich mich in meinem Leben so lebendig gefühlt.

BEWUSSTSEINSWANDEL

Theresa und ich treten durch das breite Tor, und vor uns entrollt sich eine parkähnliche Landschaft voller hügeliger Wiesen und alter Eichen. Wir sind mit dem Zug gekommen, und es hallen noch Sätze in meinem Kopf nach, die während der Fahrt gefallen sind: Schwarzfahren kostet mindestens zwanzig Pfund Strafe. Lassen Sie Ihr Gepäck nie unbeaufsichtigt. Tragen Sie eine Mund-Nasen-Bedeckung, Zuwiderhandlung wird bestraft. Alles für sich genommen richtig, aber in so vielen gesellschaftlichen Räumen ist Angst die grundlegende Stimmung, und es scheint, als würde sie eher immer weiter ansteigen und nicht weniger werden. Wann ist eigentlich mal die Möglichkeit dafür, Angst auch wieder loszulassen?

Das *Medicine* ist das einzige genehmigte Festival in Großbritannien dieses Jahr, die Auflagen sind streng: auch im Freien Abstand halten, im großen Tanzzelt Maske tragen, im Zweifel die Mitarbeiterinnen des Gesundheitsamts fragen, die auf dem Gelände präsent sind und die Einhaltung der Regeln überwachen. Vielleicht, denke ich, haben die Behörden es zugelassen, weil es bei diesem Festival nicht ums Feiern geht, es wird beworben als ein *Festival for People and Planet*: »Unsere Welt verändert sich, wir befinden uns in einer Zeit, die große Gefahren und große Versprechen bereithält. *Medicine* lädt euch ein, zusammenzukommen und die Frage zu erkunden: Wie können wir die Medizin sein?«, steht auf der Website. Wir haben entschieden herzukommen, auch weil Angela in Bristol gesagt hat, es gebe in dieser Zeit drei Dinge, die zu tun seien: Zukunftsmodelle entwickeln, um neue Lebensweisen zu finden, Widerstand leisten, um zu beschützen, was noch heil ist, und den inneren Wandel vorantreiben – von dort komme die Kraft und der Mut zu handeln. Angekündigt sind Vorträge und Workshops von Meditationslehrerinnen, Akademikerinnen und sogenannten ›Wisdom Keepers‹, die sich alle schon lange mit dem Potenzial beschäftigen, das spirituelle Praktiken haben, um das Bewusstsein zu erweitern – eine Veränderung, die dann auch zu äußerem Wandel führen soll. Auch wegen Corona haben wir gezögert herzukommen, vor allem aber weil einige der Angebote sehr esoterisch klingen. Doch dass der notwendige Wandel unserer Gesellschaften sehr tief ansetzen und grundlegend sein muss, das bestreiten wir nicht.

*

Wir schlagen unser Zelt unter einer riesigen alten Eiche auf. Ihr Stamm macht in drei Metern Höhe einen gewaltigen Bogen und reckt sich dann wieder senkrecht in die Höhe. Das grüne Blätterdach ist so dicht, dass es hoffentlich einige der angesagten Regenschauer abhalten wird. In England wachsen mehr alte Eichen als im ganzen restlichen Europa, Tausende von ihnen sind über 400 Jahre alt. Diese hier laufen nicht Gefahr, gefällt zu werden – das Anwesen gehört einem Adligen. Ich finde ein paar kleine Eicheln auf dem Boden und frage mich, was der Baum neben mir wohl auf diesem Gelände schon alles erlebt hat, seit er selbst eine Eichel war. Ich bin nicht gut drauf, vielleicht auch, weil es hier so offensichtlich ist, wie wenig sich die Verhältnisse seit der britischen Kolonialzeit geändert haben: Auf den Anwesen wird gefeiert, während andere schuften. Aber wir sind ja auch gekommen, um etwas zu lernen. Vom Zeltplatz laufen wir hinunter zum Bach, zeigen unser Ticket-Bändchen, überqueren eine kleine hölzerne Brücke und tauchen auf der anderen Seite ein in eine andere Welt. Traumfänger und Federn hängen von den Bäumen, den grauen Wolken zum Trotz tragen viele Frauen bunte Sommerkleider, mal kombiniert mit Cowboystiefeln, mal mit einem Fellmantel. Die Ansammlung von bunten Leggins vor dem Ingwer-Apfel-Tee-Stand lässt vermuten, dass gerade eine Yogastunde zu Ende gegangen ist, die Frisur sitzt bei den meisten trotzdem perfekt. Ich komme mir extrem underdressed vor in meiner Regenjacke und den schlammigen Schuhen. Aber der Ort ist magisch: Auf einer kleinen Lichtung schürt jemand am helllichten Tag ein Feuer, Farne bewachen das Unterholz, und über den sattgrünen Rhododendronblättern tanzt eine Lichterkette wie Glühwürmchen in einem verwunschenen Wald. Einen Moment lang fühle ich mich wie das Mädchen, das zwischen den Bäumen mit großen Augen den gigantischen Seifenblasen hinterherguckt, die durch die Luft wabern, zu hoch, um sie zu fangen.

Wir laufen weiter und gelangen zur Hauptbühne. Sie steht am Fuß eines flachen, baumbestandenen Abhangs und wirkt, als wüchse sie aus dem Boden: Äste und Zweige ranken sich links und rechts hoch, treffen sich in der Mitte und vereinigen sich rund um das Logo des Festivals, zwei stilisierte Schlangen, die sich umeinanderwinden wie die Doppelhelix eines DNA-Strangs. Vor der Bühne ist ein kleiner Schrein aufgebaut, rundherum liegen Maiskolben und Äpfel, als wären es Opfergaben für die beiden Schlangen. Daneben steht ein hüfthoher, funkelnder Amethyst, und ein Feuer knistert in einer Schale.

*

Auf der Wiese vor der Bühne stellen sich gerade Dutzende Menschen in einem großen Kreis auf. Eine Frau am Mikrofon sagt, wir würden jetzt unsere Gebete tanzen. Ich verstehe nicht ganz, was sie meint. Bald darauf setzt Djembé-Getrommel ein. Theresa guckt mich an. Ich zucke mit den Schultern. »Hast du Lust zu tanzen?«, frage ich. Wir stellen uns in den Kreis, der Rhythmus wird schneller, ich bewege ein bisschen den Oberkörper, die Leute um uns herum fangen an, sich zu schütteln, eine Frau jauchzt. Neben der Bühne tanzt jemand in einem langen Umhang, er sieht aus wie Aragorn aus *Herr der Ringe*. In mir sträubt sich etwas. »Jetzt möchte ich euch einladen, nach und nach in die Mitte zu kommen und da zu tanzen«, ruft die Frau am Mikrofon. Zwei Männer, einer mit langen Haaren, der andere mit Cornrows, treffen sich in der Mitte und umkreisen sich in einem akrobatischen Capoeira-Schaukampf. Danach gehen andere in den Kreis, der sich gebildet hat, und werfen die Arme in die Luft, springen, tanzen. Zwei Frauen twerken.

Die Trommeln werden lauter, drängender, der Rhythmus fängt mich ein, ich gehe mit, merke, wie die Energie aus dem Kreis langsam auf mich übergeht, wie ich Lust bekomme, in die Mitte zu gehen, mich aber nicht recht traue, und als ich so weit bin, werden die Schläge wieder langsamer, nehmen einen gleichmäßigen Takt auf. Wir formieren uns im Halbkreis um das Feuer, vor dem die Frau am Mikro steht. Sie fordert uns auf, unsere Augen zu schließen. »Spürt eure Dankbarkeit und

Inspiration«, ruft sie. Ich gucke Theresa an. Sie weiß auch nicht recht. Dann erklärt die Frau, was als Nächstes kommt. Zwei Schritte Richtung Feuerschale: Dankbarkeit. Zwei Schritte zur anderen Seite: Inspiration. Zwei Schritte zur Kreismitte: Geborgenheit. Zwei Schritte nach außen: Freiheit. »Spürt den Atem in euren Lungen, er ist das Leben. Spürt das Wasser in euch, das euch Klarheit gibt. Die Wärme vom Tanzen, sie ist euer Feuer, die Erde unter euch, sie gibt euch Wurzeln.« Ich mache die Schritte, merke aber, wie meine Gedanken abschweifen, zu Aufgaben, die ich erledigen muss. Eine E-Mail, die ich nicht abgeschickt habe. Die Frau ruft: »Öffnet die Augen.« Ich sehe ein Kind vor mir, barfuß und lachend, das die matschigen Zehen tief in den feuchten Boden gebohrt hat, und merke, wie die Stimmung auf der Wiese ausgetauscht ist – der Tanz im Kreis hat eine Vertrautheit geschaffen, eine neue Verbundenheit liegt über der Gruppe. Ein älterer Mann greift sich einen Spaten, hebt in der Mitte der Wiese ein Loch aus. Zwei Frauen kommen dazu, die Hände voller Rosenblätter. Sie knien sich hin, schließen kurz die Augen und lassen die Blätter in das Loch gleiten. Eine Frau mit einem roten Band um ihre schlohweißen Haare hat eine Räucherschale in der Hand, in der anderen ein paar Federn, die aussehen wie der Flügel einer Eule, mit dem sie einige Schläge macht und den Rauch über dem Loch verteilt. Es riecht wie angekokelter Salbeitee, intensiv und wohltuend. »Mich hat niemand gefragt, ob ich geräuchert werden will«, sagt Theresa. Ich lache. Es scheint, als wäre das alles Teil einer Eröffnungszeremonie für das Festival, die schon begonnen hat, bevor wir zum Tanz dazugekommen sind. Einige nehmen eine Handvoll Erde und geben sie in das Loch. Stück für Stück füllt es sich, die Rosenblätter verschwinden.

»Können wir das auch machen?«, frage ich Theresa.

»Was?«, sagt sie.

»Na, das«, sage ich, »komm!« Ich gehe nach vorne, knie mich hin und greife in die Erde. Sie ist dunkel, kühl und feucht. Ich halte sie kurz fest, werfe sie in das Loch, sehe nach Theresa. Sie kniet sich neben mich, nimmt etwas Erde, wiegt sie für einen langen Moment in der Hand. Dann wirft sie sie auch rein.

*

Ich habe mir im Programm alle Workshops markiert, die das Wort ›Healing‹ im Titel hatten. Die Zeit bei HS2 war intensiv, die Atmosphäre immer wieder angespannt. Ich habe gemerkt, wie viel Energie es braucht, um den Widerstand gegen ein festgefahrenes System aufrechtzuerhalten. Blackbird, Brokkoli und all die anderen sagen seit Monaten mit ihren Aktionen »Nein heißt Nein« zu einer Zerstörung, die eine lange Geschichte hat, die in Strukturen wurzelt, die viel größer sind als der Kampf gegen eine Bahntrasse. Für eine Welt, in der Klimagerechtigkeit und Naturschutz gelebte Normalität sind und nicht nur ein bunter Spruch auf einem Banner, braucht es eine tiefere Transformation, denke ich. Strukturelle Alternativen wie die Gemeinwohlökonomie, die in Totnes im Kleinen gelebt wird, finden in einer Gesellschaft keinen Halt, die »ego« größer schreibt als »eco«. Mit Blackbird hatten wir darüber gesprochen, wie wichtig utopische Orte für diesen Bewusstseinswandel sind, sie wäre gerne mitgekommen auf das Festival, musste aber in letzter Minute für die Organisation der nächsten Besetzung einspringen. Ein paar Tage weit weg von Kettensägen zu sein hätte ihr gutgetan, und unter so vielen inspirierenden Menschen sowieso, sagte Blackbird und erwähnt einige Namen. Einen habe ich nicht vergessen: Charlotte Pulver. Ihr Workshop trägt den Titel *Yew Healing*, ihn will ich nicht verpassen.

Charlotte steht schon am Lagerfeuer und wartet auf die letzten Teilnehmerinnen, ihre langen grau melierten Haare wehen offen im Wind. Jetzt erkenne ich ihr Gesicht von der Website des Festivals wieder, sie war angekündigt als eine der »Wisdom Keepers«. Sie komme aus einer Londoner Apotheker- und Ärzte-Familie, erzählt sie. »Aber mein Weg auf der Suche nach Gesundheit hat mich immer wieder in die Natur geführt.« Das Gesundheitssystem sei nicht darauf ausgelegt, Menschen zu heilen, denn dafür brauche es Zeit. Viel von dem, was zur Heilung dazugehöre, die in uns selbst und draußen in der Welt passieren müsse, liege auch darin, dass wir wieder mehr Verbindung zu unseren Traditionen, zu unseren Pflanzen und Bäumen aufnehmen. »Eigentlich ist alles bereit und wartet nur darauf, dass wir diesen Schritt gehen«, sagt Charlotte, und man will es ihr sofort glauben, so tief und beruhigend klingt ihre Stimme im Ohr.

Heute will sie mit uns zu einer Eibe pilgern, die über tausend Jahre alt sein soll. »Die Eibe wurde von unseren Vorfahren als der Baum der Götter verehrt. Die Besonderheit der Eibe ist nämlich: Sie hört nie auf zu wachsen – wenn wir sie nur ungestört lassen. Sie steht also wortwörtlich für die Ewigkeit.« Ich hatte die Eibe nie als Baum der ewigen Jugend, der Regeneration gesehen – mir wurde als Kind eingebläut, dass ich die Finger von den leuchtend roten Beeren lassen soll. Es gibt nur wenige so tödliche Pflanzen in Europa wie die Eibe, drei ihrer Kerne reichen, um einen Erwachsenen zu vergiften, auch Pferde und Schafe sterben, wenn sie nur hundert Gramm der Nadeln fressen. Besser also, uns Kindern beizubringen, wir sollen einen Bogen um sie machen, genauso tabu wie Fingerhut und Knollenblätterpilz. Charlotte holt ein kleines Fläschchen aus ihrer Tasche und hält es ins Licht. »Diese Tinktur habe ich aus den Früchten der Eibe gemacht«, sagt sie und schüttelt die orangerote Flüssigkeit. Die Eibe sei nämlich auch eine Heilpflanze, sofern man das Fruchtfleisch vorsichtig vom giftigen Kern entferne. »Wer will, bekommt von mir vor unserem Ausflug drei Tropfen. Das kann helfen, tiefer mit dem Baum in Verbindung zu treten«, sagt sie. Ich gehe einen Schritt auf sie zu, als sie mit der Pipette herumkommt. Die Tinktur schmeckt hauptsächlich nach Alkohol. Wohl der einzige auf dem ganzen Festivalgelände, denke ich, außer in ihrer Apotheke ist kein Alkohol erlaubt. Als sie ihre Runde beendet hat, laufen wir los in die entgegengesetzte Richtung des Zeltplatzes. Weil ich niemanden in der Gruppe kenne, bleibe ich hinter Charlotte und höre mit, wie sie einer angehenden Ärztin ihre Geschichte erzählt. Sie nennt sich selbst Alchemistin, stellt Präparate aus Heilkräutern her und hat einen Abschluss als Heilpraktikerin. Sie selbst nehme jeden Tag ein paar Tropfen des Elixiers, das Ephedrin in der Frucht wirke belebend, »herzöffnend«. Ich kenne Ephedrin nur aus ASPIRIN COMPLEX, es ist chemisch verwandt mit Adrenalin und wirkt ähnlich anregend. Dass es auch in den roten Früchten der Eibe steckt, wusste ich nicht. Ich verliere mich in meinen Gedanken und genieße es, ein bisschen alleine zu laufen.

Die Sonne bricht durch die Blätter einer Spitzeiche, ich sehe überall helle Flecken aufleuchten und tauche ein in die Atmosphäre des Waldes. In Japan gilt Waldbaden als Medizin, Wissenschaftler haben dort herausgefunden, dass schon nach einer Stunde im Wald Blutdruck, Puls und Stresshormonlevel sinken.

Auch ohne wissenschaftlichen Beweis ist es einfach großartig, so von Grün umgeben zu sein, sich wie ein Fisch unter Wasser zwischen den Pflanzen zu bewegen. Der Weg ist gesäumt von Brombeeren, dieses Jahr sind es besonders viele. »Wir sind da«, sagt Charlotte unvermittelt, und ich blicke mich um. Ich kann nichts erkennen, links geht eine Böschung hoch, rechts vom Weg stehen einige Birken und eine weit verzweigte Buche. Charlotte wartet, bis alle verstummt sind, dann fährt sie fort: »Wenn ihr in diesen Tempel eintretet, werdet ihr merken, dass es ein Ort des Lichts ist, obwohl die Eibe so dunkle Nadeln hat. Am besten sprecht ihr nicht, bis wir alle unseren Platz gefunden haben.« Ich halte den Atem an, als ich durch ein kleines Loch im Dickicht einer anderen Teilnehmerin folge. Als ich mich wieder aufrichte, kann ich es kaum glauben: Vom Weg aus war nicht zu erahnen, dass sich dieser Raum auftun würde, es fühlt sich fast an wie auf einer Lichtung. Wie ein weicher Teppichboden breiten sich abgefallene Nadeln in alle Richtungen aus, unter dem Baum wächst kein einziges Pflänzchen. Die ausladenden Äste der Eibe reichen in einem großen Radius bis zum Boden und formen so die Wände dieses eigenartigen Raums, in dessen Mitte der gemaserte Stamm wie eine Säule in den Himmel ragt. Bei uns in Deutschland werden Eiben meist als Hecke angepflanzt, nur in wenigen Wäldern wachsen sie noch. Ich habe nie welche gesehen, deren Stämme dicker waren als ein Meter. Diese Urgroßmutter-Eibe hier könnten wir nicht einmal zu viert umfassen. Charlotte holt einen Zettel aus ihrer Umhängetasche und schlägt vor, dass wir uns hinlegen oder an den Baum lehnen. Ich lege meinen Kopf auf das Nadelbett und folge einmal mit dem Blick den knorrigen Wurzeln über den Stamm bis hinauf in die Krone. Die Präsenz der Eibe ist so enorm, dass wir automatisch alle still werden. Noch nie habe ich ein älteres Lebewesen kennengelernt als diesen Baum, denke ich. Charlotte will gemeinsam mit uns den Baum begrüßen, und zwar in allen Sprachen, die er in den vergangenen Jahrhunderten in Europa getragen hat. »Eya, iber, yr, aiba«, wir wiederholen jeden Namen, den sie von ihrer Liste vorliest, »iva, eow, lur, lubhar, ywen, cis, if.« In einigen Worten erkenne ich die deutsche, französische, die englische Herkunft, andere klingen wie von sehr weit her, »elwhaz, jeuen, anti uchar«. Ich habe die Augen geschlossen, Charlottes Stimme und das Knarzen der Äste dringt zu mir herüber. »Die Botschaft der Eibe für die Menschheit ist, uns auf das einzulassen, was uns umgibt, und uns zu erinnern, woher wir kommen. Letztendlich zeigt sie uns, dass alles geheilt werden kann in der Ewigkeit.« Wie Charlotte vom Altar der Eibe spricht, dem Baum als »Wisdom Keeper«, der uns schon um so viele Generationen überlebt hat, klingen ihre Worte wie diese ewige Weisheit selbst. *Let the tree breathe you.* Ich stelle mir vor, wie der Baum dieselbe Luft atmet wie ich. Ein ständiger Austausch von CO_2 und Sauerstoff. Ich spüre die Schwerkraft, lasse meinen Kopf, meine Schultern, das ganze Gewicht meiner Beine einmal in den Boden sinken. Die Erde trägt mich. In Wahrheit, sagt Charlotte, liegen wir nicht auf dem Boden, sondern auf den Wurzeln der Eibe. Wir sind komplett von ihr umgeben, über uns die Äste, unter uns das Wurzelwerk. Der Baum hält uns, so wie er vielen vor uns Halt gegeben hat.

*

Ich stehe vor der großen Tafel, auf der das Festival-Programm angeschlagen ist. Konzerte, Talks und Workshops. Ich habe noch nie Yoga gemacht, vor einem Jahr zum ersten Mal meditiert. Früher war vieles davon für mich Hippie-Kram, mittlerweile spüre ich eine Neugier gegenüber dem, was man im weitesten Sinne spirituell nennen könnte. Ich gucke auf die Uhr und dann wieder auf die Tafel. Gerade beginnt ein Workshop: *Stalking Oneness. Anschleichen an das Einssein.* Eine Beschreibung steht da nicht, nur der Name des Leiters: Thomas Schorr-kon. Warum nicht?, denke ich, gehe hin und komme ein bisschen zu spät. Eine kleine Gruppe sitzt schon in einem Holzpavillon und hört einem älteren Mann zu: lange graue Haare und Bart, dazu grüne feste Kleidung, die an einen Jäger oder Förster erinnert. Auf den ersten Blick passt er so gar nicht in die Festival-Crowd.

Ich setze mich, er nickt mir zu und fährt fort: »... bis ich jemanden in Nordamerika gefunden habe, der einer ungebrochenen indigenen Abstammungslinie angehört und mich als seinen Schüler akzeptiert hat. Bei ihm habe ich fünfzehn Jahre lang alles gelernt, was ich weiß: die Fähigkeit, in der freien Wildbahn zu überleben, mich mit der Natur zu verbinden, Spuren zu suchen, den Vögeln zuzuhören und dazu die spirituelle Praxis.« Seit sein Lehrer ihm die Erlaubnis erteilt hat, würde er auch andere unterrichten. Um zu veranschaulichen, was er macht, sagt er, will er eine Anekdote erzählen. »Ich wurde mal gefragt, ob ich mit neun anderen Mentoren eine Gruppe von Jugendlichen mit in den Wald nehmen will, um ihnen beim Übergang ins Erwachsenenleben zu helfen. Jugendliche, die ernsthafte Probleme in der Schule und zu Hause hatten. Wir kamen an, und ich beließ es dabei, ihnen zu sagen, worin meine

Fähigkeiten bestünden. Ich wollte ihnen die Wahl lassen, ob sie etwas von mir lernen wollen. Bald darauf kamen dann zwei junge Männer und sagten: ›Lassen Sie uns in den Wald gehen und etwas töten!‹ Und ich meinte: ›Fantastisch, los geht's!‹« Nach einer halben Stunde im Wald, erzählt er, habe er gefragt: ›Habt ihr etwas gesehen?‹ Und die beiden antworteten: ›Nein!‹ Woraufhin er erwiderte: ›Ah, wie dumm von mir. Ich hätte euch beibringen sollen, wie man sich lautlos bewegt.‹ Also habe er es ihnen beigebracht. Eine halbe Stunde später habe er wieder gesagt: ›Habt ihr etwas gesehen?‹ Und wieder hätten sie verneint, woraufhin er gesagt habe: ›Eure Gedanken rasen, das vertreibt die Tiere.‹ Also habe er ihnen eine Meditationsübung beigebracht, doch schon bald ging die Sonne unter. »Ich sagte: ›Oh, wir müssen langsam zurück‹, und dabei kamen wir an diesen zauberhaften Ort, ein baumbestandener Hügel, über dem noch die letzten Sonnenstrahlen schienen. Ich stoppte kurz, und plötzlich sagte einer von den beiden: ›Wow, schau mal, wie schön das ist.‹« Schorr-kon macht eine kurze Pause, lässt den Satz nachklingen. Dann sagt er: »Die beiden waren also von ›Ich will etwas töten!‹ zu ›Das ist wunderschön‹ gekommen, einfach nur, indem ich ihnen zwei Sachen gezeigt habe. Und jetzt stellt euch mal vor, wie die Welt aussähe, wenn alle jungen Menschen so etwas lernen würden.«

Eine schöne Anekdote, restlos überzeugend klingt sie für mich allerdings nicht, und als er im Anschluss eine Weile über Meditation spricht und wie sie unsere Gehirnfrequenzen beeinflusst, über Alpha-, Beta- und Delta-Wellen, verstehe ich nicht alles. Aber als er vorschlägt, dass wir als Gruppe ein Stück vom Festivaltreiben weggehen, um es auszuprobieren, schließe ich mich an. In den nächsten zwei Stunden bringt er uns bei, wie wir unsere periphere Wahrnehmung nutzen können, um versteckte Tiere zu entdecken, wie wir unseren Fuß aufsetzen müssen, um möglichst leise zu gehen, und wie wir dabei unsere Atmung kontrollieren können, um uns so zu verlangsamen, dass wir nur einen Schritt pro Minute machen. Als wir das in Grundzügen verstanden haben, zeigt er uns eine Meditationstechnik, die er aus diesen drei Komponenten – Fokus, Atmung, Bewegung – zusammengesetzt hat. Hinsetzen. Blick weich werden lassen. Atem vertiefen. Arme im Rhythmus auf- und abbewegen. Wir probieren es aus, ich merke, wie die Luft tief eindringt in meinen Brustkorb, eine Wärme sich in mir ausbreitet, ich tiefer in meinen Schneidersitz einsinke, meine Arme, Schultern und mein Gesicht eine angenehme Schwere bekommen, ich an einen Punkt gelange, an dem ich den Atem tief durch meine Nase einziehe, sich eine Anspannung in meiner Brust löst, eine wohlige Stille einströmt. Ich habe das Gefühl, als würden sich die Frequenzen in meinem Kopf wirklich beruhigen. Kein Gedankenstrudel, keine E-Mails, keine To-do-Liste mehr in meinem Kopf. Stattdessen eine Stille und ein umfassendes Gefühl, im Hier und Jetzt zu sein.

Später, nach dem Workshop, entdecke ich Schorr-kon auf dem Festivalgelände wieder, gehe zu ihm und spreche ihn an, sage, dass ich ein paar Fragen habe. Er schlägt vor, dass wir zu seinem Wagen gehen, da ließe es sich ruhiger sprechen. Auf dem Weg zu den Zeltplätzen erzähle ich ihm von unserer Reise, der Idee dahinter und dass wir wegen der Klimakrise Angst haben, dass wir unsicher sind, was die Zukunft bringen wird. Er hört es sich an und sagt dann etwas unvermittelt: »Was ist das denn, Sicherheit?«

Ich zögere. »Ich schätze, das Gefühl zu haben, Dinge planen zu können.«

»Also eine sichere Zukunft zu haben?«

»Ja«, sage ich. »Vor der Gegenwart habe ich keine Angst.«

»Oh, gut, denn die Gegenwart ist alles, was du hast. Den Rest stellst du dir nur vor, oder?«

»Was meinst du?«

»Ich folge nur deinem Gedankengang, versuche zu entdecken, wo deine Angst herkommt.«

Wir gelangen zu seinem Stellplatz. Er hat einen alten dunkelgrünen Range Rover, wie mein Vater ihn fuhr, mit einem Zelt auf dem Dach und einem Vorzelt an der Seite. Schorr-kon holt zwei Stühle daraus hervor, bietet mir einen Kaffee an, und wir setzen uns hin.

»Also, worauf ich hinauswill, ist das, was unter jeder Angst liegt. Und es gibt nur eine Sache, die unter jeder Angst liegt.«

»Und was ist das?«, frage ich.

»Das, was die meisten Menschen die Angst vor dem Tod nennen.«

Die meiste Zeit lebten wir Menschen in den Geschichten, die wir uns über uns selbst und die Welt erzählen, sagt er, und schnellt plötzlich nach vorne, schlägt die Hände klatschend vor meinem Gesicht zusammen. Unwillkürlich zucke ich zurück. »Wenn ich so etwas mache, erschrickst du, und dann hast du Angst, dass ich es wieder tun könnte. Und das, das ist eine Geschichte.« Weil es passiert sei, hätte ich jetzt Angst, dass es wieder passieren könnte, ich speichere es ab. Und das gelte nicht nur individuell, sondern auch kollektiv. Jede Gesellschaft leide unter Traumata, die sie von Generation zu Generation weitervererbe, und die müssten wir loswerden. »Viele sagen, innere

Arbeit hätte in dieser ganzen Klimasache keinen Platz. Doch es ist wichtig, dass wir uns mit uns selbst auseinandersetzen«, sagt er.

Ich bekomme langsam ein Gefühl dafür, worauf er hinauswill, sage: »Mein Großvater kämpfte an der Front in Russland, war in Kriegsgefangenschaft und kam erst nach Kriegsende zurück. In seinem Bein steckte ein Granatsplitter, der bis zu seinem Tod nicht entfernt werden konnte, der immer wieder Schmerzen verursachte. Er hat nie über seine Kriegserfahrungen gesprochen, was ja in vielen Familien so war. Kaputte Väter, die ihre Erlebnisse nicht verarbeiten konnten, im schlimmsten Fall ihre Kinder prügelten und sie so gleich mit traumatisierten. Und manchmal habe ich das Gefühl, dass ich noch dieses vererbte Trauma in mir trage, dass es meinen Blick auf die Welt beeinflusst. Und gleichzeitig denke ich mir: Vielleicht sind wir die erste Generation, die das hinter sich lassen kann.«

Schorr-kon erzählt von seinem Großvater. Er sei der letzte Oberrabbiner von Warschau gewesen, wurde von den Deutschen ermordet, wie ein Großteil seiner Familie. Vergangenes Jahr sei Schorr-kon ins polnische Łódź gereist, habe dort Verwandte getroffen und auch eine junge Frau kennengelernt. »Eine der wachesten, lebendigsten Menschen, die ich seit vielen, vielen Jahren getroffen habe«, sagt er. »Und das an dem Ort, an dem meine überlebenden Vorfahren so traumatisiert wurden.« Es habe sich so angefühlt, als wolle das Universum ihm sagen: Sieh, so ist es mittlerweile an diesem Ort. Du kannst jetzt loslassen, denn die Vergangenheit ist im Begriff zu vergehen. Du kannst deinen Groll gehen lassen. Deine Ahnen sagen dir: Es geht uns gut.

Dass es wichtig sei, solche alten Erfahrungen loszulassen,

hatte uns ja auch schon Julia im Haus des Wandels gesagt. Thomas Schorr-kon führt das noch aus: Menschen, die aus einer solchen Angst heraus handelten, träfen schlechte Entscheidungen, die nicht selten noch mehr Angst produzierten. »Sich vor Dingen zu fürchten ist wie für etwas beten, das du nicht möchtest«, sagt er. Und wer sich nicht mit den eigenen Traumata auseinandersetze, projiziere sie auch oft auf alles Kommende. Aufgrund schlechter Erfahrungen in der Vergangenheit könnten sich viele Menschen keine bessere Zukunft vorstellen. »Darum ist es so wichtig, dass wir uns mit unseren Traumata auseinandersetzen, damit sie ihre Macht über uns verlieren.«

Wegen der Klimakrise hätten viele Menschen das Gefühl, sie müssten sofort etwas unternehmen, doch wir sollten uns nicht kopflos ins Machen stürzen, stattdessen genau hinschauen, wo die Angst wurzele. Wenn wir das tun würden, gebe uns das eine große Kraft. »Die Angst basiert also auf früheren Erfahrungen, sie ist eine Geschichte, die ihr euch erzählt.« Und wenn wir diese Geschichte änderten, könnten wir uns aus der Hilflosigkeit befreien und Lösungen für die Zukunft finden.

»Den Menschen in Südafrika geht bald das Wasser aus, schon heute macht das Kinder krank, und du würdest hingehen und denen sagen: Deine Angst ist nur eine Geschichte?«, frage ich.

»Nein, nicht, wenn ich mir nicht eine einfangen will«, antwortet er.

»Du weißt, was ich meine.«

»Ich würde mich mit ihnen hinsetzen und sie fragen: Was genau ist das Problem? Wie ließe es sich lösen?«

»Das Problem ist, dass der Westen zu viel CO_2 emittiert.«

»Das ist in dem Moment auch nur eine wenig hilfreiche

Geschichte. Ich würde mich mit ihnen hinsetzen, zuhören und gucken, ob wir konkret etwas machen können, damit es besser wird, Lösungen durchgehen und umsetzen.« Er nennt zwei Beispiele aus seinem eigenen Leben: Einmal habe er in seiner Heimatstadt einen Obdachlosen kennengelernt, sich seine Probleme angehört und im Anschluss gemeinsam mit einer Kirche ein Obdachlosenheim gegründet. Und gerade hat er von einem wohlhabenden Gönner das Geld bekommen, um ein großes Stück Land zu kaufen, das er gemeinsam mit benachteiligten Jugendlichen renaturieren will, damit bedrohte Spezies dort Zuflucht finden können. Doch solches Handeln sei nicht frei von Fallstricken. Viele Menschen, sagt er, würden anderen helfen, um selbst etwas daraus für sich zu ziehen: ein Gefühl der Bestätigung, Dankbarkeit oder Macht. Die Organisationen, Parteien, Regierungen Großbritanniens – sie würden meist geführt von Menschen, die die Konfrontation mit sich selbst scheuten, die sich grässlich verhalten würden, um an Macht zu gelangen. »Ist das wirklich ein System, das wir mittragen wollen?«, fragt er. Sich den eigenen Traumata zu stellen ermögliche es, die verkorkste Vergangenheit und egoistische Verhaltensweisen hinter sich zu lassen und stattdessen wirklich die Gabe zu entwickeln, anderen zu helfen, ohne selbst davon profitieren zu wollen.

Wir verabschieden uns, und ich laufe zurück zum Festivalgelände. Manches, was er gesagt hat, klang abgehoben, vor allem, was die Situation von Betroffenen angeht, aber seinen Grundgedanken kann ich gut nachvollziehen: Wenn wir uns nicht mit unseren Traumata auseinandersetzen und Souveränität über unsere eigene Geschichte erlangen, handeln wir allzu oft aus den falschen Motiven. »Hurt people hurt people«, hatte er noch gesagt, verletzte Menschen verletzen Menschen. Aus diesem Teufelskreis führe innere Arbeit heraus.

*

Ich treffe Raphael in der Nähe der Programmtafeln wieder, wir setzen uns an ein Feuer. Ich erzähle ihm von meinem Besuch bei der Eibe, er mir von seiner Meditation im Wald und von seinem Gespräch über Angst. Eine Weile blicken wir zusammen schweigend in die Glut. Das Besondere an Bäumen, denke ich, ist: Sie urteilen nicht – in ihrer Gegenwart kann man einfach sein, wie man ist.

Bald darauf beginnt ein Talk, den wir hören wollen. In der Nähe der Feuerstelle steht ein offener Pavillon mit vielleicht fünfzig Stühlen, darin werden die Vorträge gehalten. Wir stehen auf und laufen rüber, als wir ankommen, stellt der Moderator gerade die erste Sprecherin vor, Dr. Rosalind Watts. Sie ist klinische Psychologin und leitet ein Forschungsprogramm am Imperial College of Science, Technology and Medicine, London. Heute will sie ein paar ihrer Ergebnisse vorstellen. »Mein Vortrag handelt von den psychologischen Mechanismen, die ablaufen, wenn man Depressionen mit Psilocybin behandelt«, sagt sie. Psilocybin ist die Substanz, die Magic Mushrooms ihre Magie verleiht. Ich weiß von meinen Recherchen in Südamerika, dass viele Curanderas – die lokalen Heilerinnen – die halluzinogenen Stoffe aus Pflanzen, Kakteen oder Pilzen als Medizin verwenden. An einer Zeremonie teilgenommen habe ich nie, es fühlte sich nicht richtig an. Auch vor den Psychedelika der Berliner Subkultur, LSD oder Acid, hatte ich immer Respekt, aber auf eine andere Art. LSD kommt nicht aus dem

Wald, sondern aus dem Labor. Während Watts spricht, suchen wir uns zwei freie Plätze und setzen uns hin. »Wir haben zwei Studien gemacht am Imperial, in denen wir Menschen mit schweren und wiederkehrenden Depressionen Psilocybin verabreicht haben«, sagt Ros Watts, »und beide Studien haben gezeigt, dass es eine sehr wirksame Behandlungsmethode ist. Die Depressionen vieler Menschen sind mitunter über Nacht verschwunden.« Die meisten der Patientinnen fühlten sich nach dem Experiment sehr weich und sensibel, sagt Watts, es brauche also viel Betreuung, aber es sei ein unglaublich vielversprechender Ansatz. Ich habe von solchen Forschungen schon mal gehört, dachte aber, sie seien nicht weit gekommen. In den Sechzigerjahren galt LSD nicht nur als Hippiedroge, US-amerikanische Universitäten führten groß angelegte Studien mit über 40.000 Probandinnen durch und kamen zu vielversprechenden Ergebnissen bei der Behandlung von Alkoholismus, Angststörungen und Depressionen. Doch weil auch die 68er-Bewegung LSD feierte, begann die konservative Regierung unter Richard Nixon einen Kriegszug gegen die Substanzen, der sogenannte »War on Drugs«. Ängste vor Horrortrips und Psychosen wurden geschürt, die Forschung eingeschränkt, die Substanzen schließlich verboten, bis in die Neunzigern eine kleine Gruppe von Forscherinnen und Psychotherapeutinnen anfing, wieder damit zu experimentieren. Im Vergleich zu anderen psychoaktiven Substanzen gelten Psychedelika als relativ sicher. Es ist schlicht unmöglich, eine tödliche Dosis zu nehmen, und außerdem fehlt das Suchtpotenzial. Wenn Ratten in einem Versuchsaufbau einen Knopf für Nachschub an Drogen wie Kokain oder Heroin haben, drücken sie ihn immer wieder, bis zum Tod, aber nach Psychedelika werden die Tiere nicht süchtig. Weil heute vielen Patientinnen mit den verfügbaren Antidepressiva nicht mehr geholfen werden kann, erlebt die Psychedelika-Forschung in den letzten Jahren ein Comeback.

Watts erzählt, wie ihre Behandlungsmethode aussieht: Nach einer mehrmonatigen psychotherapeutischen Vorbereitung legt sich die Probandin auf eine Couch und schluckt eine Kapsel mit einer hohen Dosis Psilocybin. Dann bekommt sie eine Schlafmaske auf die Augen und einen Kopfhörer, auf dem eine getragene eher melancholische Musik läuft. Zwei Therapeutinnen sitzen dabei, und die Probandin wird eingeladen, während der kommenden Stunden vor allem nach innen zu gehen. Um ihre Patientinnen darauf vorzubereiten, was im Folgenden passiert, haben Watts und ihr Team eine Metapher entworfen – das Perlentauchen. Sie drückt es so aus: Das Leben ist ein Ozean, in dem wir schwimmen. Im Alltag erleben wir Höhen und Tiefen, wenn wir uns an der Oberfläche durch die Wellen bewegen, es sind die kleinen und großen Sorgen, die unser Leben unruhig machen. Psychedelika zu nehmen sei wie die Entscheidung, unter die Wellen abzutauchen. Durch das Psilocybin verlasse man die Welt der oberflächlichen Gedanken und tauche ein in eine andere Erfahrungswelt, immer tiefer. »Bis zum Meeresgrund«, sagt Watts. Dort befindet sich eine Schicht aus Schlamm und Schlick, in der jede Menge scharfkantiger Austernmuscheln sitzen. »Diese Muscheln stehen für traumatische Erlebnisse der Vergangenheit, alles, was wir verdrängt haben, Dinge, für die wir uns schämen.« Im Alltag vermeide man es, da genauer hinzuschauen, aber dieses Mal schwimme man darauf zu und öffne diese Austernschalen, deren Inneres sich grässlich schleimig anfühle. Aber da sei noch etwas: eine funkelnde Perle, die unter den Verletzungen liege – die Lektion. Gegen Ende des Trips nehme man diese Perle mit zurück an die Wasseroberfläche, und plötzlich versuche man nicht mehr, sich gegen die Wellen zu behaupten, sondern werde von ihnen getragen. Jetzt sei es möglich, den weiten Himmel über dem Ozean wahrzunehmen, die eigenen Werte und Wünsche klar zu sehen, all die Möglichkeiten, die sich wie ein neuer Horizont eröffnen. Wie ein emotionales Leitsystem könne der Schmerz lehren, was uns im eigenen Leben am wichtigsten sei.

»Viele Studienteilnehmerinnen sagen, dass sie mehr schmecken, riechen, fühlen, nachdem sie das jahrelange Grau der Depression verlassen haben«, sagt Watts. Die Studienergebnisse hätten selbst sie überrascht. »Am Tag nach der Behandlung kamen oft Patientinnen in die Klinik und sagten: ›Es fühlt sich an, als sei ich aus einem Loch gehoben, als hätte sich ein eiserner Mantel von mir gelöst‹.« Anstatt die Trauer loswerden zu wollen, könne Psilocybin dabei helfen, den Schmerz anzunehmen und mit ihm zu arbeiten, zu verstehen, was darunter liegt und welchen Wert er vielleicht hat. Wie einfühlsam chronisch depressive Menschen seien, welche Resilienz sie auch entwickeln können, darüber werde zu selten gesprochen, sagt Watts. Was die Psychologin aber auch festgestellt hat: Die Wirkung sei nicht dauerhaft, viele würden nach einiger Zeit zurückfallen in alte Muster. Deshalb entwickelten sie und ihr Team das Behandlungsmodell derzeit weiter. Statt in Einzelsessions arbeiteten sie jetzt mit Gruppen, über längere Zeiträume und mit mehr Fokus auf die Verbindung zur Natur. Erste Ergebnisse seien auch dieses Mal vielversprechend. Eine Frau habe ihr in einem Gespräch gesagt: »Früher dachte ich immer, Natur sei das da auf einem Gemälde oder im Fernsehen. Jetzt habe ich verstanden: Ich bin Natur.« Watts hat ein bisschen ihre Sprechzeit überzogen, doch das Publikum ist begeistert, und der Applaus ebbt nur langsam ab.

Der Moderator gibt an Watts' Kollegen Sam Gandy weiter, der ebenfalls ein Vorreiter auf dem Feld der Psychedelika-Forschung ist. »Wisst ihr«, setzt Gandy an, »würde man eine Gruppe Indigener fragen, wie man am besten die eigene Verbundenheit zur Natur messe, fänden sie wahrscheinlich schon die Frage absurd, weil ihnen klar ist: Wir sind immer mit der Natur verbunden. Doch in unseren westlichen Gesellschaften haben das allzu viele Menschen leider vergessen.« Wie stark wir uns als Teil der Umwelt sehen, hänge unter anderem davon ab, ob wir als Kind viel Zeit in Wäldern verbracht haben – oder im Großstadtdschungel. »Dabei ist die Naturverbundenheit ein starker, wenn nicht sogar der stärkste psychologische Einflussfaktor auf persönliches Umweltverhalten«, sagt Gandy. »Und das scheint mir ziemlich relevant angesichts der Tatsache, dass wir uns mitten in einen ökologischen Notstand hineinmanövrieren.« Da das Gefühl der Naturverbundenheit in der Kindheit geprägt werde, sei es nicht einfach, es zu verändern. Doch mehrjährige Studien hätten gezeigt, dass schon eine einmalige Erfahrung mit Psychedelika die Naturverbundenheit steigere und eine mehrfache Einnahme mit einem weiteren Anstieg korreliere. Der Grund dafür: ein Erlebnis, das er »Ich-Auflösung« nennt. Das Gefühl des Selbst und der Abgetrenntheit von der Umwelt entstehe in Hirnregionen, die als Ruhezustandsnetzwerk bekannt sind. Unter einer hohen Dosis Psychedelika scheine dieses Netzwerk seine Funktion zu ändern. »Und wenn es das tut, dann entsteht das Gefühl eines erweiterten Selbst, man könnte auch sagen, eine Überlappung von Selbst und Umwelt.« Oder wie Watts über das Gespräch mit ihrer Probandin erzählte, könne der Eindruck entstehen: Ich bin Natur. Doch nicht nur die Naturverbundenheit steige. Viele verspürten nach der Einnahme der Psychedelika auch mehr Freude in ihrem Leben, mehr Sinn und Tatendrang. Dazu verlören sozialer Status, Geld, Macht, Konsumdenken und Materialismus messbar an Wichtigkeit, Dinge wie Beziehungen, Gemeinschaft, innere Arbeit, ein Sonnenuntergang oder eine Wanderung in den Bergen hingegen gewännen an Bedeutung. Seine Studien zeigten, dass Psychedelika das Bewusstsein über unsere Zugehörigkeit zur Umwelt verändern können. Kein Drogentrip gepaart mit Entfremdung und Betäubung, sondern ein Eintauchen in die Lebendigkeit der Welt. »Und diese Studienergebnisse«, sagt Gandy und guckt in die Runde, »denke ich, sind ziemlich wichtig, aufregend und neu.«

*

In einem Haus, weit abseits des Festivals, stellen wir ein paar Kerzen in einem großen Zimmer auf, legen Papier und Stifte bereit, etwas zu trinken und Obst. Eine Tür führt in den Garten, lässt hellen Sonnenschein ins Zimmer strömen. Von Bekannten haben wir eine Handvoll getrocknete Pilze geschenkt bekommen, schneiden sie nach ihren Anweisungen klein, bereiten einen warmen Kakao zu, geben sie hinein und schließen die Tür. Im Haus sind einige Freundinnen, denen wir Bescheid gegeben haben und die sich mit psychedelischen Trips auskennen. Wir können ihnen sagen, wenn wir etwas brauchen, und haben so einen ruhigen, sicheren Raum für unsere Reise geschaffen. Wir haben lange überlegt, ob wir wirklich Pilze nehmen wollen: Was ist mit den Geschichten von Horrortrips? Sind Psychedelika wirklich das, was es angesichts Klimakrise jetzt braucht? Wir haben die Bedenken und Chancen abgewogen und uns dafür entschieden, es zu machen. Nach den Vorträgen von Watts und Gandy vertrauen wir darauf, dass es ein sinnvoller nächster Schritt sein könnte. Sie sind nicht die einzigen Wissenschaftlerinnen, die dazu forschen, mittlerweile wurden positive Effekte in vielen Bereichen festgestellt, in manchen Ländern wird über eine Legalisierung durch den Gesetzgeber gesprochen. Wahrscheinlich ist es trotzdem nicht für alle das Richtige, so wie die Mitarbeit in einer Transition Town und Baggerbesetzungen auch nicht für jeden etwas sind. Doch wir haben an diesem Punkt auf unserer Reise durchaus das Gefühl, dass Heilung und innere Arbeit etwas sein kann, was uns weiterbringen wird, persönlich und darüber hinaus, denn so tief, wie die Krisen der Welt wurzeln, kann ein anderer Blick vielleicht helfen.

Auf Spotify haben wir die Playlist gefunden, die das Imperial College für seine Studien benutzt, ich drücke auf Play. Vielleicht wollen wir später aber auch einfach den Garten erkunden gehen.

»Bist du aufgeregt?«, fragt Theresa.

»Ja, ein bisschen«, antworte ich.

Warm ist die Tasse mit dem Kakao in meiner Hand, Theresa und ich gucken uns noch mal an und trinken ihn dann langsam aus, spüren die Wärme im Bauch, bald darauf eine angenehme Schwere, die sich im ganzen Körper ausbreitet. Nach einigen Minuten merke ich, wie die Linien und Formen im Raum vor meinen Augen einen freundlichen Tanz zu der Musik beginnen, die Akkorde legen sich nach und nach über meine Wahrnehmung. Ich blicke Theresa noch mal an und gehe zu der großen Matratze, die am Kopfende des Raums liegt, weil ich merke, dass ich die zunehmend stärker pulsierenden Farben gar nicht so spannend finde, den Blick lieber nach innen richten will. Ich lege mich hin und schließe die Augen. Das nächste Lied bringt mich in ein anderes Universum, die sphärischen Klänge wabern durch die Luft, verschwimmen in meinem Kopf zu einem Soundteppich, in den sich tiefrote Fäden weben, hinter meinen geschlossenen Augenlidern tauchen farbige Schemen auf und verschwinden wieder, die Musik füllt meinen Brustraum, nimmt mich mit, wie eine dunkle Welle Treibgut, sie spült durch mich hindurch und Eindrücke an die Oberfläche – und plötzlich, ohne Vorwarnung flutet eine Angst durch mich hindurch, dazu Kriegseindrücke und Aggressionen. Meine Großväter tauchen vor mir auf, und ich bekomme das Gefühl, dass ihre Kriegserfahrungen in meinen Knochen, in meinem Mark eingeschlossen sind. Ich spüre das eine Weile, folge den Mustern vor meinem inneren Auge, die Orchestermusik gewinnt an Dramatik, ich meine eine Fanfare zu hören, und ein neues Bild entsteht: Aus meiner Brust steigt ein dunkelblauer Körper auf, wie ein zugenähter Sack in einem Sack in einem Sack, öffnet sich, und ein faustgroßes Etwas taucht daraus auf, es verschwindet, bevor ich es sehen kann, und ich werde erneut von dieser Angst und Aggression durchspült, dazu dem Bedürfnis, meinen Großvater gehen zu lassen, freizulassen, als Theresa mich berührt und fragt, ob ich ein Stück Obst wolle. Sie steckt mir zwei reife Brombeeren in den Mund, zuckersüß und saftig, und auf einmal sehe ich meinen Großvater vor mir schweben, nur vielleicht dreißig Zentimeter groß, und mit der Süße kommt eine Freude, und ich sage zu meinem Großvater in Gedanken: *Opa, tanz doch mal.* Und zum ersten Mal in meinem Leben sehe ich ihn tanzen, vor mir in der Luft schwebend, sich glücklich um die eigene Achse drehend. Nach einer Weile löst er sich auf, und meine Gedanken wandern zu dem faustgroßen Etwas zurück, das entschwunden ist, und ich lade es ein, wiederzukommen. Als es auf mich zuschwebt, kann ich es erst nicht erkennen, bis ich sehe, dass es eine dunkelblaue, fast schwarze Maus ist, die sich kopfüber an einem länglichen Gegenstand festhält, wie ein Regenschirm, sie trägt einen Hut und einen Schnauzbart. Es kommt mir albern vor, ich frage die Maus, wer sie denn jetzt sei, als sie sich entfernt, nur um kurz darauf zurückzukommen, sich zu entfernen, zurückzukommen … Es ist, als verhandelten wir eine Weile darüber, was jetzt weiter passiert, und dann kommt sie ganz nah, und ich sehe, dass sie sich nicht an einen Regenschirm, sondern einen Granatsplitter klammert. Sie lässt ihn mir, bevor sie sich auflöst.

*

Mich hat der Fruchtzucker der Brombeeren wach gemacht. Ich sehe Raphael da liegen und verspüre Tatendrang, also gebe ich ihm Bescheid, dass er mich draußen vor der Tür im Garten findet. Ich hatte mir heute Vormittag den Weg ganz genau angeschaut, sieben Treppenstufen hoch, durch ein kleines Tor, und schon würde ich inmitten der Ringelblumen sitzen, die unsere Mitbewohnerinnen neben Roter Bete, Bohnen und buntem Mangold angepflanzt haben. Jetzt kommt mir der Weg nicht mehr so unkompliziert vor. Es verlangt einiges an Konzentration, nicht ins Brombeergebüsch zu fallen, mein Tritt ist unsicher, aber Schritt für Schritt taste ich mich voran.

Ich blinzle gegen die Sonne, die den Boden wärmt, und setze mich ins Gras.

Als ich in meine Handflächen gucke, fangen die Adern an zu fließen, sie treten hervor wie kleine violette Flüsse, alles ist in Bewegung, in Wellen sehe ich meinen Herzschlag in der Handfläche pulsieren, jedes Molekül bewegt sich, oder bilde ich mir das nur ein? Ich lege den Kopf auf die Erde und schließe die Augen. Da ist es wieder, das Pulsieren, diesmal fließt das Sonnenlicht in die Adern und färbt sie leuchtend orange. Die Wärme strömt in mich hinein, segelt mit meinem Atem bis zu meinem Solarplexus, aus dem eine tiefe Dankbarkeit sprudelt. Ich blinzle gegen das Licht und fühle mich beschenkt von der Sonne, von der Symmetrie der Borretsch-Blüten vor meinen Augen, von den Brombeeren, die mich erst hier rausgelockt haben. Egal wohin ich gucke, jedes Blatt, jede Wolke, jeder Kiesel lebt. Ich hebe einen Stein hoch und gucke fasziniert der Maserung dabei zu, wie sie sich verschiebt und eine andere Form findet, immer und immer wieder. Ein Blick rüber zum Fenster lässt mich stutzen. Ich merke, dass die Wände und das Dach, überhaupt alle synthetischen Materialien nicht dieselbe Lebendigkeit entwickeln wie das Kobaltblau und Gelb der Blütenblätter, wie die Pflanzen um mich herum. Ich wende mich wieder dem Beet zu. In die Sinfonie der Farben webt sich ein gleichmäßiges Summen ein, ich drehe meinen Kopf und erkenne eine Hummel im Anflug auf den Borretsch-Strauch. Flauschig sieht ihr gelb-schwarzer Pelz aus, an den Beinen trägt sie Pollen, in Zeitlupe fliegt sie unter die nickende Blüte, hält sich fest und entrollt ihre Zunge, um in den Blütenkelch einzudringen, im nächsten Moment ist sie schon wieder in der Luft, erfüllt sie mit den Schwingungen ihrer schimmernden

Flügel. So zerbrechlich die fünf blauen Kronblätter des Borretsch wirken, so sachte ist die Hummel mit der Blüte umgegangen. Ich spüre eine große Last von mir abfallen, mir wird klar, dass mein früh gelernter Ehrgeiz nur ein soziales Konstrukt war, dass die Angst, von anderen bewertet zu werden, für die Pflanzen um mich herum keine Rolle spielt. Ich begreife, dass ich einen viel größeren Nutzen für die Welt habe, wenn ich mich nicht selbst überfordere, sondern meiner Intuition folge, Schritt für Schritt, liebevoll, behutsam, wie die Hummel es tut, Blüte für Blüte. Es fühlt sich geborgen an, voller Licht, ich lasse mich gleiten durch diesen weichen Traum, der mich davonträgt.

Eine gefühlte Ewigkeit später, in der Weltzeit müssen es etwa drei Stunden gewesen sein, setzen Raphael und ich uns wieder gemeinsam hin. Das Schiff schwankt nicht mehr, die Wogen haben sich geglättet. Ein bisschen Ingwertee gibt es noch in der Thermoskanne. Ich reiche Raphael eine Tasse und nehme selbst einen Schluck, es ist genau das Richtige jetzt. Watts sagte, die »Integration« nach der Psilocybin-Erfahrung ist genauso wichtig wie eine gute Vorbereitung, damit die Wirkung nicht sofort verfliegt. Ich kann mir jetzt vorstellen, was es heißen soll, wenn Depressionsschleifen im Gehirn durchbrochen werden. Ich fühle mich, als hätte ich einen Jetlag, weil mein Kopf in ferne Welten gereist ist, irgendwie erschöpft, aber gleichzeitig beflügelt und in Watte gepackt und um eine Erfahrung reicher. Es ist genau das, was ich an Reisen so liebe: fernab des Alltags neue Wege erkunden, ein Gefühl von Freiheit, das mich auch nach dem Abenteuer noch lange trägt. Das Schönste aber ist es, später einmal die Erinnerungen zu teilen, dieser Weißt-du-noch-Moment, wenn alle Farben und Gerüche im Kopf wieder entstehen. Ich will wissen, was Raphael in seiner Gedankenwelt erlebt hat, aber ich ahne, Worte würden den schillernden Schmetterling, der noch in uns flattert, jetzt erdrücken. Ich gucke ihm also stattdessen in die Augen und spüre, wie ich wieder eintauche in das Feld der Verbundenheit. Ich finde Zuflucht in den Weiten seiner Pupille und merke, wie ich nicht nur gehalten werde, sondern ihn gleichzeitig halte. Wir blinzeln kein einziges Mal. Es ist, wie ebendiese Verbindung zu spüren mit den Pflanzen, ich halte die Welt, und sie hält mich. Ich begreife: Ich werde selbst am meisten gesehen, wenn ich den anderen sehe.

*

Die Zeit beim *Medicine* und die Tage danach waren aufregend – zu verstehen, welche Rolle innere Arbeit im Wandel haben kann, und dann selbst einen Einblick zu bekommen hat neue Perspektiven eröffnet. Überhaupt waren die letzten Wochen intensiv, vieles haben wir erlebt, doch einen Ort in Großbritannien wollen wir noch besuchen. Schon Tadzio Müller in Berlin hatte uns davon erzählt, und auch im Denham-Camp wurde davon gesprochen: die Besetzung in der Nähe des Londoner Flughafens, Grow Heathrow. Tadzio meinte, es sei super inspirierend, die HS2-Aktivistinnen gehen aus den Camps im Wald dorthin, um Ruhe und Erholung zu finden. Wir lesen uns im Internet alles durch, was wir zu Grow Heathrow finden können, und entscheiden hinzufahren. Die Geschichte der Besetzung klingt fantastisch.

Mitte der 2000er-Jahre gab die Leitung des Heathrow Airport bekannt, eine dritte Landebahn bauen zu wollen. Der

Flughafen liegt am Rand von London, der Ausbau ein Milliardenprojekt ähnlich HS2: siebenhundert Häuser, die abgerissen werden müssten, sogar ein komplettes Dorf, außerdem ein Friedhof, der wortwörtlich planiert werden würde. Schon heute einer der größten CO_2-Emittenten Großbritanniens und einer der größten Flughäfen der Welt, würde der zusätzliche Flugverkehr jährlich so viele Klimagase verursachen wie ganz Kenia. Noch nicht einberechnet: Lärmbelästigung sowie Luft- und Bodenverschmutzung. Bereits ein Jahr vor der Ankündigung hatte das erste Klima-Camp stattgefunden, bei dem Aktivistinnen ein Kohlekraftwerk in North Yorkshire blockiert hatten. Im Jahr darauf 2007 fand das Camp in Heathrow statt, auch dieses Mal gab es Demonstrationen mit Hunderten Menschen, Blockaden des Hauptquartiers der British Aviation Authority (BAA), der Betreiberin des Flughafens. Doch eine langfristigere Aktion schien nötig, um den Ausbau aufzuhalten. Studierende des *Activism and Social Change Masters Program* der Universität Leeds saßen für eine Gruppenarbeit zusammen, die Aufgabe: ein aktivistisches Projekt planen. Sie fragten die Kursleitung, ob es auch ein reales Szenario sein dürfe, bekamen grünes Licht und entwickelten das Konzept einer wehrhaften Transition Town Initiative. Sie wollten vorleben, dass eine andere Gesellschaft möglich ist, aber an dem Punkt, an dem die bestehenden Strukturen den Wandel blockieren, auf die Methoden des zivilen Ungehorsams zurückgreifen. Der Plan schien gut, bald begann die Umsetzung. Einige Aktivistinnen nahmen Kontakt mit den Bewohnerinnen und den Gemeinderäten der betroffenen Gebiete auf, starteten Urban-Gardening-Projekte und ähnliche Vorhaben, während andere ein passendes Gebiet für eine Besetzung suchten. Im Schatten eines Autobahnkreuzes fanden sie es. Eine verlassene Baumschule, ein riesiges Areal voller verfallener Gewächshäuser, das zur illegalen Mülldeponie verkommen war und von Autoschiebern und Drogendealern genutzt wurde. Es lag genau auf dem Gebiet der geplanten dritten Landebahn. Die Aktivistinnen zogen ein und verwandelten den Ort zum Mittelpunkt des Widerstands. Sie entsorgten über fünfzig Tonnen Abfälle, hoben ölverseuchten Boden aus, bauten Tiny Houses und Gemeinschaftsräume, Komposttoiletten und Solaranlagen, legten Hochbeete an und pflanzten Gemüse, versorgten sich weitgehend selbst. Dazu kamen riesige Tunnelsysteme und zahlreiche Baumhäuser, um eine Räumung zu erschweren. Die Kriminalitätsrate in der Gegend sank laut Polizeibericht durch ihre Anwesenheit um fünfundzwanzig Prozent, die Anwohnerinnen und selbst die Polizei sprachen ihren Dank aus. Mit der Nachbarschaft gab es regen Austausch, täglich kamen Besucherinnen vorbei, brachten Essen mit, packten an – sie waren dankbar, dass die Neuen helfen wollten, ihre Heimat vor dem Bulldozer zu retten. Parlamentsmitglieder sprachen ihre Unterstützung aus, gaben dem Widerstand Aufschwung. Grow Heathrow wurde der zentrale Knotenpunkt in einem wachsenden Netz aus Widerstandsgruppen. Demos wurden organisiert, Nachbarschaftsgruppen gründeten sich, landesweite Initiativen brachten sich ein. Eine Räumung wurde immer wieder verhindert, aufeinanderfolgende Regierungen distanzierten sich angesichts des Widerstands von Zeit zu Zeit von der dritten Startbahn, nur um dann wieder Genehmigungen zu erteilen, die wiederum vor Gericht angefochten wurden. Im März 2020 kam es zu einem vorläufigen Durchbruch: Der Ausbau sei nicht mit dem Klimaabkommen von Paris vereinbar, urteilten die zuständigen Richter. Der Flughafenbetreiber entschied sich, das Urteil vor dem höchsten Gerichtshof anzufechten, doch unabhängig davon gehen Beobachterinnen von der Annahme aus, dass unter den derzeitigen Bedingungen ein Bau unwahrscheinlich sei – die Auflagen zur Emissionsvermeidung sind ziemlich strikt, womit die Kosten ausufern würden. Es waren die Aktivistinnen von Grow Heathrow, die im Konzert mit ihren Nachbarinnen und zivilgesellschaftlichen Gruppen aus dem ganzen Land Großbritannien sehr wahrscheinlich davor bewahrt haben, in dieses fossile Megaprojekt zu investieren. Engagement für die Umwelt erscheint oft so aussichtslos, es tut uns gut, diese Erfolgsgeschichte zu lesen, auch weil Grow Heathrow noch mehr ist als eine Besetzung: Die Aktivistinnen haben eine tote Brache zum Leben wiedererweckt, die Nachbarschaft belebt, Verbindungen ins ganze Land geknüpft, Formen des autarken umweltfreundlichen Lebens ausprobiert und ihr Wissen darüber geteilt, mit jeder Person, die mehr darüber erfahren wollte. Ein bisschen wie Totnes meets HS2, Zukunftsmodell plus Widerstand. Ob Wissen, wie das von Medicine, auch mit eingeflossen ist?

*

Über zwei Ecken haben wir Kontakt zu jemandem aufgenommen, der auf dem Gelände wohnt; wir kommen an, als es schon dunkel wird. Unser Kontakt ist nicht da, jemand anderes lässt Raphael und mich durch das hohe Metalltor rein. Dahinter tut sich eine bunte Welt auf: Rechts steht ein aufgebocktes Boot mit blauem Rumpf, in dem scheinbar jemand lebt, links liegen Stapel gespaltenes Feuerholz, geradeaus erkenne ich ein kleines, farbig gestrichenes Haus mit Flachdach, darin die gemeinsame Küche. Wir machen vorsichtig die Tür auf und sagen Hallo. Eine junge Bewohnerin mit runder Brille steht an einer Arbeitsfläche, schnippelt Gemüse fürs Abendessen und begrüßt uns freundlich. Einige weitere Bewohnerinnen sitzen auf Sofas. Einer kommt hinter uns rein, grüßt kurz, öffnet die Klappe vom Ofen und zieht eine Auflaufform heraus, ein Geruch von Brathähnchen steigt mir in die Nase. Kenny, der uns eingeladen hat und in Wirklichkeit anders heißt – so wie alle, die wir auf dem Gelände treffen –, ist nicht da. Doch die Leute in der Küche scheinen Bescheid zu wissen und heißen uns willkommen. Einige trinken Bier, und es läuft gerade ein chaotisches Gespräch, dem wir versuchen zu folgen: Es geht wohl darum, dass einer der Bewohner über Nacht durch den Ärmelkanal nach Frankreich schwimmen will, und die meisten in der Küche sind sich einig darin, dass er ertrinken wird. Wir verstehen nicht ganz, ob es ein Witz ist oder Ernst. Als Paulina, die das Gemüse schneidet, irgendwann erwähnt, dass es ein Dach gebe, auf dem man sitzen könne, verlassen wir die Küche und klettern die Leiter nach oben. Von einem Kiosk haben wir zwei alkoholfreie Biere mitgebracht, und aus dem Bücherregal in der kleinen Küche habe ich eine Ausgabe von Pablo Nerudas Gedichten herausgefischt. Über uns geht im wolkenlosen Himmel der fast volle Mond auf, in seinem Licht lehnen wir die Köpfe aneinander. Ich schlage zufällig eine Buchseite auf und lese Raphael die Verse vor.

DER GESTOHLENE ZWEIG

*In die Nacht werden wir dringen,
um einen blühenden
Zweig zu stehlen.*

*Wir werden die Mauer übersteigen,
im Dunkel des fremden Gartens,
zwei Schatten im Schatten.*

*Noch ist der Winter nicht vorbei,
und der Apfelbaum erscheint
jählings verwandelt:
ein Wasserfall duftender Sterne.*

*In die Nacht werden wir dringen,
bis hinauf an ihr zitterndes Firmament,
und deine kleinen Hände und die meinen
werden die Sterne stehlen.*

*Und heimlich,
zu unserem Haus,
in Nacht und Dunkel,
wird dringen mit deinen Schritten
der lautlose Schritt des Duftes
und mit Sternenfüßen
der lichte Leib des Frühlings.*

Der Text, hier in Übersetzung, scheint wie ein Reim auf die vergangenen Wochen unserer Reise. Die Schatten, die Mauern und Zäune überall in der Welt und in uns selbst werfen, die Tage, an denen wir sie überwunden haben, die Hoffnung auf ein besseres Morgen – all das finden wir in diesen Zeilen. Und wie wir da auf dem Dach sitzen, fühlen wir uns besser als da unten in der Küche bei den Bewohnerinnen, wo die Situation uns ein bisschen überfordert hat.

*

Wir haben die Nacht im Gästehaus geschlafen, treffen Kenny am nächsten Tag in seiner selbst gebauten Hütte. Wir sind als Journalistinnen angekündigt, er hat eigentlich keinen Bock, mit uns zu sprechen, ist Medien überdrüssig, aber ich hatte noch etwas gut bei einem der Pressesprecher von Extinction Rebellion, weil der mich mal versetzt hatte. Also hat er Kenny, mit dem zusammen er schon seit über zehn Jahren aktiv ist, überredet, uns bei Grow Heathrow willkommen zu heißen.

»Wollt ihr Kaffee oder Tee?«, fragt Kenny in der kleinen Küchenecke stehend.

Wir sitzen auf einem Sofa, das in einer anderen Ecke steht, und entscheiden uns wie unser Gastgeber für Tee. Kenny ist unweit von Grow Heathrow als Kind einer Arbeiterfamilie aufgewachsen, sein Vater war lange bei einer Firma auf dem Flughafen beschäftigt, bevor sie ihn entließen. Kenny qualifizierte sich nach der Schule für ein Hochbegabtenprogramm, studierte Geschichte, dazu internationale Beziehungen. Das Wohnheim, in dem er lebte, sei sozusagen vom Schimmel aufgefressen worden, und er und seine Mitbewohnerinnen fingen an, dagegen zu demonstrieren, setzten sich durch und bekamen eine Mietminderung. In den folgenden Jahren gründete er mit anderen ein Klima-Protest-Kollektiv, blockierte die Treffen großer Ölkonzerne, radelte auf Critical-Mass-Fahrraddemos mit, protestierte gegen die Abschiebung Asylsuchender. Dann startete die Grow-Heathrow-Besetzung, und er zog auf das Gelände. Er war stolz, mit einigen der bekanntesten Aktivistinnen der Umweltbewegung zusammenzuleben, mittendrin zu sein im Kampf für eine bessere Welt. »Richtig glücklich war ich aber irgendwie nie. In meinem Kopf war immer diese Stimme, die sagte: ›Wenn ich dieses tue oder jenes, das wird meine Erfüllung sein‹«, dabei habe er gar nicht gewusst, was er wirklich wollte. Er flog nach Uganda, glaubte, dort würde er sich besser fühlen. Doch als er landete, begegnete ihm die gleiche Misere, die er schon aus Großbritannien kannte: Konzerne, die Großprojekte umsetzen und die Umwelt zerstören, genauso wie sie die Menschen ausbeuten, besonders ein neuer Damm, der den Nil staute, machte ihn fertig. »Ich war endlich da, wo ich sein wollte, und habe mich gefühlt, als würde meine Seele verbluten.« Der Prozess war schmerzhaft, doch er begriff: Sein Glück würde niemals von außen kommen, egal, was er mit wem und wo tun würde, es würde nicht reichen – was er in Uganda gesucht hatte, würde er in sich selbst finden müssen, und das veränderte seine Perspektive auf die Welt. Zurück in Grow Heathrow erlebte er, wie sich mit der Zeit eine unausgesprochene Hierarchie einnistete, mit denen oben, die Workshops und Medieninterviews gaben, und jenen unten, die den Abwasch machten und die Komposttoiletten ausleerten. Kenny hatte kein Problem damit, die Drecksarbeit zu erledigen, aber der persönliche Umgang stieß ihm auf. Von oben seien Sätze gefallen wie: »Einer der Neuen soll meinen Teller spülen, ich habe zu viel zu tun.« Ihm und einigen anderen sei es immer wieder zu viel geworden, über Weihnachten fuhren sie ein paar Tage weg, um rauszukommen und abzuschalten, als einer ihrer Mitbewohner weinend anrief und sagte: »Alter, die haben gerade alle Obdachlosen auf die Straße geworfen. Sie hätten gesagt, sie bräuchten jetzt mal ihren Raum.«

Alle Gäste hätten Grow Heathrow verlassen müssen. »Da war dieses supernette deutsche Pärchen«, sagt Kenny, »das vorher auf der Straße gelebt hatte und jetzt bei uns untergekommen war, und dazu ein Dritter, alles korrekte Leute, die mit uns die ganze harte Arbeit erledigt haben, und die haben sie am Weihnachtstag in den Regen rausgeschickt.« Als er das gehört hat, habe er gekotzt, sagt er, und ich weiß nicht, ob er es nur im übertragenen Sinn meint. Einige bei Grow Heathrow seien ihm auf jeden Fall bald nicht mehr besser vorgekommen als jene, gegen die sie kämpften. Es sei ihnen genauso darum gegangen, sich zu produzieren, Aufmerksamkeit zu bekommen, andere herumzukommandieren, Geld einzusammeln, um Flyer zu drucken und Veranstaltungen zu organisieren – nur um dann noch mehr Aufmerksamkeit zu bekommen. Der Philosoph Charles Eisenstein nennt das »Ego-Aktivismus«, seine Gedanken lassen sich so umschreiben: Viele Aktivistinnen würden das Unrecht der Welt beseitigen wollen, aber oftmals sei das nicht die einzige Motivation. Immer wieder schleiche sich das Ego ein. Einen Wald retten, einen Konzern stoppen, eine Brache renaturieren – bei all diesen Dingen gehe es dann plötzlich nicht mehr um die eigentliche Sache, sondern um Bestätigung von außen, um das eigene Ich. Dahinter liege auch die Angst, dass sonst jemand anderes den Applaus bekomme für die eigenen Taten, die Angst also, übersehen zu werden. Das kommt sicherlich auch im Journalismus und in

NGOs vor, denke ich, es ist einfach nur menschlich, kann aber auch schnell kippen.

»Grow Heathrow ist fantastisch gestartet«, sagt Kenny. »Aber irgendwann haben sich viele als totale Egomaniacs gegeben, letztlich ähnlich wie einige der Leute in der Regierung.« Kenny kehrte Grow Heathrow den Rücken. Er schlug sich eine Weile in London durch, verdiente gutes Geld, eröffnete ein Pub, ging pleite, arbeitete für eine Zeit als Türsteher, bis er überraschend einen Anruf bekam:

»Sie sind weg.«

»Wer?«

»Die Hierarchie.«

Es war ein alter Mitbewohner und »Hierarchie« ihr altes Codewort für die selbsternannten Chefinnen. »Sie sind alle weg, und du solltest wiederkommen.«

Der Kampf gegen die Landebahn hatte an Priorität verloren, viele der langjährigen Bewohnerinnen waren ausgezogen. Kenny kam einige Male zu Besuch, die Gemeinschaft hatte sich grundlegend geändert, und er entschied sich für einen neuen Versuch. Einige der Bewohnerinnen sind immer noch politisch aktiv, aber was sie heute viel mehr verbindet: Ihr eigenes Essen anzubauen, abgelaufene Lebensmittel vom Supermarkt zu essen und den eigenen Strom zu produzieren ist für sie kein Experiment für eine bessere Welt, sondern einfach ihre Art, in einer krisenhaften Welt zu leben. »Wir geben keine Workshops mehr«, sagt Kenny. »Wer lernen möchte, wie man anders leben kann, der kann gerne herziehen. Das Leben hier ist der Workshop.« Und noch etwas habe sich geändert. Die Art und Weise, wie sie auf dem Gelände zusammenlebten, entspreche jetzt mehr dem, was Kenny »echt« nennt. Da seien junge Frauen, die aus dem Ausland nach London gezogen sind und studieren, neben Handwerkern, die wegen Corona ihren Job verloren haben, einige seien super spirituell, lebten vegan oder seien bei Extinction Rebellion aktiv, wieder andere seien politisch konservativ. Die Aktivistinnen von früher würden die Nase rümpfen, aber es sei jetzt einfach ein Ort, an dem sie sich gegenseitig helfen würden, das Beste draus zu machen. Und das ohne die Erwartung, dafür irgendetwas zurückzubekommen. »Ich glaube, wir kommen jetzt so gut miteinander aus, weil keiner denkt, er würde die Welt verändern.« Anders gesagt: Es geht nicht mehr um das Ego. Und nur weil sie nicht darüber redeten, würde das nicht heißen, dass sie nichts täten. Sie bauen das Gelände weiter aus, legen ein Bewässerungssystem für das Gemüse an, entsorgen weiterhin herumliegenden Müll, züchten Bienen. »Was auf dem Gelände und zwischen den Bewohnerinnen passiert, kommt ziemlich nah dran an das, was echter Wandel sein kann«, sagt Kenny. Am Nachmittag würden sich alle treffen, um ein paar Sachen zu besprechen. Wenn wir wollten, könnten wir dazukommen und selbst sehen, wie das ist.

*

Hinter dem Gemeinschaftshaus mit der Küche führt ein Weg vorbei an gelb blühenden Nachtkerzen und einigen Beeten, wir folgen ihm tiefer ins Gelände hinein und kommen an einer Feuerstelle raus. Rundherum stehen vier Bänke, gebaut aus groben Bohlen und Holzklötzen, der kleine Platz ist umrahmt von Ahornbäumen und Holunder. Auf der anderen Seite des Wegs zieht sich ein Gewächshaus entlang, dessen Wände und Dächer mit Holzplatten und Plastikplanen bedeckt sind.

Darin soll das Treffen stattfinden. Wir gehen rein, auf einem Tisch stehen große Aluminiumschalen mit dampfendem Reis, die benachbarte Hare-Krishna-Gemeinde bringt immer mal wieder Essen vorbei, wenn sie etwas übrig haben. Raphael und ich nehmen uns jeweils einen Teller und setzen uns hin. Einige der Bewohnerinnen sind schon da, andere trudeln noch ein. Als alle anwesend sind, stellen wir uns kurz vor, und auch die anderen sagen ihre Namen. Es gibt Neuigkeiten von dem Schwimmer. Anscheinend war es kein Witz, er hat wirklich versucht, den Ärmelkanal zu durchschwimmen. Die Küstenwache hat ihn mittlerweile aus dem Wasser gezogen, er sei gesund und müsse irgendwann bald wiederkommen; alle sind immer noch etwas entgeistert, aber auch erleichtert.

»Worüber sprechen wir heute?«, fragt Kenny.

Paulina – die junge Frau, die bei unserer Ankunft Gemüse geschnippelt hat – sagt: »Alkohol.«

»Ist großartig!«, ruft jemand dazwischen.

Paulina ignoriert den Witzbold: »Wir haben kürzlich darüber gesprochen, bis fünf Uhr nachmittags nicht im Gemeinschaftshaus zu trinken, und ich dachte, wir hätten uns auch darauf geeinigt. Aber im letzten Monat hatten wir haufenweise Tage, wo Leute schon morgens angefangen haben, und ich fühle mich nicht wohl in so einer Umgebung.«

»Okay«, sagt Marty, der Typ, der am ersten Abend die Hähnchenschenkel zubereitet hatte. Er sitzt in dem losen Kreis auf der gegenüberliegenden Seite von Paulina. »Fünf Uhr, ja?«

»Ja«, sagt Paulina. »Können wir darüber noch mal abstimmen?«

»Wir haben doch schon letztes Mal abgestimmt und es auf die Tafel geschrieben«, wirft Kenny ein.

»Ja«, pflichtet Marty ihm bei. Sie müsse es einfach ansprechen, wenn sie sehe, wie Leute das machen.

»Marty, sorry, dass ich dich jetzt rauspicke«, klinkt sich Vina ein, die neben Paulina sitzt und bis jetzt noch nicht gesprochen hat, »aber viele Probleme entstehen wegen dir. Die meisten anderen trinken was und chillen dann einfach, aber du wirst hyperaktiv und mega touchy. Sorry, dass ich dich jetzt so persönlich angehe, aber ...«

Kurze Stille.

»Nein, nein, das ist okay. Ich will es lieber hören, wenn ich jemandem zu nahe gekommen bin, damit ich mein Verhalten ändern kann«, sagt Marty.

»Wenn du nüchtern bist, bist du ein super lieber Typ, aber wenn du getrunken hast, ist es einfach nicht cool; es ist der Alkohol, der das hervorbringt.«

»Entschuldige«, sagt Marty. »Ich bin in einer Umgebung aufgewachsen, in der ...«

»Ich will keine Rechtfertigung. Ich will, dass du das verstehst und es besser machst«, fährt Vina dazwischen.

»Okay, okay, danke, dass du mir das erklärst«, sagt Marty vorsichtig und dann mit festerer Stimme: »Aber jetzt würde ich auch gerne was erklären. Ich bin in einer Umgebung aufgewachsen, die sehr körperbetont war, und so bin ich geprägt. Falls du das unangenehm findest, danke, dass du mir das sagst, weil ich es dann ändern kann. Danke dir.«

»Okay, danke dir«, sagt Vina, den Blick auf Marty gerichtet.

In der Gruppe ist es einen Augenblick still. So was sei schwierig, sagt Kenny. Einige nicken, tauschen Blicke aus. »Wir müssen uns solche Sachen gegenseitig sagen. Es ist der einzige Weg«, sagt Kenny.

Noch mal Schweigen, das alle eine Weile aushalten, dann sagt Vina: »Okay, was weniger Ernstes: Heute Abend wollte ich meinen Geburtstag feiern und würde mich freuen, wenn ihr kommt. Ich mache ein großes Feuer.« Erleichtertes Rufen, danach ist das Treffen bald vorbei, die meisten bleiben noch eine Weile und quatschen, als auf einmal Marty aufsteht und zu Vina rübergeht. Die beiden sprechen kurz miteinander. Dann umarmen sie sich. Ich sitze da und bin beeindruckt: davon, wie klar Paulina und Vina mit Marty gesprochen haben, wie gut er es angenommen hat und wie gut die Gruppe den Konflikt ausgehalten hat. Ego, so wie Kenny das aus früheren Zeiten beschrieb, blitzte in keinem Moment durch, darum ging es nicht, sondern einfach darum, wie sie gemeinsam leben können, auf diesem kleinen widerständigen Flecken Erde im Schatten der eskalierenden Krisen der Welt.

*

Die Bewohnerinnen schleppen Holz ran, zerbrochene Bretter, Planken und Platten. Der Stapel wird immer größer, und nachdem das Feuer angezündet ist, schlagen die Flammen leckend an den Kanten der gesplitterten Holzstücke hoch, fressen sich langsam voran, bis sie kopfhoch in den dunklen Nachthimmel lodern. Paulina schließt Lautsprecher an ihren Laptop an, legt Musik auf, Theresa unterhält sich mit ihr, Kenny rollt sich einen Joint. Vina hat ein Bier in der Hand, ich sitze neben Marty, der sich auch eins aufmacht. Ich erinnere mich daran, wie ich ihn innerlich am ersten Abend dafür verurteilt hatte, Fleisch zu essen, das nach Massentierhaltung aussah. Jetzt unterhalten wir uns, er erzählt, dass er Handwerker ist, gerne reist, wegen

Corona den Job verloren hat, sich nicht allzuviel draus macht. Ein grundsympathischer Typ, denke ich, und: Komisch, dass es manchmal so schwierig ist, anderen mit Liebe zu begegnen, bevor man sie besser kennt, und dass Wertungen so schnell zur Hand sind. Aber ist das der Weg nach vorn? Andere aburteilen, weil man auf den ersten Blick nicht die gleichen Werte teilt, statt zu schauen, wo Gemeinsamkeiten liegen, die verbinden? Müssen wir nicht genau das tun, um Bündnisse zu schmieden, die stark genug sind, um die Klimakrise bewältigen zu können?

*

Ich blicke über Raphael und Marty hinweg und sehe, wie über einem Ahorn silbrig schimmernd der Vollmond hochsteigt und mit dem golden flackernden Feuer um die Wette leuchtet. So viel von unserer ursprünglichen Route konnten wir nicht bereisen, vieles hat sich anders entwickelt als geplant, doch den letzten Abschnitt, hoch in die Arktis, wollen wir noch machen und deshalb Großbritannien bald verlassen. Ich denke zurück an diese vergangenen Wochen, in denen wir so viel Glück hatten: die Wohngemeinschaft in Totnes, die uns aufnahm, das Zusammentreffen mit Ronan und später Angela, die in unseren Gesprächen gleich zu Beginn etwas vorweggenommen hatten, das wir dann auch immer wieder selbst erleben durften: Es geht nicht nur darum, was wir machen – also neue Wege erkunden, Widerstand leisten oder innere und äußere Verletzungen heilen –, sondern auch darum, wie wir das tun. Schließlich bringt jedes politische Engagement dieses Schattenelement mit sich, die Verführungskraft der Macht – *der besten Droge aller Zeiten* –, genau wie den lauernden Impuls, anderen um meiner selbst willen zu helfen. Um das zu vermeiden, scheint es mehrere Wege zu geben, ganz praktische wie Check-ins, weil wir dadurch als emotionale Wesen sichtbar werden, was Empathie fördert. Ein weiterer Schritt muss sein, die eigenen Privilegien zu reflektieren, wie Mango meinte, damit ich die Hierarchien, die ich ablehne, nicht einfach in meinem Handeln reproduziere. Und dann die tiefschürfende innere Arbeit, in der es darum geht, mich mit meinen individuellen und unseren kollektiven Traumata auseinanderzusetzen, um mehr Souveränität über meine Handlungen zu erlangen, Stabilität in mir selbst zu finden. Nur wenn ich meine emotionalen Bedürfnisse einigermaßen gut einzuschätzen weiß, kann ich auf die Bedürfnisse anderer mit offenem Herzen zugehen. Und nur wenn ich alte Ängste überwinde, kann ich mir auch eine bessere Zukunft vorstellen und sie Wirklichkeit werden lassen.

Interessanterweise ging es bei kaum einem Treffen um große Visionen, und wenn doch, dann nur unter der Vorbedingung von etwas sehr Unmittelbarem: den Werten und Haltungen, mit denen man sich daranmacht, die Welt zu verändern. Wenn sie stimmen, dann erwächst daraus auch das entsprechende Handeln, mit all den Folgen für das eigene und weitere gesellschaftliche und politische Umfeld. Grow Heathrow schien auf den ersten Blick seine goldenen Zeiten hinter sich zu haben, doch auf eine merkwürdige Art und Weise scheint diese Gemeinschaft viele entscheidende Aspekte in sich zu vereinen: die Suche nach einer neuen Lebensweise, das Widerständige, das Zusammenleben so verschiedener Menschen auf Augenhöhe, ohne die Fallstricke, die ein großes Ego mit sich bringen kann. Und dann war da noch etwas. Immer wieder kam in den vergangenen Wochen das Thema Tod auf. Es scheint mir, als warte da noch eine Antwort auf uns.

Ich gucke in die Runde. Paulina ist auf eine der Bänke gestiegen und tanzt, genau wie Raphael. Marty kommt aus der Dunkelheit zurück, er muss zur Küche gelaufen sein, in der Hand hat er eine Plastikschüssel voller Wasser, dazu eine Flasche Spüli und eine Art Spraydose. Er stellt die Schüssel auf einer Bank ab, kippt etwas Spülmittel rein, rührt um, bis es schäumt, und hält dann die Dose kopfüber hinein. Sprudelnd steigen Blasen auf. Es ist doch keine Sprayfarbe, denke ich, eher irgendein Gas. Wir anderen gucken zu. Er taucht seine linke Hand bis zum Handgelenk in die schäumende Lauge, zieht sie heraus, nimmt etwas Schaum auf die Handfläche, streckt die Finger und den Arm aus, hält ein Feuerzeug an den Schaum, und plötzlich steht seine Hand in Flammen. Wir Zuschauerinnen jubeln und applaudieren für den Trick, sein tiefes Lachen dröhnt über den ganzen Feuerplatz, seine Augen blitzen schelmisch. Marty fragt, wem er noch die Hände in Brand stecken darf. Raphael und ich nicken uns zu und grinsen. Er wiederholt die Vorbereitung, wir tauchen beide unsere Hände in den entzündlichen Schaum und halten sie von uns. »Den Arm ruhig halten und ausgestreckt lassen, dann verbrennt ihr euch nicht«, sagt Marty und guckt mich an. Er hält das Feuerzeug an die Blasen, und dann stehen wir da unter dem Vollmond inmitten dieser kleinen Gemeinschaft, und von unseren Händen lodern Flammen in den Nachthimmel.

Feuer ist vielleicht die richtige Metapher für politisches Engagement, denke ich: auf die falsche Art entzündet, verbrennt es dich und andere. Richtig gemacht, kann es dunkle Zeiten hell erleuchten.

EINSKOMMAFÜNF

Die Sonne geht hinter uns unter, während die Fähre den Hafen verlässt. Göteborg erreichen wir am nächsten Tag, dann geht es weiter nach Stockholm, bevor wir den Nachtzug nach Gällivare besteigen. Der kleine Ort liegt nördlich des Polarkreises, also in der Arktis, dem Endpunkt unserer Reise auf der Suche nach den Antworten auf die Klimakrise. Ewiges Eis – es ist eines dieser Phänomene, die Ehrfurcht in mir hervorrufen; und Bilder von weißer Endlosigkeit, einer unveränderbaren Welt, die größer ist als der Mensch, genau wie die Tundra oder der Regenwald. Doch die Messungen zeigen, dass sich kein anderer Ort weltweit schneller erwärmt als die Arktis. Die US-amerikanische National Oceanic and Atmospheric Administration (NOOA) sagt, die Bedingungen in der Region sind immer weniger mit jenen Parametern vergleichbar, die einst als »Eisklima« definiert worden sind. Das ewige Eis, es schmilzt.

Kreischend rollen die Räder unseres Zugs über die Weichen der Schienen Richtung Norden. Als wir am nächsten Morgen aufwachen und aus dem Fenster schauen, ziehen an uns endlose Birkenwälder vorbei, das Laub der Bäume färbt sich gelborange, so weit im Norden auf diesem Planeten ist es Anfang September bereits tiefer Herbst. Wir wollen in unserer verbleibenden Zeit erfahren, wie Menschen, Tiere und Pflanzen mit den drastischsten Klimaveränderungen des Planeten umgehen, aber wir haben nicht jeden Schritt geplant, wissen noch nicht, wo wir als Nächstes übernachten. Die Hotels in Gällivare sind teuer und das Umland zerfressen von großen Erzminen, nicht das, was wir suchen. Ich nehme mein Handy und logge mich zum ersten Mal seit Jahren auf der Website von Couchsurfing ein; früher habe ich über die Plattform überall auf der Welt kostenlos eine Couch zum Übernachten gefunden. Es ist mehr so ein fixer Gedanke, doch dann entdecke ich einen Gastgeber, Urpo Taskinen, der in seinem Profil diesen Satz stehen hat: *Wir müssen den Klimawandel stoppen, wenn wir weiter couchsurfen wollen!* Wir schreiben ihn an, und er antwortet gleich: Wir seien herzlich willkommen und sollen den Bus von Gällivare nach Svappavaara nehmen. Er selbst habe kein Auto, werde sich aber eins von einem Nachbarn leihen und uns da abholen.

Als der Bus am Ziel hält, wartet er schon, ein Mittsechziger mit Strickmütze auf dem Kopf, der uns anlächelt und anfängt, Geschichten zu erzählen, sobald wir im Auto sitzen, über die Region, ihre Wälder, Menschen und Tiere und die Veränderungen durch die globale Klimaerwärmung. Im Dunkeln kommen wir an seinem kleinen, rotgestrichenen Haus an, steigen aus und bemerken einen Fluss, der sich schwarz und träge am Grundstück entlangwälzt. Im Vorraum begrüßen uns zwei Lapphunde, dahinter links geht es zur Sauna, rechts lang zum Wohnbereich: ein kleines Wohnzimmer, dessen Wände ringsum vollgestellt sind mit deckenhohen Regalen voller Bücher, daneben ein Schlafzimmer und die Küche, ebenfalls voller Bücher, und in einer Ecke ein Bett für die Gäste. Seine Eltern haben das Haus gebaut, sind vor wenigen Jahren verstorben, Urpo hat sie auf ihrem letzten Weg begleitet und ist danach ins Haus gezogen. Tarja, die mit Urpo verheiratet ist, begrüßt uns, sie hat ein Abendessen vorbereitet: panierter Fisch, den die beiden selbst im Fluss gefangen haben, dazu Bratkartoffeln und Salat. Es ist reichlich und schmeckt fantastisch – wir haben seit Wochen kaum etwas gegessen, das mit so viel Liebe zubereitet wurde. Nach dem Essen fragt Urpo, ob wir noch in die Sauna wollen. Wir sind eigentlich ein bisschen zu satt und müde, aber Urpo freut sich so offensichtlich darüber, Gäste zu haben, dass wir einverstanden sind. Saunas, erklärt er, während wir noch bekleidet darin stehen, bilden traditionell einen wichtigen Bestandteil in vielen Häusern der Arktis. Sie dienen nicht nur zum Schwitzen, sondern im Alltag auch als Badezimmer und Waschküche, sogar Kinder seien früher darin zur Welt gebracht worden. »Und als meine Eltern gestorben sind, lagen sie hier drin aufgebahrt«, sagt er. Es ist eine überraschende Info vor unserem Saunagang, aber er sagt es so gelassen, dass wir es einfach akzeptieren. Er lässt uns allein, wir ziehen uns aus, genießen es, wie die Wärme in unsere Muskeln und Knochen dringt.

*

Beim Frühstück am nächsten Morgen fragt Urpo, ob wir ihm helfen wollen, die Fischnetze im Fluss zu kontrollieren. Es ist schon empfindlich kalt so weit nördlich, er gibt uns gefütterte Jacken und Gummistiefel. Er hat ein kleines Ruderboot, es liegt vertäut am Ufer, wir machen es los, schieben es ein Stück ins Wasser und rudern in die träge Strömung hinaus. Urpos Eltern zogen nach dem Zweiten Weltkrieg nach Vittangi, weil sie aus ihrer finnischen Heimat fliehen mussten, und arbeiteten als Landwirte; Urpo selbst wuchs an dem Fluss und in den Wäldern der Region auf, studierte später Biologie und begann für den SSNC zu arbeiten, den schwedischen Naturschutzbund mit 230.000 Mitgliedern. Er erzählt uns, während wir langsam den breiten Fluss aufwärts rudern, wie er fast sein ganzes Leben in abgelegenen Teilen Nordschwedens arbeitete, auch wenn seine Chefinnen ihn gern mit Aufgaben in der Zentrale betraut hätten. Zweimal habe er außerdem Gehaltserhöhungen ausgeschlagen, weil er fand, dass er das Geld nicht brauche und die Organisation es besser einsetzen könne. Seine Rente fällt deshalb gering aus, weshalb er so lebt, wie er lebt: in dem kleinen, alten Haus seiner Eltern, in dem es bis vor wenigen Monaten keine Dusche außer der Sauna gab. In einem Container hinter dem Supermarkt gucken sie regelmäßig nach weggeworfenen Lebensmitteln, und als einzige Bewohnerinnen im Ort haben sie Fischernetze im Fluss ausgeworfen, obwohl alle dazu das Recht haben. Das Finanzielle ist jedoch nur das eine. 2007 begann er, sich mit den Folgen der Klimakrise zu beschäftigen, verstand schnell das gesamte Ausmaß und konnte daraufhin wochenlang nicht richtig schlafen. Er gründete im Naturschutzbund eine informelle Klima-AG, um das Thema voranzubringen, auch ihr eigenes Leben stellten Tarja und er radikal um. Die beiden fliegen nicht mehr, sie verkauften ihr Auto und schafften sich zwei Velomobile an – raketenförmige Liegefahrräder, mit denen sie Strecken von bis zu zweihundertfünfzig Kilometer pro Tag zurücklegen können. Für den Besuch einer Konferenz in Südschweden plant er nun eben zwei, drei Reisetage mehr ein. Er liebt es, so zu reisen, auch weil sein rotes Velomobil ein Hingucker ist und er bei jedem Stopp angesprochen wird. Das Gefährt ist der perfekte Eisbrecher für Gespräche über die Klimakrise. Vor einer Konferenz, an der er teilnehmen wollte, strengte er eine Abstimmung an: Er forderte, dass keine der Teilnehmerinnen mehr fliegen dürfe. Seine zuvor geleistete Überzeugungsarbeit zeigte Erfolg, auch wenn viele danach wütend auf ihn waren. 2015 fuhr er sogar den ganzen Weg bis Paris mit Velomobil und Zug, um beim Weltklimagipfel COP21 dabei zu sein.

*

Auf dem Fluss kommen runde Bojen in Sicht, Urpo dirigiert uns vorsichtig darauf zu. »Du musst das Boot links ans Netz ransteuern und dann in der Strömung stabil halten«, sagt er. Als wir die erste Boje erreichen, zieht er sie ans Boot, und während wir langsam am Netz entlangfahren, hebt er es nach und nach aus dem Wasser, um zu schauen, ob sich Fische darin verfangen haben. Dass die Staatsoberhäupter in Paris sich 2015 darauf einigten, den Anstieg der globalen Durchschnittstemperatur auf deutlich unter 2° Celsius über dem vorindustriellen Niveau zu begrenzen und Anstrengungen zu unternehmen, den Temperaturanstieg unter 1,5° Celsius zu halten, kam für viele völlig unerwartet. Es war ein Durchbruch und kaum zu vergleichen mit jenen Ergebnissen, die in der internationalen Klimadiplomatie zuvor erreicht worden waren. Doch die Euphorie hielt nicht lange vor, auch weil der Weltklimarat 2018 einen Sonderbericht herausbrachte, der noch mal unterstrich, was passiert, wenn das Paris-Abkommen nicht eingehalten wird. Im Kern besagt der Bericht: Ab 1,5 Grad wird das Überschreiten von sogenannten Kipppunkten im globalen Klimasystem möglich, und das Risiko steigt mit jedem weiteren Zehntelgrad. Das Ergebnis überraschte sogar viele Wissenschaftlerinnen. Es gab die Annahme, dass die Erwärmung größtenteils linear verlaufe:

Steigt der CO_2-Wert in der Atmosphäre, steigen auch die Temperaturen, doch sobald man die Emissionen reduziere, würde auch der Klimakrise Einhalt geboten. Erwärmungen um drei bis fünf Grad könne man sich leisten, so die Annahme mancher Wissenschaftlerinnen. Diese Ansicht gilt mittlerweile als veraltet. Im globalen Klimasystem wurden mittlerweile neun Teilsysteme identifiziert, die einen Kipppunkt haben, zum Beispiel der Grönländische Einsschild.

An manchen Stellen ist er mehr als drei Kilometer dick, aber je wärmer die Sommer werden, desto mehr schmilzt von der Oberfläche weg. Je niedriger dieser gigantische Eisrücken wird, desto wärmer ist die umliegende Luft, wodurch sich der Prozess beschleunigt und irgendwann verselbstständigt – auch wenn die Temperaturen global gesehen nicht mehr weiter steigen sollten. Die Folge des vollständigen Abschmelzens: ein weltweiter Meeresspiegelanstieg um ganze sieben Meter. Auch der Amazonas besitzt einen Kipppunkt, denn so riesig, wie sich dieser Wald ausdehnt, bindet er nicht nur jährlich rund ein Viertel des weltweit emittierten CO_2 aus der Atmosphäre. Er produziert durch Verdunstung auch seinen eigenen Regen. Schätzungen gehen jedoch davon aus, dass der Regenwald diese Fähigkeit verliert, wenn er um zwanzig bis fünfundzwanzig Prozent schrumpft. In der Folge würde das Gebiet zur Savanne, und statt CO_2 zu speichern, würden riesige Mengen Treibhausgase in die Atmosphäre entweichen, die die globale Erhitzung weiter anfachen. Siebzehn Prozent des Waldes wurden bereits verloren. Ein drittes Beispiel sind die Permafrostböden der Arktis. Weltweit hat eine Fläche von der Größe Russlands einen mehr oder weniger gefrorenen Untergrund. In diesen Permafrostböden sind bis zu 1,6 Billionen

Tonnen Kohlenstoff gespeichert – abgestorbene Bäume, tote Tiere, verwelktes Gras –, was in etwa der doppelten Menge Kohlenstoff entspricht, die sich derzeit in der Atmosphäre befindet. Wegen der globalen Erwärmung taut der Boden, es kommt zu Abbauprozessen, Treibhausgase entweichen. Auch das wirkt wie ein Katalysator: Die zusätzlichen Gase lassen die globalen Temperaturen steigen, mehr Böden tauen, noch mehr Treibhausgase entweichen, die Temperaturen steigen weiter. Dieser Prozess ist bereits in Gang und vielerorts im Polarkreis zu beobachten, in Sibirien, Kanada, Alaska und auf Grönland. Große Gebiete der sibirischen Tundra weichen auf, die Böden sacken weg, Städte mit hunderttausenden Einwohnerinnen sinken ein. Die Erosion lässt zusätzliches Methan entweichen. Methan ist als Klimagas fünfundzwanzig Mal potenter als Kohlendioxid. Wissenschaftlerinnen in Kanada sind alarmiert, weil der Permafrost dort siebzig Jahre früher taut als vorhergesagt. Gleichzeitig führen die höheren Temperaturen zu einer größeren Feuergefahr. Brände verwüsteten im Jahr 2019 Wälder in Kanada, Alaska, Grönland und Russland. »Das Ausmaß und die Häufigkeit der Feuer ist beispiellos für die vergangenen 10.000 Jahre«, schrieb der Weltklimarat. Bei den Bränden wird CO_2 emittiert, und durch die Hitze schmelzen die methanreichen Eisböden unter den Wäldern. Auch am Grund des arktischen Ozeans lagern weitere 50 Milliarden Tonnen gefrorenes Methan als Methanhydrat, chemisch gesehen eine sehr instabile Verbindung. Unter bestimmten Umständen kann es in sehr kurzer Zeit aus der Tiefe des Meeres aufsteigen. Schon vor über einem Jahrzehnt deklarierte die US-Regierung diese Möglichkeit als Gefahrenszenario, zu dem sie seitdem intensiviert forscht. Im August 2019 maß eine US-Forschungsstation in Alaska nie dagewesene Methankonzentrationen. Die Werte schossen derart schnell nach oben, dass es Wissenschaftlerinnen weltweit alarmierte. Es könnte sein, dass der Permafrost seinen Kipppunkt schon überschreitet. Und all das ist noch aus einem weiteren Grund problematisch: Die neun Kipppunktsysteme existieren global gesehen nicht unabhängig voneinander, im Gegenteil. Das Schmelzwasser der Grönlandgletscher verlangsamt schon heute den Nordatlantikstrom, der warmes Wasser aus dem Golf von Mexiko nach Nordeuropa transportiert. Geht das so weiter, gerät das europäische Klima aus dem Gleichgewicht, der Amazonas verliert noch mehr Niederschlag, und das Eis der Westantarktis schmilzt noch schneller als bereits jetzt. Kippt also ein Element, reißt es andere mit, es könnte zu einem Dominoeffekt zwischen den Systemen kommen. »Heißzeit« nennen Forscher das Resultat einer um mehrere Grad wärmeren Welt. Aus all diesen Gründen gilt 1,5 Grad Erwärmung als das absolute Limit, darüber steigt das Risiko, Kipppunkte zu überschreiten, ins Unverantwortliche. Dabei gilt es beinahe als Gewissheit, dass das Limit überschritten werden wird. Um eine fünfzigprozentige Chance zu haben, unterhalb von 1,5 Grad zu bleiben, gehen Schätzungen davon aus, dass nur noch etwa 400 Gigatonnen CO_2 emittiert werden dürfen. Dieser Wert wird wohl in zehn Jahren erreicht sein. Danach dürfte kein CO_2 mehr ausgestoßen werden. Das heißt, Industrienationen wie Deutschland, Frankreich oder die USA müssten ihre Klimaziele noch deutlich ambitionierter formulieren. Denn die globale Berechnung von Emissionsbudgets ist ungerecht: Jeder Milliardär schadet dem Klima zehntausend mal mehr als eine Bewohnerin Mosambiks.

Das ist alles schon länger bekannt, und trotzdem stiegen

die Emissionen weiter. Nur im Corona-Jahr 2020 sanken sie um sieben Prozent, aber nicht wegen eines Systemwandels, sondern wegen eines Einbruchs der Wirtschaftsleistung. Um unter dem 1,5-Grad-Limit zu bleiben, müssen die Emissionen auf diesem niedrigeren Niveau bleiben und 2021 noch mal um sieben bis acht Prozent sinken. Und ähnlich muss es dann weitergehen, Jahr für Jahr, das ganze Jahrzehnt. Und wenn diese Herkulesleistung gelingt, ist erst ein Zwischenziel erreicht, auf dem Weg dahin, überhaupt eine Fifty-fifty-Chance zu haben, dem Klimakollaps zu entgehen. Zusammengefasst bedeutet das: Die Chance ist hoch, dass es zu verheerenden Veränderungen kommen wird, die weit über das heutige Level von Unwettern, Dürren, Epidemien und Konflikten um die verbleibenden Ressourcen hinausgehen. Der Zusammenbruch der derzeitigen menschlichen Zivilisation liegt nicht nur im Bereich des Möglichen, er wird immer wahrscheinlicher.

Sieben der renommiertesten Klimaforscherinnen der Welt veröffentlichten im Magazin Nature 2019 einen Kommentar, in dem sie viele dieser Informationen analysierten. Vielleicht, so schreiben sie in ihrem Fazit, haben wir die Kontrolle bereits verloren: We might already have lost control of whether tipping happens. Wenn das stimmt, heißt das: Der Kollaps der bestehenden Weltordnung ist nicht mehr aufzuhalten. Ein schwacher Trost sei, dass die Geschwindigkeit, mit der der Schaden über die Welt komme und damit die Chance von Lebewesen, sich noch an die veränderten Gegebenheiten anzupassen, weiterhin von der Menge der Emissionen und damit vom Handeln der Industrienationen abhänge.

Urpo hat im Netz einen Fisch entdeckt, seine spitzen Schuppen glitzern in allen Regenbogenfarben. Er zieht ihn aus dem

Wasser ins Boot und wickelt ihn aus den eng geknüpften Maschen. Der Fisch blickt uns aus toten Augen an.

*

Einige Tage noch haben wir mit Urpo und Tarja verbracht, oft bis spät in die Nacht hinein gesprochen. Jetzt ziehen vor dem Autofenster die Herbstwälder vorbei. Busse fahren diese Route in den hohen Norden nur selten, Urpo hat sich noch mal das Auto aus der Nachbarschaft geliehen. Seine Eltern sind auf einem Friedhof in Finnland bestattet, er möchte das Grab besuchen und vor allem uns dabei helfen, unsere Reise in den Norden fortzusetzen. Auf diesen letzten Kilometern unserer Reise sehen wir, wie die Wälder spärlicher werden, die Bäume kleiner, und wie ihre Blätter sich mehr und mehr verfärben, je weiter wir uns dem Polarmeer nähern. Urpo zeigt immer wieder aus dem Fenster: eine besonders alte Waldkiefer, eine Tanne, die nur in der Taiga wächst, zwei vorbeifliegende Unglückshäher mit rostroten Flügeln. Neben seiner Arbeit beim SSNC twitterte Urpo regelmäßig über die Klimakrise, auch eine kurze Doku wurde produziert, über seine Reise im Velomobil nach Paris. Im Oktober 2018 besuchte er Stockholm, es war Freitag, Greta Thunberg saß streikend vor dem schwedischen Reichstag. Er ging hin, stellte sich ihr vor, und sie sagte gleich: »Ah, du bist der mit dem Velomobil!« Urpo erinnert sich, wie Greta ihm auf Twitter folgte, als sie selbst erst rund dreißig Followerinnen hatte. »Wisst ihr, auf Schwedisch gibt es ein Wort, das in Anbetracht der Klimakrise sehr wichtig ist: *rådighet*. Es bedeutet Wirkungsbereich, aber auch Entschlossenheit. Jeder hat seinen Radius, in dem er etwas tun kann, und der ist mal größer und mal kleiner«, sagt Urpo, blickt über das Lenkrad auf die schnurgerade Straße. Aber das Wichtigste sei, überhaupt aktiv zu werden.

Die Anekdote von ihm und Greta auf dem Parlamentsplatz vermittelt einen Hauch von Zuversicht, der uns an unsere Zeit in Großbritannien erinnert, die Hoffnung, politisch etwas bewegen zu können. Doch unsere Gespräche mit Urpo setzen diese vergangenen Wochen auch in ein anderes Licht. Sicherlich ist nichts vergebens, jedes Zehntel Grad zählt, es kommt auf die Geschwindigkeit an, mit der die Klimakrise über die Welt hereinbricht, das bestimmt maßgeblich, wer sich wie anpassen können wird, und doch: Es stellt sich dieses Gefühl ein, dass sich vieles, das wir kennen und lieben, unweigerlich und tiefgreifend verändern wird.

Als die Straße sich in ein Tal hinabneigt, zeigt Urpo auf die rechte Seite: »Seht ihr diese Hügel?« Er meint kleine Torfformationen, die mattgrün aus sumpfigen Lichtungen herausragen. Genau wie der Permafrostboden in Sibirien sind sie eigentlich dauerhaft gefroren. Da der Boden taut, sacken sie langsam in sich zusammen. Bald wird diese Landschaft ein anderes Gesicht bekommen.

Kurz hinter der finnischen Grenze erreichen wir einen kleinen Ort, links der Straße liegt der Friedhof, bläuliche Flechten bedecken den Boden zwischen den Bäumen und Gräbern, sie sehen aus wie bleiche Korallen. Das Grab seiner Eltern liegt im hinteren Teil. In den Tagen vor dem Tod seines Vaters führte er viele lange Gespräche mit ihm. Einmal, als er nach langem Schlaf aus einem Traum aufwachte, fragte sein Vater ihn: »So viele Fragen, wie du mir stellst, klingt es, als wärst du ein Forscher, der mein Leben untersucht – bin ich auch ein Forscher?« Urpo formulierte seine Antwort so: »Ja, jeder ist von Geburt an ein Forscher. Du hast als Bauer die Farben des Frühlings, des Sommers, des Herbstes und des Winters erforscht. Du hast dem Leben nachgespürt und auch seiner Vergänglichkeit.«

WECKRUF

Wir stehen vor der Hütte, in der unsere Rucksäcke liegen, unsere Smartphones und Notizbücher, und über uns auf einem mattschwarzen Nachthimmel tanzt die Ewigkeit – ein halbdurchsichtiger Schleier aus grüner Seide. Aus dem Nichts tauchen sie auf, die Polarlichter, entrollen sich in geschwungenen Bahnen von Horizont zu Horizont, bevor sie langsam wie eine eine Erinnerung aus früheren Zeiten verwischen, nur um sich dann wieder in Spiralen aufzudrehen, bis sie herabsinken und verblassen, wie Botschaften einer längst vergangenen Zukunft. Auch eine psychedelische Erfahrung, ganz ohne Pilze. Der große Wagen funkelt hinter den Polarlichtern. Sie umspannen das ganze Firmament und sind doch so nah, dass es in manchen Momenten scheint, als streiften sie uns wie ein Windhauch, bloß spüren wir sie nicht auf der Haut. Es ist, als könnten wir sie hören, als strichen sie über verborgene Saiten unserer Seele.

*

Die Hütte, in der Theresa und ich eingezogen sind, steht ein Stück außerhalb der nordnorwegischen Kleinstadt Kautokeino auf dem Hof von Anders und Ellen Triumf, bei denen wir für ein paar Wochen zu Besuch sind. Wir haben gemeinsam zu

Abend gegessen – Biđos, eine Suppe aus Rentierfleisch, Kartoffeln und Karotten – und machen es uns jetzt auf der Couch in ihrem Wohnzimmer gemütlich, ihre beiden Kinder sind auch da. Anna trägt ein Prinzessinnenkleid wie ihre Namensvetterin aus den Animationsfilmen um die Eiskönigin Elsa und ihre Schwester Anna. Sie hat unzählige Spielzeuge, die das Logo des Films tragen, und will *Frozen 2* unbedingt mit uns noch einmal anschauen. Ellen lässt sich überreden, öffnet auf ihrem Laptop den Film, klickt aufs Sprachenmenü und stellt Samisch mit englischen Untertiteln ein. Die Familie gehört zu den indigenen Sámi[3], die vor allem in Nordskandinavien leben. Die Kinder kuscheln sich auf Anders' Schoß, und der Film beginnt: Elsa und ihre Schwester Anna leben im Schloss ihres kleinen Königreichs, als eines Nachts ein Unglück über die Menschen hereinbricht: Die Elemente fegen durch die Stadt, Feuer, Sturmflut und Erdbeben zerstören die Häuser nicht, sperren die Bewohnerinnen jedoch aus. Elsa hört einen Ruf, dem sie mit ihren Gefährten zu einem verwunschenen Birkenwald folgt. Im Wald erfährt Elsa ein Geheimnis: Ihr Großvater hatte einst den Menschen des Waldes einen Staudamm in den Fluss gebaut, doch das Geschenk war eine List, es war nur für sein eigenes Volk ein Gewinn und schadete dem Wald und seinen Bewohnerinnen, daher die Wut der Elemente auf ihre Stadt. Die Schwestern stehen vor einem Dilemma: Sie müssen den Damm zerstören, um die Ungerechtigkeit zu sühnen, doch die

---

3 Wir verwenden das Wort *Sámi* statt *Samen*, wie es im Duden steht, da es der samischen Selbstbezeichnung entspricht. In Deutschland ist das Gebiet der Sámi, das sich über die Grenzen von Norwegen, Schweden, Finnland und Russland erstreckt, auch unter der früheren Kolonialbezeichnung Lappland bekannt. Sie selbst bezeichnen es als Sápmi.

hervorbrechende Flutwelle könnte ihre Heimat überschwemmen. Sie tun es trotzdem, der Damm zerbricht, die Welle rollt heran, doch die Stadt wird vom Wasser verschont. Elsa und Anna haben die wütenden Elemente durch die selbstlose Tat besänftigt, Happy End: Der ersehnte Frieden kehrt in das Königreich und in den Wald zurück.

Sobald der Abspann läuft, springen die Kinder von Anders' Schoß und lassen ihre Spielzeuge durch die Luft sausen. Ellen guckt ihnen einen Augenblick zu und sagt dann zu uns: »Das ist der erste Disney-Film, für dessen Produktion ein indigenes Volk gefragt wurde, wie es dargestellt werden will. Für die Filmpremiere wurde eine Sámi-Delegation aus Norwegen, Schweden und Finnland nach Hollywood eingeladen.« Ich schaue Ellen an und sehe, wie stolz sie darauf ist. Die Geschichte der Waldbewohnerinnen, sagt sie, lehne sich lose an die Geschichte der Sámi an.

Lange bevor die skandinavischen Nationalstaaten ihren Einfluss auf diesen Teil der Arktis ausdehnten, lebten die Sámi bereits in diesen Gegenden. Einige waren sesshaft und ernährten sich von der Landwirtschaft und dem Fischfang, andere lebten als nomadische Rentierhirtinnen, die die Tiere übers Jahr auf ihren Zugrouten durchs Land begleiteten, von ihnen fast alles bekamen, was sie zum Leben brauchten. Anders' Eltern hatten eine eigene Herde, ernährten sich von ihrem Fleisch, machten sich aus ihren Fellen und ihrem Leder Kleidung, Schuhe und Zelte. Was sie sonst noch brauchten, besorgten sie sich durch Tauschhandel. »Mindestens seit dem 15. Jahrhundert lebt meine Familie so. Ich bin der Erste, der den Luxus einer Couch und eines Fernsehers genießt, wenn ich mal nicht bei den Tieren bin«, sagt Anders. Egal ob sie in Tromsø leben, Lehrerin oder Verkäufer sind, bis heute ist für viele Sámi die Herde das Herzstück ihrer Kultur. Insgesamt 240.000 Rentiere leben in Norwegen, nur die Sámi dürfen sie schlachten. Die Arktis ist wie eine polare Wüste, die Temperaturen schwanken zwischen minus 50° und plus 30° Celsius, in diesen extremen Bedingungen fügten die Sámi sich perfekt ein, lebten mehr mit als von der Landschaft. Wie viele der Indigenen am Polarkreis sahen sie sämtliche Erscheinungen der Natur als beseelt, die Erde als Ganzes als lebenspendende Muttergöttin. Quellen, Felsgruppen und Höhlen galten als Kraftorte, Bären als Boten zwischen Menschen- und Götterwelt. Es war eine Weltsicht, in der die Menschen einen Platz unter vielen hatten, bis die Königreiche Südskandinaviens im 14. Jahrhundert begannen, die Sámi mit Gewalt zum Christentum zu bekehren. Sie ermordeten ihre Schamaninnen, bauten an den alten Kraftorten Kirchen und gingen mit Gewalt gegen all jene vor, die sich der neuen Religion widersetzten. Nicht mehr der Bär galt fortan als Bote zwischen den Menschen und dem Göttlichen, sondern Jesus, der Gott in Menschengestalt.

Ellen grinst, als sie erzählt, wie ihre Vorfahren das Christentum für sich umgedeutet haben, sie mit einer kleinen Anekdote die Siegeserzählungen der Kolonialisten durchbricht: »Klar sind unsere Kinder auch getauft, neben der Kirche werden wir beerdigt. Es gibt eben keine andere Institution mehr. Aber wir haben trotzdem viele Rituale behalten und die Priester nur glauben lassen, wir spielten ihr Spiel mit. Bevor ein Sámi ein Tier tötet, spricht er einen Segen, heute ist das halt ein christlicher, aber eigentlich ist es einfach unsere Art, der Erde für das Leben zu danken.«

Die Christen waren jedoch nur der Beginn. Bald schenkte

die Krone Siedlern das Land, das die Sámi gemeinschaftlich als Weide genutzt hatten, forderte dann Steuern von ihnen und zwang sie so Schritt für Schritt in ein System, das sie zuvor nicht gebraucht hatten: die Geldwirtschaft. Die samische Sprache und Musik wurden verboten, Kinder auf norwegische Internate geschickt, Erwachsene zur Zwangsarbeit herangezogen. Die Unterdrückung hielt bis in die zweite Hälfte des 20. Jahrhunderts an, als die norwegische Regierung beschloss, im Fluss Altaelv einen Staudamm zu bauen, der nicht nur Rentierweiden und Lachsgebiete auf einer Länge von über hundert Kilometer zerstört, sondern auch das Sámi-Dorf Máze geflutet hätte. »Als die Pläne bekannt wurden, erlebten wir den Beginn einer Renaissance«, sagt Ellen. Es begann mit einer Petition, wandelte sich in ein Protest-Camp vor der Baustelle und dann in einen Hungerstreik, schließlich in eine Aktion massenhaften zivilen Ungehorsams. Die norwegische Regierung erwog einen Militäreinsatz gegen die Blockaden, schickte ein Zehntel der gesamten Polizeikräfte des Landes und konnte den Bau des Staudamms trotzdem nur in verkleinerter Form durchsetzen. »Máze wurde gerettet, und zum ersten Mal seit Jahrhunderten haben wir Sámi unsere Lebensweise und unser Land wirklich schützen können.«

*

Ich stehe barfuß im Morgentau vor unserer Hütte und putze mir die Zähne. Sanfte Hügel umgeben den Hof und die kleinen anliegenden Felder, im Süden ist das Land durch einen breiten Fluss begrenzt, der träge vorbeifließt. Ellen ist schon frühmorgens los zur Kita, gestern hat sie Raphael und mir gezeigt, wie wir einen Beerenkamm – eine kleine Box mit Griff, die vorne Zinken hat – benutzen können. Nach dem Frühstück streunen wir los zu den Hügeln rund um die Farm. Ich ziehe den Kamm vorsichtig durch die buschigen Sträucher, die den Boden bedecken, sodass die Beeren hineinfallen. Innerhalb weniger Minuten ist der Behälter voll, die Preiselbeeren leuchten rot im weichen Licht, ein paar tiefschwarze sind auch dabei: Krøkebær, sie kannte ich nicht, bevor Ellen sie mir gezeigt hat. Im Überfluss leben, so fühlt sich das ein bisschen an, wie Hunderte kleine Geschenke, die die Erde mir da gerade macht. Seit ich vor einigen Tagen Ellens Vorrat an getrockneten Heilkräutern und Beeren gesehen habe, geht mir ein Zitat von der Biologin und Autorin Robin Wall Kimmerer durch den Kopf: »For all of us, becoming indigenous to a place means living as if your children's future mattered, to take care of the land as if our lives, both spiritual and material, depended on it.«

Kimmerer ist Professorin in New York und eine prominente Stimme der First Nations der Potawatomi. In ihrem Bestseller *Braiding Sweetgrass* beschreibt sie den Spagat zwischen der Welt der Wissenschaft und dem indigenen Wissen über Pflanzen. Ich sehe Ellen in einer ähnlichen Situation: Auf der einen Seite lebt sie als junge Unternehmerin und Mutter viele Facetten der norwegischen Gesellschaft, gleichzeitig weiß sie, wann der Wacholder reif ist, wie viel Energie ein Tee aus Angelikawurzel schenkt und wo in der ganzen Gegend die besten arktischen Moltebeeren wachsen. »Ich gehe nie zum Spaß in die Natur. Irgendwas gibt es immer zu tun«, sagt sie. Ellen kennt die alten Geschichten über Trolle, Geister und Schamanen, doch sie sind mehr als Folklore für sie, sie spürt da eine Verbindung zur Vergangenheit und eine Berufung, das Wissen ihrer Großmutter nicht einschlafen zu lassen. Ihr ist das möglich, auch weil sich die Sámi im Anschluss an den Widerstand gegen den Bau des Staudamms weitere Rechte erkämpften: Ihre Sprache wird seitdem wieder in Schulen gelehrt, es gibt eigene Zeitungen, Radiosender und TV-Programme sowie ein Parlament, das die Interessen der Sámi vertritt. Ihre Kultur lebt auf, Künstlerinnen feiern weltweit Erfolge, Filme werden produziert. Ellen erzählt, wie sich ihre Großeltern und Eltern früher dafür geschämt haben, Sámi zu sein, auch sie erlebte noch Ausgrenzung während des Studiums in Oslo. Die Situation ändert sich, selbst im Bericht des Weltklimarats über die Veränderungen der Arktis steht, dass indigenes und lokales Wissen eine wichtige Rolle bei der Anpassung an die Klimakrise spielen kann. Doch die Renaissance erstreckt sich nicht auf alle Bereiche, die alte zyklische Lebensweise kollidiert bis heute mit dem aufgezwungenen Wirtschaftssystem – direkt und indirekt. Früher wären die meisten Sámi nicht auf die Idee gekommen, ihre Herde in Maßeinheiten wie Kilogramm Fleisch zu betrachten, in Reproduktionsraten und ihrer möglichen Optimierung. Doch darauf läuft es hinaus, seit die Staaten die Rentier-Familien besteuern. Weil sie abhängig von Preisschwankungen und Subventionen sind, wird es zunehmend schwierig, mit den Tieren zu leben, ihnen jahrein, jahraus auf ihren Wanderungen zwischen Bergen und Wäldern zu folgen. Viele junge Sámi sehen in der harten Arbeit keine Zukunft, wenden sich ab, suchen andere Jobs. Straßen zerschneiden die Weidegründe, genau wie Infrastrukturprojekte, auch unter deutscher Beteiligung werden Windräder und Kupferminen in den Gebieten der Sámi gebaut, ihre Einsprüche weggewischt, schließlich gehe es um den Ausbau erneuerbarer Energien, außerdem steigt die Nachfrage nach Kupfer seit einigen Jahren für den Bau von E-Autos. Grünen Kolonialismus nennt Ellen das. Zu alldem kommt die Klimakrise. Die Temperaturen in der Arktis steigen doppelt so schnell wie im Rest der Welt. Rund um Kautokeino werden bis 2100 mehr als zehn Grad durchschnittlicher Anstieg in den Wintermonaten erwartet, mit unzähligen Konsequenzen. Die Rentiere, denen die Sámi folgen, sind nicht domestiziert, die Hirtinnen greifen kaum in ihr Leben ein, folgen ihnen stattdessen auf ihren natürlichen Wanderrouten, und einmal im Jahr treiben sie sie zusammen, um die Tiere für die Winterweide vorzubereiten und einige zu schlachten. Doch die Rentiere gehören nicht den Menschen, sie gehören sich selbst, wie ein Fuchs oder ein Elch sich selbst gehört. Und gleichzeitig sind die Tiere angewiesen auf die Menschen, sie sind abhängig vom Kampf der Sámi gegen die Infrastrukturprojekte und Versiegelung des Landes. Die Wissenschaft beschreibt den Alltag der Sámi mit dem Term Coupled Human-Natural System. Die Tundra ist ein Ökosystem, zu dem sie alle gleichermaßen gehören, die Strauchflechten genauso wie die Rentiere und ihre Begleiterinnen, sie haben sich gemeinsam entwickelt. »Meine schlimmste Befürchtung ist, dass sie nur noch ein paar Rentiere für Touristen und Staatsbesuche am Leben lassen, aber unsere Art zu leben ausstirbt«, sagt Anders. Er kennt jedes seiner siebenhundert Tiere, erkennt sie an ihren Geweihen, ihrem Fell und ihren Augen.

Seit zehn Tagen sind wir jetzt bei der Familie, und es ist schwer sich vorzustellen, was die Klimakrise für ihr Leben bedeutet. Anders redet nicht viel, auf Englisch noch weniger als auf Samisch. »Wie soll ich unsere Probleme schon beschreiben, auf Englisch gibt es ja noch nicht mal die richtigen Wörter.«

Manche samischen Dialekte zählen über zweihundert Bezeichnungen für Schnee, sie beschreiben die physikalische Beschaffenheit, die Windrichtung, aus der er fällt, die Dichte, aber auch was der Neuschnee für die Rentiere bedeutet, wie gut sie durch die Schneedecke noch ihr Futter erreichen. Die globale Erwärmung verändert den Schnee, und das hat Auswirkungen auf die Herden. Im vergangenen Winter schneite es ungewöhnlich viel, gleichzeitig stiegen immer wieder die Temperaturen, wodurch die obersten Schneeschichten tauten und dann wieder froren, den Boden abschlossen wie Fels. Früher wäre das nicht so schlimm gewesen, in jeder Herde gab es einige Bullen, die groß genug waren, um mit ihren Hufen das Eis zu durchbrechen, an die darunter liegenden Flechten und Moose zu gelangen. Doch wegen der staatlichen Subventionen für die Fleischwirtschaft werden männliche Kälber als Erste geschlachtet. Die Herden sind homogener geworden, dadurch weniger anpassungsfähig, wenn sich die klimatischen Bedingungen ändern. Neue Parasiten wie die Dasselfliege breiten sich aus, ihre Larven bohren sich ins Fleisch der Rentiere und verursachen Lähmungserscheinungen, Blutungen und eine Schädigung des Rückenmarks. Außerdem führen einige der Zugrouten im Winter über gefrorene Seen und Flüsse, im Jahr 2009 brach in Nordschweden eine Eisdecke, dreihundert Tiere ertranken vor den Augen der Hirtinnen, die nichts dagegen ausrichten konnten.

Ellen erzählt, sie hat in Oslo und Neuseeland Lebensmitteldesign studiert und eine Zeitlang als Journalistin für das Lokalradio gearbeitet. Weil sie einen Rentierhirten über den Klimawandel interviewen sollte, hat sie Anders kennengelernt. Sie mag ihn für seine ruhige Art und seine Überzeugung, wie seine Vorfahren mit den Tieren zu leben. Sie selbst gibt Kochkurse, in denen sie traditionelle Rezepte kreativ weiterentwickelt, und stellt Nahrungsmittelergänzungen aus Rentierleber her, vertreibt sie von ihrem Hof aus auf Instagram. Anders hat von seinen Verwandten den Spitznamen »der König« verpasst bekommen, auch weil er so stoisch daran festhält, mit den Tieren zu leben, im Lávvu, dem großen Zelt, das auch seine Vorfahren genutzt haben, und nicht in einem beheizten Caravan wie die meisten der Sámi heute. Er verbringt dreihundert Tage im Jahr mit den Tieren, isst, trinkt und schläft in ihrem Rhythmus, liebt die Stille in der Weite der Natur – und nutzt trotzdem Quads und Schneemobile. Im norwegischen Wirtschaftssystem geht es nicht mehr ohne.

*

Wir stehen auf dem Balkon des Hauses, vor uns einige Plastikboxen voller Fleisch, das wir später räuchern wollen, um es für den Winter haltbar zu machen. Anders nimmt ein großes Stück in die Hand, rieselt Salz aus einer Packung darüber, verreibt es, gibt das Fleischstück Theresa, die es behutsam in eine weitere bereitstehende Kiste legt. Anders hat die Tiere letzte Woche selbst geschlachtet, es sind mehr als hundert Kilo, und uns gefragt, ob wir ihm helfen könnten. Das Fleisch ist gefroren, fühlt sich kalt an in der Hand, die Ränder der zertrennten Knochen sind scharf, helfen aber, es festzuhalten, damit nichts auf den Boden fällt. Das Blut ist größtenteils geronnen, und so kalt, wie es ist, haftet nur wenig auf der Hand. Während wir die Stücke nach und nach salzen, frage ich Anders, ob er sich Sorgen macht wegen der Klimakrise.

»Nein«, antwortet er.

Ich bin überrascht und frage, warum.

»Das ist normal. Das verläuft alles in Zyklen.«

Ich bin verdutzt, und für eine Weile arbeiten wir schweigend weiter. Vielleicht will Anders die prognostizierten Veränderungen einfach nicht anerkennen, weil sie seinen Lebensstil so fundamental bedrohen und es kaum vorstellbar ist, dass sein Traum in Erfüllung geht: seine Kinder, die mal in seine Fußstapfen treten. Aber vielleicht steckt ja auch etwas anderes dahinter.

Als alles Fleisch gesalzen ist, tragen wir die Boxen zum Auto und fahren nach Kautokeino, biegen auf eine kleine Straße am Ortsrand ab. Anders stoppt den Wagen, steigt aus, schlägt mit einem Beil einige Zweige von einem Wacholderbusch ab, bevor wir weiterfahren und auf einem kleinen Grundstück parken, auf dem eine runde, verwitterte Holzhütte steht. Anders nimmt die Abdeckung der niedrigen Tür beiseite. In der Hütte liegen einige Steine als Feuerstelle im Kreis, neben die Anders eine Leiter aufstellt. Er zeigt Theresa, wie sie mit einem spitzen Messer Löcher in das Fleisch bohren und kurze Schnüre hindurchziehen kann; ich steige auf die Leiter, und beide reichen mir nach und nach Fleischstücke an, die ich an mehreren Querstreben über die Feuerstelle hänge.

»Es wird prognostiziert, dass das Wetter unberechenbarer wird, mal wärmer, mal doppelt so viel Schnee«, nimmt Theresa das Gespräch von vorhin wieder auf. »Und das macht dir keine Sorgen?«

»Wisst ihr«, sagt Anders und reicht mir das nächste schwere Stück Fleisch, »mein Vater hat mir immer erzählt, wie es in den 1920er-Jahren in Norwegen vier, fünf Winter hintereinander nicht geschneit hat. So vieles geriet damals aus dem Lot, dass fast alle Rentiere gestorben sind.«

»Und was hat das für deine Familie bedeutet?«, frage ich.

»Nicht viel. Sie wussten, dass solche Sachen passieren können. Sie haben nicht gelitten. Sie haben einfach durch die Krise hindurch gelebt.«

Das Fleisch taut langsam auf, einige der Stücke hängen jetzt genau vor meinem Gesicht, ich rieche das Blut, sehe es auf meine Schuhe tropfen – die Schuhe, die ich schon anhatte, als wir vor einer gefühlten Ewigkeit in Südafrika aufgebrochen sind, damals noch als irgendwie andere Menschen. Stabilität sei ein Fremdwort für die Sámi, sagt Anders, und ich denke, dass Menschen wie er und Ellen tatsächlich viel besser zurechtkommen werden als irgendjemand sonst, den ich kenne, egal, was auf uns zukommt. Denn sie haben gelernt, wie man auch in dieser unwirtlichen Gegend überlebt, und dazu kommen die engen Familienbande, bei der Fahrt durch die Stadt eben hat Anders auf ein halbes Dutzend Häuser gezeigt, wo jeweils Verwandte leben, und erzählt, wie sie alle zusammenarbeiten oder einfach einander aushelfen. »Ich habe keine Angst vor dem Klima«, sagt Anders. »Wir haben uns schon immer an die extremsten Bedingungen angepasst. Wovor ich Angst habe, ist diese Gesellschaft, die die Bedingungen dafür zerstört, sich nicht um die Zukunft schert.« Vor sieben, acht Jahren habe ein großes Unternehmen mitten im Gebiet der Sommerweiden ein Luxushotel bauen wollen. Anders und seine Verwandten protestieren dagegen, denn die Rentiere hätten die Gegend fortan gemieden. Der Konzern habe ihnen Geld geboten, rund vier Millionen Euro. Doch Anders und sein Bruder hätten abgelehnt. Vier Millionen – das ist viel Geld, denke ich, selbst im teuren Norwegen.

»Wenn so etwas einmal weg ist, kommt es nur schwer wieder«, sagt Anders. »Und mit den Rentieren zu leben bedeutet, dass du das Land nur von deinen Kindern geliehen hast, dass du es nicht besitzt. Und weil wir es nicht besitzen, können wir es auch nicht verkaufen.«

Wir hängen das restliche Fleisch auf, dann schichtet Anders die Wacholderzweige in dem Steinkreis auf und zündet sie an. Eine ganze Weile sitzen wir da und blicken schweigend in die Flammen, atmen den süßlich-würzigen Rauch ein, hören, wie das Blut aus dem Fleisch wie schmelzender Schnee in die Flammen tropft und leise zischend verdampft.

*

Es sind die Wochen im Jahr, in denen die Rentiere von ihren Sommerweiden an der Küste viele Kilometer landeinwärts ziehen, hin zu ihrem Winterquartier. Es sind die Wochen, in denen sich Menschen und Rentiere so nahe kommen wie sonst nie. Lebendige Wochen. Ellen sagt, dass sie ins Land rausfahren werde, Verwandte besuchen, und lädt uns ein mitzukommen. Ihr Onkel habe fünf Töchter, alle Rentierhirtinnen, auf Instagram nennen sie sich »Jenter i Reindrift«, Mädels und Rentiere. Das Camp liegt an einer einsamen Straße mitten in der Tundra, die sich braun, flach und still in alle Richtungen erstreckt, bis niedrig hängende Wolken sie in einigen hundert Metern Entfernung verschlucken. So vom Himmel und der Erde eingeschlossen, fühlt es sich an, als könnte dieser Ort irgendwo auf dem Planeten liegen. Oder nirgends. Hinter einigen geparkten Wohnwagen beginnt der Korral, ein großes rundes Gehege aus Sperrholzplatten, das nicht gerade den Eindruck vermittelt, als würde es einen arktischen Winter überdauern können; doch ähnliche Bauten haben die Menschen in der Region schon seit Ewigkeiten errichtet. Wir folgen einem schmalen Pfad, vorbei an einigen selbst gezimmerten Holzböcken, erreichen eine Tür, die in die Spanplattenwände eingelassen wurde, schieben sie zur Seite und treten in das Rund des Geheges. Einige Mitglieder verschiedener Familien stehen darin. Gemeinsam bilden sie einen Siida, eine Gemeinschaft, die sich sommers gemeinsam um die große Herde kümmert. Heute sind sie zusammengekommen, um die Tiere in kleinere Gruppen aufzuteilen und sie anschließend auf die Winterweiden zu begleiten. Dutzende stehen mit uns im Korral, ich sehe Erwachsene in Arbeitskleidung, Kinder in Skianzügen und Alte in traditioneller Tracht. Es wird gegrüßt, gesprochen, gelacht, ohne je laut zu sein, es scheint mir, als wolle niemand die Ruhe der Tundra stören. In die Wände des Korrals sind rundherum weitere Türen eingelassen, hinter denen zusätzliche Gehege warten, und gegenüber von uns steht ein großes Tor offen, an das sich ein breiter Gang anschließt, hoch umschlossen von Holzwänden wie ein Kanal. Nach einer Weile schwillt ein Geräusch an, wie Regen auf einem Zeltdach, wird immer lauter, und dann sehen wir sie. Die Rentiere – von Treibern angespornt – stürmen in das Gehege und beginnen vor uns im Kreis herum zu rennen, immer herum, wie ein Strudel branden sie nur wenige Zentimeter an uns vorbei. Ihr dickes Fell ein sanfter Verlauf von Weiß zu Braun über ihren großen schwarzen Augen thront das geschwungene Geweih. Der Boden bebt unter dem Getrappel Hunderter Hufe, weiß steigt der Atem der Tiere in die Luft und füllt sie an, bis sie ganz dick wird, der schwere Geruch der Rens steigt mir in die Nase. Die Frauen und Männer der Siida beginnen mit ihrer Arbeit, stellen sich in den Strom der Tiere, halten Ausschau nach Markierungen, greifen zu, wenn sie eines sehen, das zu ihnen gehört, halten es fest und bringen es zu den kleineren Gehegen, impfen einige vorher noch gegen die Dasselfliege. Ich drücke mich an die Holzwand hinter mir, mein Herz pocht, aufgeregt, eingeschüchtert. Ein Tier bleibt kurz vor mir stehen, macht einen Satz zurück, guckt mich an, als wolle es Kontakt aufnehmen, rennt dann weiter. »Komm, packen wir mit an«, sagt Ellen zu Raphael und mir. Wir gehen hinein in den Strom der Tiere, der sich um uns teilt wie ein Fluss vor einer Sandbank, Ellen packt zu, erwischt ein Ren am Hinterlauf. Ich nehme seinen Kopf, spüre die weiche Stelle unter seinem Kinn und packe lieber am Geweih. Es sträubt sich mit kräftigen Bewegungen, obwohl es viel kleiner ist als die meisten anderen. Gemeinsam ziehen wir es zu einer Tür. »Dieses ist für die Schlachtung bestimmt«, sagt Ellen. Ich gucke sie und das Tier an, und mir wird flau.

Noch einige weitere Runden, dann sind die Tiere für die Winterweide aufgeteilt, und der Korral liegt wieder still da. Ellen läuft hinaus, und wir folgen ihr. Neben den gezimmerten Holzböcken, an denen wir eben vorbeigekommen sind, steht ein weiteres großes Gehege, darin mehrere Tiere, auch das kleine, das wir gefangen haben. Das Tor öffnet sich, und vier der Schwestern gehen hinein, sie sind ungefähr in unserem Alter. Eine hält ein Lasso in den Händen. Sie sucht sich ein Ren aus, ein großes mit einem stolzen Geweih, schwingt die Schlinge über ihrem Kopf und wirft das Lasso, das Tier galoppiert davon. Beim zweiten Anlauf zielt sie besser, die Schlinge zieht sich über dem Geweih zu, der Bulle bäumt sich auf. Die Frau windet das andere Seilende um ihren Unterarm und stemmt die Füße in den Boden. Ihre Schwestern kommen zu Hilfe, packen das gefangene Tier und ringen es zu Boden. Ihr

Vater betritt das Gehege, in der Hand ein Bolzenschussgerät. Er setzt es dem Tier auf die Stirn, spricht einen Segen, betätigt den Abzug, bevor er dem Tier behände ein schmales Messer ins Herz sticht. Das Ren erschlafft.

*

Gemeinsam heben die Hirtinnen das Tier an, tragen es zum Holzbock, legen es darauf ab. Ein Junge im Grundschulalter sitzt oben auf dem Zaun des Geheges und sieht zu. Eine der Schwestern setzt ihr Messer ungefähr auf Herzhöhe an, schneidet das Fell den Bauch lang auf, macht Schnitte entlang der Beine, zusammen ziehen die Frauen das Fell ab. Die Schicht darunter ist weiß und weich, ich sehe kaum Blut. Die Frau mit dem Messer öffnet den Bauch, der Pansen bläht sich wie ein schimmernder Ballon, vorsichtig entnehmen sie nach und nach Magen und Gedärme und legen sie in eine Kiste. Ich bin verblüfft, wie klar sich die Adern auf der Lunge abzeichnen, jedes Organ wie ein Kunstwerk für sich. Jetzt schöpfen sie mit einem Becher das Blut, das sich im Bauchraum sammelt, heben die Lunge mitsamt der durchtrennten Luftröhre heraus. Ruhe prägt die Arbeit, Konzentration, und ich muss nur einmal kurz wegsehen, als sie den Mundwinkel des Tiers einschneiden, ansonsten liegt eine ernste Schönheit in der Szene.

In einem industriellen Schlachthaus hätte kaum jemand mit dem Tier vor der Schlachtung zusammengelebt, seinen Charakter kennengelernt. Es wäre einfach an diesem Punkt zerschnitten, gewogen, in Plastik eingeschweißt und verkauft, der Erlös dem nationalen und globalen Bruttosozialprodukt hinzugefügt worden, vermeintlich ein weiterer Schritt nach vorn in eine bessere Zukunft. Doch an diesem Nachmittag wird das Tier unter den Familienmitgliedern aufgeteilt, mit nach Hause genommen, bald darauf gegessen, verdaut, zu Energie umgewandelt, die genutzt wird, um sich um Kinder, Verwandte, Nachbarinnen und Rentiere zu sorgen. Es gibt keinen Fortschritt, keine gesteigerte Produktivität, keinen Gewinn nach Abzug aller Kosten und Steuern, kurz: keine Wertschöpfung im wirtschaftlichen Sinn, nur eine Wert-Schöpfung für die Familie. Und deshalb ist es auch nur bedingt ein Ende von etwas, es ist eine weitere Umdrehung im Rad des Lebens, zu dem der Tod ganz natürlich dazugehört, was allzu oft vergessen wird. Das ewige Streben nach Jungsein, das Abschieben der Alten in Pflegeheime und Krankenhäuser, das lebenslange Verdrängen der eigenen Sterblichkeit – all das ist etwas, das mir an unserer Gesellschaft immer wieder merkwürdig vorkommt. Diese zwanghafte Todesvermeidung hat so etwas Lebloses. In der Anerkennung der Sterblichkeit hingegen liegt vielleicht ein Schlüssel zur Lebendigkeit für uns und den Planeten.

Der Philosoph Bayo Akomolafe hat sich in einem Essay Gedanken darüber gemacht, wie das mit der Klimakrise zusammenhängt. Das außergewöhnlich stabile Klima der vergangenen knapp zwölftausend Jahre, schreibt er, gab den Menschen die Möglichkeit, Ideen zu entwickeln, die Jahrtausende überdauerten: Schriftsprachen, Religion, Landwirtschaft, grundlegende Technologien. Mit der Zeit habe sich bei den Menschen die Idee verfestigt, dass sie Teil der festen Ausstattung dieses Planeten seien. Mit der Aufklärung habe sich in Europa schließlich die Überzeugung verfestigt, dass der Mensch nicht nur von der Natur getrennt sei, sondern auch über ihr stünde. Götter und Engel seien gestürzt, stattdessen das Zeitalter der

Vernunft und des Fortschritts gepredigt worden. Mithilfe der Wissenschaft würde sich die Natur erst verstehen und dann vollständig beherrschen lassen. Diese Weltsicht habe erst zu den Wundern der Industrialisierung und dann zur Klimakrise geführt. Diese sei jedoch so groß, dass sie sich – entgegen der Heilsversprechen – der Beherrschung durch den Menschen entziehe. Unternehmen, Regierungen und Organisationen würden trotzdem versuchen, sie in bekannter Manier in ein lösbares Problem zu verwandeln, das nicht nur handhabbar ist, sondern bei dessen Bewältigung sich gar noch Profit und Schutz des Lebens auf der Erde vereinbaren lassen. Doch da bleibe immer dieser Restzweifel, dass das gelingen könne, denn all die genutzten Deutungsraster besäßen einen gemeinsamen blinden Flecken: uns und unsere Sterblichkeit.

»Was ist dieser Tod?«, fragt Akomolafe. »Er ist vielschichtig. Es ist der Verlust einer Zivilisation, das unumkehrbare Verschwinden vieler Arten und das endgültige Limit des menschlichen Projekts, (…) namentlich all jener Verlautbarungen, Praktiken und Strategien, die dem geheimen Glauben Auftrieb verleihen, dass diese Zivilisation für immer bestehen wird.« Und weiter schreibt er: »Menschliche Aktivitäten haben irreversible Konsequenzen gehabt. Die Mehrheit der Menschen, die auf der Erde gelebt haben, waren nicht verantwortlich – es wird viele ungerechte Tode geben.« Die Erkenntnis, dass nichts außerhalb der Klimakrise bestehe, sei tief erschütternd, so Akomolafe, und sie zwinge uns einige Einsichten auf: Wir sind nicht von der Welt abgetrennt, wir kontrollieren sie nicht, und unser Bestehen wird nicht ewig währen. »Die Botschaft, die wir nicht akzeptieren können, lautet, dass auch wir vergänglich sind, dass wir nicht der Dreh- und Angelpunkt sind, auf dem das Universum balanciert, und dass das Verhätscheln und Verwöhnen, das wir in den Jahrtausenden freundlichen Klimas erlebt haben, jetzt abgelöst wird durch eine Zwangsvollstreckung.«

Teile des Essays erinnern mich an die Theorie der drei Kränkungen der Menschheit von Sigmund Freud. Demzufolge war die erste Kränkung die Erkenntnis, dass die Erde nicht der Mittelpunkt des Universums ist. Die zweite war die nachgewiesene Abstammung vom Affen und die dritte die Entdeckung des Unterbewusstseins und die damit einhergehende Erkenntnis, dass wir Menschen doch nicht so viel Kontrolle über uns selbst haben, wie gedacht. Die Klimakrise, denke ich, ist vielleicht die vierte Kränkung, der letztgültige Beweis, dass wir nicht unabhängig und abgetrennt von der Erde existieren. Dabei empfinde ich diese vier Erkenntnisse immer weniger als Kränkung, sondern viel mehr als Geschenk: Sie befreien von dem Irrglauben, dass ich abgeschnitten von allem im Zentrum dieser Welt stehe, mit all der Einsamkeit, die das ja auch bedeutet, während Tiere, Pflanzen und Pilze um uns herum miteinander ein fortwährendes Fest der Verbundenheit feiern.

Optimismus entstehe in dieser Situation, schreibt Akomolafe, aus den Chancen, die alte Welt kreativ abzuwickeln. Zu akzeptieren, was passiert ist, sei der erste Schritt zu einem gemeinsamen Handeln ohne Hoffnung, ohne Hoffnung darauf, dass wir in die alte Welt zurückkehren können. Daraus entspringe jedoch auch ein neuer, janusgesichtiger Optimismus: »Eine Seite begreift endlich das grenzenlose, undenkbare, unberechenbare Wesen dieser neuen Wirklichkeit und die andere Seite die beispiellose Chance zu experimentieren mit neuen Organisationsformen der Gerechtigkeit, der Ethik, der Politik und der Vernunft.« Es ist seine Einladung, eine neue Welt zu denken und zu erschaffen; wie eine Krebskranke, die sich nach der Diagnose genau überlegt, was ihr eigentlich wichtig ist, und ihr Leben entsprechend umkrempelt. Auch wenn es zu spät sein könnte, zu alter Gesundheit zurückzukehren, ist die Klimakrise unser globaler Weckruf, alles infrage zu stellen und die Welt neu zu denken – und dann unseren Platz darin zu finden, als Gleiche unter Gleichen, gehalten, verbunden und lebendig.

HEIMKEHR

Wir hatten erwartet, dass wir wütend sein würden, wenn wir Hjemmeluft am Nordpolarmeer erreichen. Wütend darüber, dass knapp zwölftausend Jahre stabiles Klima von den Bewohnerinnen der Industriestaaten in kürzester Zeit zerstört wurden. Doch statt wütend zu sein, können wir nicht aufhören zu lachen – vor Freude und Erleichterung. Wir stehen an einem Fjord auf einem schmalen Holzsteg, der an unzähligen Felsritzungen vorbeiführt, und können uns nicht sattsehen an der Lebendigkeit der Szenen, erschaffen von Künstlerinnen vor 7.000 Jahren. Es wimmelt von Menschen, Rentieren, Bären, Vögeln und Fischen, in den Stein gekratzte Silhouetten, die aussehen wie anrührende Kinderzeichnungen. Doch am spannendsten ist, was sich in den Räumen zwischen ihnen abspielt: So viele von ihnen stehen in Beziehung zueinander, ein unsichtbares Geflecht spannt sich über die Felsen, das die eigentlichen Geschichten erzählt. Mehrere Personen tanzen miteinander, ein kleiner Bär folgt einem großen, ein Männchen steht an einem schmalen Rinnsal aus Wasser, das jetzt nach einem Regenschauer glitzernd aus einem Loch im Felsen fließt, er muss an diesem kleinen Fluss gestanden haben seit 7.000 Jahren. Ein Paar liegt aufeinander, als hätten sie Sex, zwei andere halten gemeinsam so etwas wie einen Beutel in ihren Händen. Einer schaukelt in einem Boot, lässt eine lange Leine herab, an der ein Fisch hängt, ein Bär steht seitlich daneben, als bitte er um einen Anteil. Es gibt Menschen und Elche, die aussehen, als sprächen sie miteinander, Kinder, die an der Hand von Erwachsenen laufen, und eine Frau, die scheinbar ein kleines Rentier in ihrer Gebärmutter trägt. Auf einer Steinplatte pulsiert das Leben besonders wild: Wir entdecken einen Kreis, der eine Linie nach sich zieht. Forscherinnen haben ihn als Kometen interpretiert – ein mächtiges Himmelszeichen, das die Erde damals geprägt haben dürfte, wie die Klimakrise sie heute prägt. Vor dieser Steinplatte setzen wir uns hin, sehen nicht mehr die blauen Wellen des nahegelegenen Fjords, nicht die schneebedeckten Gipfel der Berge.

Genau an dieser Stelle muss unsere Vorfahrin vor sieben Jahrtausenden auch gesessen haben, Ängste und Sorgen, Hunger und Durst, Freude und Liebe gefühlt haben wie wir. Die Bilder, die sie und andere hinterlassen haben, transportieren ohne Worte die universelle Erfahrung der menschlichen Existenz, berühren uns da, wo kein Nachdenken, Fürchten, Zweifeln wegen der Klimakrise mehr stattfindet, wo es nur noch eines gibt – das Leben. Sich über Herkunft und Ahnen Gedanken zu machen schien immer abstrakt, aber in diesem Moment fühlt es sich an, als würden wir in die lange Reihe all jener treten, die vor uns kamen, es fühlt sich an wie eine versöhnliche Heimkehr, wie ein Nachhausekommen nach einer langen, schwierigen Reise. Und wie wir da sitzen, unsere Hände flach auf den Boden gestützt, spüren wir ihn auf einmal in uns schlagen, den Puls der Erde, begreifen, dass unter unserer Angst vor der Zukunft immer noch etwas anderes lag – die Liebe zum Leben.

Es war die Angst, die uns auf diese Reise geschickt hat, und sie war wichtig als Motivation. Aber die Angst birgt auch Gefahren, kann sie doch umschlagen, nach Grenzen verlangen, uns abschotten, nach innen und nach außen. Kampf oder Flucht, das sind die Reflexe, die sie oft hervorruft, und es gibt genug Gründe, um Angst zu haben angesichts der Lage der Welt: Entweder wir Privilegierten ändern radikal unser Leben, oder die Folgen der Klimakrise vernichten sämtliche Lebensgrundlagen. Und das würde nichts anderes bedeuten als eine lange Zeit, in der sich Katastrophen immer schneller aufeinandertürmen. Im Februar 2021 war die australische Stadt Perth im Corona-Lockdown, den Bewohnerinnen wurde vorgeschrieben, in ihren Häusern zu bleiben. Dann brachen Waldbrände aus, fraßen sich auf die Häuser zu. Die Bevölkerung wurde aufgefordert zu fliehen und musste sich so der Gefahr einer Infektion aussetzen. Ein Dilemma. Eine Situation, in der es keine guten Optionen mehr gibt. Doch auch in solchen Situationen können wir solidarisch handeln. Wir können uns gegenseitig helfen, schließlich kann Angst auch eine Lehrerin sein, die uns unsere Verletzlichkeit zeigt, uns so auch für die Verletzlichkeit anderer sensibilisiert. Sie befähigt uns zu Empathie und dazu, mit anderen Verbindungen zu knüpfen. In jeder Situation haben wir also die Wahl: entweder uns abschotten – oder aber den Mut haben, uns zu öffnen und der Welt mit Liebe zu begegnen. Ob wir das 1,5-Grad-Limit überschreiten oder große Konzerne ihre Emissionen runterschrauben, ob alle Bienen sterben oder wir den Wert von Wäldern anerkennen, ob neue Kriege ganze Regionen destabilisieren oder wir angesichts der Klimakrise zu einem weltweiten und gerechten Gesellschaftsvertrag kommen – in all diesen Fällen, ob Tag oder Nacht, ob

Licht oder Schatten, gilt: Wir können uns dafür entscheiden, die Welt gemeinsam zu gestalten.

Wir beide haben auf unserer Reise erlebt, wie schön das sein kann. In Kapstadt, in Beira, im Haus des Wandels, in Großbritannien und der Arktis haben wir gesehen, welche Kraft aus Gemeinschaft entstehen kann. Gemeinschaften machen uns nicht nur stärker, in ihnen liegt auch die Lösung vieler Krisen, denn wenn ich aus Offenheit heraus handle, schaffe ich damit auch für andere neue Räume, sich zu öffnen, ich bekomme, was ich gebe. Liebe ist der ultimative Ausdruck für den Kreislauf des Lebens. In einer kollabierenden Welt ist also jede Handlung, die neue Verbindungen mit anderen Menschen und Lebewesen schafft, jedes gemeinsame Wachstum richtig und wichtig: mit Bewohnerinnen einer Asylunterkunft kochen, eine kritische Männergruppe gründen, für Arbeiterinnenrechte eintreten, Gemüse von einer solidarischen Landwirtschaft beziehen, im Stadtgarten einen Kompost anlegen, eine Klima-AG in der Uni oder im Unternehmen gründen, für den Gemeinderat kandidieren, die Nachbarin von nebenan kennenlernen, mit den eigenen Kindern Rituale entwickeln, wie man gut mit Angst umgehen kann, gemeinsam mit anderen einen Wald besetzen – all das knüpft Beziehungen, die überlebenswichtig sind in einer Zeit eskalierender Krisen.

Dabei geht es nicht nur um die nächste Bundestagswahl, die Klimaziele für das Jahr 2030 oder 2050. Die Auswirkungen dessen, was wir heute tun, reichen bis ins Jahr 2500, 25000 und weit darüber hinaus. Diese Zeitspannen sind der geologische Bezugsrahmen des Anthropozäns mit seiner Ausbeutung von Menschen und Ressourcen, seiner Wirtschaftsweise, die ausgebrannte Menschen auf einem ausgebrannten Planeten hinterlässt. Die Komplexität der Klimakrise übersteigt unser Fassungsvermögen. Die einzige Sicherheit, die wir haben, ist unsere Vergänglichkeit. Das beides anzuerkennen, zu akzeptieren, dass wir nicht wissen, was die Zukunft schlussendlich bringen wird, ermöglicht uns eine neue Haltung zum Leben. Es ermöglicht eine Weltsicht, die feiert, dass wir nur eine von vielen Spezies sind, die auf dieser Erde ein schillerndes Leben führt. Diese Sicht verdeutlicht uns, wie klein wir sind und dass wir die Erde mehr brauchen als sie uns. Das zu verstehen und dann das alte, tote System, das uns tötet, zu kompostieren, gibt uns die Freiheit, radikal neue Wege zu gehen. Und darin liegt die Hoffnung. Die Hoffnung, nicht nur Krisen zu bewältigen, sondern in einer besseren Welt zu leben.

Da wir noch in einem System leben, in dem nicht Sorge, sondern Ausbeutung die Regel ist, werden wir die Regeln dieses Systems biegen und manchmal auch brechen müssen. Doch das muss nicht aggressiv passieren, sondern klar und respektvoll voreinander und vor allem im Geiste der Welt, in der wir leben wollen. Wir nehmen Abschied von Zukunftsutopien, denn die gerechte Welt baut auf den gelebten Werten und Haltungen im Hier und Jetzt. Wer oder was in 7.000 Jahren unsere Geschichte schreiben und deuten wird und welche Rolle wir darin einnehmen werden, das wissen wir nicht – aber wir haben Lust, diese Zukunft gemeinsam anzugehen, schließlich haben wir nichts zu verlieren.

Außer ein Leben in Angst.

Die Reise geht weiter, der Wandel wird kommen. Wie können wir ihn gestalten? Das finden wir am besten gemeinsam heraus: www.puls.earth

WIR DANKEN

Unser größter Dank gilt allen Menschen, die sich Tag für Tag um das Leben auf dieser Erde sorgen, und all jenen, die vor uns gekommen sind, die unseren Weg geebnet haben, die sich schon viel länger als wir der Krise widmen, deren Gedanken und Worte uns Hoffnung und Inspiration waren.

Dieses Buch ist ein Beutel, ein Gedanken-Kompost. Wir haben es nicht zu zweit geschrieben, sondern gemeinsam mit unzähligen anderen Menschen, Tieren, Pilzen und Pflanzen. Es waren so viele, dass wir sie an dieser Stelle nicht alle nennen können, einigen möchten wir jedoch namentlich danken:

Unserer Agentin Elisabeth Ruge, die uns mit so viel mehr als nur Rat und Tat unterstützt hat – vielen, vielen Dank! Doreen Fröhlich und Stephanie Taverna vom Goldmann-Verlag, die auch im schwierigsten Moment an dieses Buch geglaubt haben.

Allen Menschen, die uns unterwegs so herzlich bei sich aufgenommen haben: Jessica & Fritz in Capetown, Lucie & Paolo in Beira, Antonia & Vengai in Nhangau, Franziska in Lilongwe, der Crew im Haus des Wandels, insbesondere Andrea, *Muerbe u. Droege* und Julia, Ro und Dahlia in den Transition Towns, die Rebellinnen vom Denham-Camp und von Grow Heathrow,

Urpo & Tarja in Vittangi, Ellen & Anders in Kautokeino. Jeder Aufenthalt war ein großes Geschenk!

Im ganzen Buch stecken unzählige kluge Ideen und Anmerkungen von: Greta Taubert, Ravi Baghel, André Vollrath, Nick Heubeck, Imeh Ituen, Sara Schurmann, Max Feichtner und Wolfgang Knorr – danke für eure Großzügigkeit! Leonie Sontheimer, dir ganz besonders – wir freuen uns auf alles, was vor uns liegt.

Mehr als ein Jahr lang haben wir mit Menschen über die Klimakrise gesprochen, nicht alle von ihnen tauchen im Buch auf. Danke für eure Sicht auf die Welt: Emily Grossmann, Kai Bergmann, Laurie Laybourn-Langton, Jenny O'Hare, Stephen Reid, Eve Fairbanks, Tony Shabangu und Jonathan Franzen. Danke auch an alle, die sich während der Reisevorbereitung mit uns über Karten gebeugt, Szenarien ausgemalt und Themen besprochen haben.

Danke für die wertvolle Unterstützung an die European Climate Foundation, den Förderverein der Journalistenschule ifp München und Annette Müller-Leisgang, außerdem Boris Ruge, Christina Fischer, sowie den besten IT-Systemadministrator Bayerns – Gerhard Forster. Wir danken unseren Dolmetscherinnen Jéssica Salomão und Angelina Xavier Francisco, Heike Friedhoff, den Grenzbeamtinnen am Mwanza Border Post (besonders Denis, dessen Namen wir zum Schutz seiner Privatsphäre geändert haben), und natürlich Helena & Sven für die Schreibstube im verschneiten Haus Maniesh.

Ein großes Herz auch für die Communities, die uns immer begleitet haben, auf Instagram @zwei.am.puls und in der analogen Welt: Tree Dancers, ihr habt uns geholfen im Berliner Lockdown nicht verrückt zu werden. Beehive-Kollektiv, danke für Linsensuppe und Zitronentarte im Endspurt vor der Deadline, für Liebe und Zoom-Parties. Danke auch an Miha Gombos und Leadership[3] für so wertvolle Impulse zu einer regenerativen Arbeitskultur und gewaltfreier Kommunikation.

Einen besonderen Platz in all dem haben unsere Eltern, nur dank eurer Sorge und Liebe sind wir in der Welt, und wie wichtig Wurzeln sind, das haben wir auf unserer Reise noch einmal neu erfahren. Danke, Franz, für dein Lächeln in dunklen Tagen. Danke, Judith, für deinen Besuch in Brandenburg, du hast uns gezeigt, wie sehr sich ein langer, steiniger Weg lohnen kann.

Und zuletzt natürlich euch, die ihr bis zum letzten Wort dieses Buch gelesen habt und hoffentlich die Reise mit uns fortsetzen werdet. Meldet euch gerne: www.puls.earth

Raphael und Theresa,
Berlin, den 15. März 2021

LITERATUR

Eine Auswahl an Essays, Büchern und Research Papers, die uns auf unserer Reise begleitet haben:

Akomolafe, Bayo. What Climate Collapse Asks of Us. In: *The Emergence Network (online)*, 2019.

Arbib, James und Tony Seba. *Rethinking Humanity. Five Foundational Sector Disruptions, the Lifecycle of Civilizations, and the Coming Age of Freedom.* RethinkX, 2020.

bell hooks. *The Will to Change: Men, Masculinity, and Love.* Beyond Words/Atria Books, 2004.

Eisler, Riane. *The Chalice and the Blade.* Thorsons, 1987.

Enzensberger, Hans Magnus. Zwei Randbemerkungen zum Weltuntergang. In: *Kursbuch 52*, 1978.

Ernman, Malena mit Beata, Svante und Greta Thunberg. *Szenen aus dem Herzen: Unser Leben für das Klima.* S. Fischer Verlag, 2019.

FC Kollektiv. *Finanzcoop oder Revolution in Zeitlupe.* Büchner-Verlag, 2019.

Gore, Tim. *Confronting Carbon Inequality: Putting Climate Justice at the Heart of the COVID-19 Recovery.* Oxfam, 2020.

Gümüşay, Kübra. *Sprache und Sein.* Hanser Berlin, 2020.

Haraway, Donna J. *Staying with the Trouble: Making Kin in the Chthulucene.* Duke University Press, 2016.

IPCC. Global Warming of 1.5°C. An IPCC Special Report on the impacts of global warming of 1.5°C above pre-industrial levels and related global greenhouse gas emission pathways, in the context of strengthening the global response to the threat of climate change, sustainable development, and efforts to eradicate poverty. Abrufbar unter: ipcc.ch, 2018.

Kimmerer, Robin Wall. *Braiding Sweetgrass. Indigenous Wisdom, Scientific Knowledge and the Teaching of Plants.* Milkweed Editions, 2013.

Laybourn-Langton, Laurie. *WE ARE NOT READY: Policymaking in the Age of Environmental Breakdown.* IPPR, 2020.

Lenton, Timothy M. und Johan Rockström, Owen Gaffney, Stefan Rahmstorf, Katherine Richardson, Will Steffen, Hans Joachim Schellnhuber. Climate Tipping Points – too risky to bet against. The growing threat of abrupt and irreversible climate changes must compel political and economic action on emissions. In: *Nature*, 2019.

Le Guin, Ursula K. *Am Anfang war der Beutel: Warum uns Fortschritts-Utopien an den Rand des Abgrunds führten und wie Denken in Rundungen die Grundlage für gutes Leben schafft.* Übersetzt von Matthias Fersterer: thinkOya, 2020.

Le Guin, Ursula K. *Das Wort für Welt ist Wald.* Argument-Verlag, 1997.

Macy, Joanna und Chris Johnstone. *Active Hope: how to face the mess we're in without going crazy.* New World Library, 2012.

Mies, Maria und Vandana Shiva. Ökofeminismus: Die Befreiung der Frauen, der Natur und unterdrückter Völker – eine neue Welt wird geboren. AG SPAK Bücher, 2016.

Montgomery, David R. *Dirt: The Erosion of Civilizations.* University of California Press, 2012.

Oskal, Anders, et al. *EALÁT. Reindeer Herders Voice: Reindeer Herding, Traditional Knowledge and Adaptation to Climate Change and Loss of Grazing Lands.* International Centre for Reindeer Husbandry, 2009.

Pollan, Michael. *Verändere dein Bewusstsein: Was uns die neue Psychedelik-Forschung über Sucht, Depression, Todesfurcht und Transzendenz lehrt.* Kunstmann, 2019.

Puig della Bellacasa, Maria. Making Time for Soil: Technoscientific Futurity and the Pace of Care. In: *Social Studies of Science*, 2015.

Romm, Joseph. *Climate Change: What Everyone Needs to Know.* Oxford University Press, 2018.

Layla F. *Me and White Supremacy: Combat Racism, Change the World, and Become a Good Ancestor.* Sourcebooks Inc., 2020.

Sarr, Felwine. *Afrotopia.* Matthes & Seitz Berlin, 2019.

Schuur, Edward A. G. et. al. Climate Change and the Permafrost Carbon Feedback. In: *Nature*, 2015.

Solnit, Rebecca. *Paradise Built in Hell: The Extraordinary Communities That Arise in Disaster.* Penguin, 2010.

Solnit, Rebecca. *Hope in the Dark: Untold Histories, Wild Possibilities.* Haymarket Books, 2016.

Steffen, Will et al. The Trajectory of the Anthropocene: The Great Acceleration. In: *The Anthropocene Review*, 2015.

Ulrich, Bernd. *Alles wird anders: das Zeitalter der Ökologie.* Kiepenheuer & Witsch, 2019.

Vollrath, André. Abschied vom Zentrum: Krise, welche Krise? – Eine Einladung, insbesondere an *weiße* Männer aus »gutem Hause«, die eigene Position in der Gesellschaft mitzudenken. In: *Oya* 60/2020.

Weller, Francis. *The Wild Edge of Sorrow: Rituals of Renewal and the Sacred Work of Grief.* North Atlantic Books, 2015.

Yusoff, Kathryn. *A Billion Black Anthropocenes or None.* University of Minnesota Press, 2018.